Nikolaj Berdjaev · Das Schicksal Russlands

Texte zur Philosophie
Herausgegeben von Karl Albert
Band 11

Nikolaj Berdjaev

Das Schicksal Russlands

Versuche über die Psychologie des Krieges und der Nationalität

Übersetzt und herausgegeben von
Dietrich Kegler

Academia Verlag Baden-Baden

Originaltext:
Николай Бердяев: Судьба России. Опыты по психологии войны и национальности. Москва 1918.

Bibliografische Information der Deutschen Nationalbibliothek
Die Deutsche Nationalbibliothek verzeichnet diese Publikation in der Deutschen Nationalbibliografie; detaillierte bibliografische Daten sind im Internet über http://dnb.ddb.de abrufbar.

ISBN 978-3-89665-734-3

1. Auflage 2018

Internet: www.academia-verlag.de
E-Mail: info@academia-verlag.de

Printed in Germany

Inhalt

Welt in Gefahr

Statt eines Vorworts

Mit bitterem Gefühl las ich noch einmal die Seiten dieses Sammelbandes, Aufsätze, die ich in der Kriegszeit vor der Revolution geschrieben habe. Das große Russland gibt es nicht mehr, und vor ihm liegen nicht die globalen Aufgaben, die ich auf meine Weise zu deuten versuchte. Der Krieg hat sich innerlich aufgelöst und seinen Sinn verloren. Alles verläuft nun völlig anders. Die Werte, die ich in meinen Versuchen berücksichtigte, halte ich als solche für richtig aber schon nicht mehr auf die gegenwärtigen Ereignisse anwendbar. Alles in der Welt hat sich ringsherum verändert, und notwendig sind neue Reaktionen des lebendigen Geistes auf alles, was geschieht. Diese neuen Reaktionen sind auch für den Geist notwendig, der seinem Glauben und seiner Idee treu geblieben ist. Nicht der Glaube, nicht die Idee hat sich verändert, sondern die Welt und die Menschen haben diesen Glauben und diese Idee verraten. Und von daher ändern sich die Urteile über die globalen Beziehungen. Keine einzige der Aufgaben des Krieges kann wirklich positiv gelöst sein, und vor allem die Frage des Ostens kann nicht als gelöst angesehen werden. Russlands Herausfallen aus dem Krieg ist ein verhängnisvolles Faktum für den schicksalhaften Verlauf des Krieges. Und die verhängnisvolle Bedeutung dieses Herausfallens sehe ich nicht einmal darin, dass sie der Seite unserer Feinde die Oberhand gibt. Hier gibt es eine tiefere Bedeutung. Der Fall und die Schande Russlands begünstigten die Kriegserfolge Deutschlands. Aber diese Erfolge sind nicht sehr real und in vielem illusorisch. Die deutschen Siege haben die deutsche Gefahr für die Welt nicht vergrößert. Man ist sogar geneigt anzunehmen, dass diese Gefahr geringer wird. Das kriegerische und äußerlich mächtige Aussehen Deutschlands weckt fast Mitleid, wenn man den Gesichtsausdruck der Deutschen gründlicher betrachtet. Deutschland ist die perfekt organisierte und disziplinierte Kraftlosigkeit. Es hat sich überanstrengt, erschöpft und muss die Angst vor den eigenen Siegen verbergen. Seine Herrschaft über das gewaltige und geheimnisvolle Element, das früher das Große Russland hieß, muss es ängstigen. Es hat nicht die Kraft, den großen und gestürzten Koloss zu beherrschen. Es wird am Ende seiner Kraft vor ihm zurückweichen müssen. Die Kräfte des deutschen Volkes schwinden wie die Kräfte aller Völker Europas mehr und mehr. Der europäischen Welt drohen jetzt schrecklichere Gefahren als diejenigen, die ich in diesem Krieg sah. Der Zukunft der gesamten christlichen Kultur des alten Europas drohen die größten Gefahren. Wenn der Weltkrieg noch lange dauert, dann werden alle Völker Europas mit ihren alten Kulturen in Dunkel und Hoffnungslosigkeit versinken. Vom Osten, aber nicht dem arischen oder christlichen, kommt ein Schrecken über Europa. Von den Ergebnissen des Krieges werden nicht die profitieren, die darauf hoffen. Keiner wird siegen. Der Sieger wird von seinem Sieg gar nichts haben. Alle werden gleichermaßen Besiegte sein. Bald wird die Zeit kommen, da es ganz gleich sein wird, wer siegt. Die Welt tritt in eine Dimension ihres historischen Seins ein, in der die alten Kategorien nicht mehr gelten.

Während der gesamten Kriegszeit war ich leidenschaftlich für den Krieg bis zum siegreichen Ende. Und keine Opfer schreckten mich. Aber heute kann ich nicht anders, als ein baldiges Ende des Weltkriegs zu wünschen. Das muss man unter dem Aspekt sowohl von Russlands Schicksal als auch des Schicksals von ganz Europa wünschen. Wenn der Krieg noch länger dauert, dann wird Russland, das aufgehört hat, Subjekt zu sein und Objekt geworden ist, Russland, das zum Kampfplatz der Völker geworden ist, sich weiter zersetzen, und diese Zersetzung wird allzu lang bis zum Tag des Kriegsendes andauern. Dunkle zerstörerische Kräfte, die unsere Heimat vernichten, setzen ihre Hoffnung darauf, dass sich eine schreckliche globale Katastrophe ereignet und die Grundlagen der christlichen Kultur zerstört. Diese Kräfte spekulieren auf den Weltkrieg, und ihre Hoffnungen sind gar nicht so falsch. Ganz Europa droht eine innere Explosion und eine Katastrophe wie die unsrige. Das Leben der Völker Europas wird auf einen Elementarzustand zurückgeworfen, ihm droht eine Barbarisierung. Und dann wird die Strafe aus Asien kommen. Auf der Asche des alten christlichen Europas, das erschöpft ist, im Innersten erschüttert durch die eigenen barbarischen und chaotischen Kräfte, wird eine andere, uns fremde Rasse die führende Position einnehmen, mit einem anderen Glauben, mit einer uns fremden Zivilisation. Im Vergleich zu dieser Perspektive ist der ganze Weltkrieg nur ein Familienstreit. Jetzt kann am Schluss des Krieges gewinnen, real siegen nur der äußerste

Osten, Japan und China, eine noch unverbrauchte Rasse, auch noch der äußerste Westen, Amerika. Nach der Schwächung und Zersetzung Europas und Russlands werden das Chinesentum und der Amerikanismus herrschen, zwei Kräfte, die Punkte der gegenseitigen Annäherung finden können. Dann wird ein chinesisch-amerikanisches Reich der Gleichheit anbrechen, in dem kein Aufstieg und Aufbruch mehr möglich ist.

Das russische Volk hat die große Prüfung des Krieges nicht bestanden und seine Idee verloren. Aber auch ganz Europa kann diese Prüfung nicht bestehen. Und dann kann das Ende Europas kommen nicht in dem Sinn, wie ich in einem meiner Aufsätze dieses Buches schrieb, sondern in einer schrecklicheren und ausschließlich negativen Bedeutung des Wortes. Ich meinte, dass der Weltkrieg die europäischen Völker über die Grenzen Europas führen würde, die Enge der europäischen Kultur überwinden und die Vereinigung des Westens und Ostens begünstigen würde. Ich dachte, dass die Welt durch schreckliche Opfer und Leiden der Lösung des welthistorischen Problems des Ostens und Westens näher kommen und dass Russland bei dieser Lösung eine zentrale Rolle spielen würde. Aber ich dachte nicht, dass Asien schließlich die Oberhand über Europa erlangen, dass die Annäherung des Ostens und Westens zum Sieg des äußersten Ostens führen und dass das Licht des christlichen Europas verlöschen würde. Aber das droht uns jetzt. Das russische Volk wollte seine Mission in der Welt nicht erfüllen, es fand nicht die Kraft in sich, sie zu erfüllen, beging einen inneren Verrat. Bedeutet dies, dass die Idee und die Mission Russlands, wie ich sie in meinem Buch denke, sich als falsch erwiesen haben? Nein, ich denke weiterhin, dass ich diese Mission richtig verstanden habe. Russlands Idee bleibt wahr, auch nachdem das Volk seine Idee verraten hat, nachdem es tief gefallen ist. Russland, als ein Gedanke Gottes, ist groß geblieben, es besitzt einen unzerstörbaren ontologischen Kern, doch das Volk hat Verrat begangen, sich von der Lüge verführen lassen. In den Versuchen über die Psychologie des russischen Volkes, die dieses Buch enthält, kann man vieles finden, das die Katastrophe, die sich in Russland ereignet hat, erklärt. Ich spürte seit den ersten Tagen des Krieges, dass Russland und ganz Europa in eine große Ungewissheit, in eine neue historische Dimension eintreten. Aber ich glaubte und hoffte, dass bei der Lösung der rätselhaften Schicksale der Menschheit dem großen Russland eine aktive und schöpferische Rolle zukommen werde. Ich wusste, dass im russischen

Volk und in der russischen Intelligencija[1] Prinzipien der Selbstzerstörung verborgen sind. Aber man konnte schwerlich annehmen, dass die Wirkung dieser Prinzipien so weit gehen werde. Die Schuld liegt nicht bei einzelnen extremen revolutionär-sozialistischen Strömungen. Diese Strömungen vollendeten nur die Auflösung der russischen Armee und des russischen Staates. Aber die gemäßigteren liberalen Strömungen haben diese Auflösung begonnen. Wir alle haben unsere Hand dazu gereicht. Man durfte in der Zeit des schrecklichen Weltkriegs die historischen Grundlagen des russischen Staates nicht erschüttern, durfte das bewaffnete Volk nicht mit dem Verdacht vergiften, die Regierung würde es im Stich lassen und verraten. Das war eine Torheit, die die Kriegsführung untergraben hat.

Jetzt stehen wir und die ganze Welt schon vor einer anderen Aufgabe. Die russische Revolution ist kein politisches und soziales Phänomen, sondern vor allem ein Phänomen geistiger und religiöser Ordnung. Und Russland kann nicht allein durch politische Mittel gesunden und wiedererstehen. Man muss tiefer blicken. Das russische Volk steht vor einer geistigen Wiedergeburt. Aber das russische Volk darf nicht in der Einsamkeit bleiben, zu der es die Katastrophe, die sich ereignet hat, verurteilt. In der ganzen Welt, in der gesamten christlichen Menschheit muss die Vereinigung aller positiven geistigen, christlichen Kräfte gegen die antichristlichen und zerstörerischen Kräfte beginnen. Ich glaube, dass früher oder später in der Welt eine „heilige Allianz" aller kreativen christlichen Kräfte entstehen muss, aller, die dem ewig Heiligen treu geblieben sind. Sie wird mit Reue und Vergebung der Sünden beginnen, für die uns die schrecklichen Prüfungen geschickt wurden. Schuldig sind alle Lager und alle Klassen. Europas ausschließliche Beschäftigung mit sozialen Fragen, die mit Bosheit und Hass entschieden werden, ist der Niedergang der Menschheit. Die Lösung der sozialen Fragen, die soziale Ungerechtigkeit und Armut überwindet, setzt eine geistige Wiedergeburt der Menschheit voraus. Ein ganzes Jahrhundert lang lebte die russische Intelligencija von der Negation und untergrub die Existenzgrundlagen Russlands. Jetzt muss sie sich positiven Prinzipien, dem absolut Heiligen zuwenden, um Russland wiedererstehen zu lassen. Das aber setzt

[1] In Übersetzungen historischer Texte aus dem Russischen ist es allgemein üblich, den Namen für die russischen Intellektuellen, die seit dem 19. Jahrhundert eine besondere Rolle spielten, als Fachterminus unübersetzt zu lassen.

die Umerziehung des russischen Charakters voraus. Wir müssen uns einige westliche Tugenden aneignen und dabei Russen bleiben. Wir müssen auch in Westeuropa dasselbe universale Heilige wahrnehmen, aus dem wir selber geistig leben, und die Einigung mit ihm suchen. Die Welt tritt in eine Periode lange andauernden Unglücks und großer Erschütterungen ein. Aber die großen Werte müssen durch alle Prüfungen hindurch getragen werden. Dafür muss der menschliche Geist den Harnisch anlegen und wie ein Ritter gerüstet sein.

In diesen Aufsätzen durchlebte ich den Krieg und schrieb während der lebhaften Erschütterungen durch die Ereignisse. Ich behalte die Reihenfolge meiner Stellungnahmen bei. Aber jetzt mischt sich unter meine Gedanken über Russlands Schicksal viel bitterer Pessimismus und tiefer Schmerz über den Bruch mit der großen Vergangenheit meiner Heimat.

I Die Psychologie des russischen Volkes

Die Seele Russlands

I

Der Weltkrieg wirft die brennende Frage nach dem russischen Selbstbewusstsein auf. Das russische nationale Denken spürt die Notwendigkeit, das Rätsel Russlands zu lösen, Russlands Idee zu verstehen, seine Aufgabe und seinen Platz in der Welt zu bestimmen. In der heutigen Welt spüren alle, dass Russland vor großen globalen Aufgaben steht. Aber dieses tiefe Gefühl geht einher mit dem Bewusstsein der Unbestimmtheit, fast der Unbestimmbarkeit dieser Aufgaben. Von alters her gab es eine Ahnung davon, dass Russland zu etwas Großem bestimmt, dass es ein besonderes Land und mit keinem anderen Land der Welt vergleichbar sei. Das russische nationale Denken nährte sich vom Gefühl des Gotterwähltseins und des Gottesträgertums Russlands. Das geht aus von der alten Idee Moskaus als des Dritten Roms, über das Slawophilentum zu Dostoevskij und Vladimir Solov'ev[2] und zu den gegenwärtigen Neoslawophilen. An diese Ideen hängte sich auch viel Lüge und Betrug, es spiegelte sich aber in ihnen auch etwas echt Volksmäßiges, echt Russisches. Kein Mensch kann sein ganzes Leben lang irgendeine besondere und große Berufung spüren und sie in Zeiten größten geistigen Aufbruchs deutlich erkennen, wenn er nicht zu etwas Besonderem berufen und bestimmt ist. Das ist biologisch unmöglich. Unmöglich ist es auch im Leben eines ganzen Volkes.

Russland spielte noch keine bestimmte Rolle in der Welt, trat noch nicht wirklich in das Leben der Europäer ein. Das große Russland blieb noch eine abgesonderte Provinz im Leben der Welt und Europas, sein geistiges Leben war abgetrennt und auf eng. Russland kennt die Welt

---

[2] Vladimir S. Solov'ev (1853-1900), Philosoph, Dichter und Publizist, Begründer der religiösen russischen Philosophie. Vgl. Wilhelm Goerdt, Russische Philosophie. Zugänge und Durchblicke, Texte. Freiburg 1984 und 1989.

immer noch nicht, nimmt ihr Bild verzerrt wahr und urteilt falsch und oberflächlich über sie. Russlands geistige Kraft ist dem kulturellen Leben der europäischen Menschheit noch nicht immanent. Russland bleibt für den gebildeten westlichen Menschen immer noch vollkommen transzendent, ein irgendwie fremder, bald durch sein Geheimnis anziehender, bald durch sein Barbarentum abstoßender Osten. Selbst Tolstoj und Dostoevskij reizen den gebildeten westlichen Menschen wie eine ihm ungewohnte scharfe exotische Speise. Die geheimnisvolle Tiefe des russischen Ostens fasziniert viele im Westen. Aber noch immer gilt das geistige Leben des christlichen Ostens dem westlichen Geist nicht ebenbürtig. Im Westen ahnt man noch nicht, dass die geistigen Kräfte Russlands das geistige Leben des Westens bestimmen und verwandeln können, dass Tolstoj und Dostoevskij die führenden Geister des Westens abzulösen im Gange sind. Das Licht aus dem Osten haben nur wenige Auserwählte gesehen. Der russische Staat ist schon lange als große Macht anerkannt, mit der alle Staaten der Welt rechnen müssen, und die eine beachtliche Rolle in der internationalen Politik spielt. Aber die geistige Kultur Russlands, im Verhältnis zu der die Staatlichkeit nur äußere Hülle und Werkzeug ist, nimmt noch keine Großmachtstellung in der Welt ein. Russlands Geist kann den Völkern noch nicht jene Bedingungen diktieren, die die russische Diplomatie schon diktiert. Die slawische Rasse hat noch nicht die Position eingenommen, die die romanische und germanische Rasse eingenommen haben. Das wird sich nach dem jetzigen großen Krieg von Grund auf ändern, der ein nie dagewesenes Zusammentreffen und eine Verflechtung der östlichen und westlichen Menschheit darstellt. Die große Zwietracht des Krieges muss zu einer großen Vereinigung von Ost und West führen. Der schöpferische Geist Russlands wird schließlich eine beherrschende Position im geistigen Konzert der Welt einnehmen. Was im Schoß des russischen Geistes sich vollendete, wird nicht mehr provinziell, abgeschieden und eng sein, sondern der Welt und der gesamten Menschheit gehören, nicht nur östlich, sondern auch westlich sein. Dafür sind die potentiellen Geisteskräfte Russlands schon seit langem herangereift. Der Krieg von 1914 reißt Russland tiefer und stärker in den Strudel der Welt, verbindet den europäischen Osten mit dem europäischen Westen mehr als der Krieg von 1812. Man kann schon voraussehen, dass Russland nach diesem Krieg in demselben Maß schließlich Europa sein wird, wie Europa den geistigen Einfluss Russlands auf sein Geistesleben anerkennen wird. Die Stunde der

Weltgeschichte wird kommen, da die slawische Rasse unter der Führung Russlands zur bestimmenden Kraft im Leben der Menschheit berufen wird. Die fortschrittliche germanische Rasse erschöpft sich in militärischem Imperialismus. Die Berufung des Slawentums haben viele empfindsame Menschen im Westen schon geahnt. Aber die Verwirklichung der globalen Aufgaben Russlands darf man nicht der Willkür elementarer Kräfte der Geschichte überlassen. Notwendig sind die schöpferischen Anstrengungen der Vernunft und des Willens der Nation. Und wenn die Völker Europas gezwungen sein werden, endlich das einzigartige Antlitz Russlands zu sehen und seine Berufung anzuerkennen, bleibt immer noch unklar, ob wir selbst erkennen, was Russland ist und wozu es berufen ist. Für uns selbst bleibt Russland ein ungelöstes Rätsel. Russland ist widersprüchlich und antinomisch. Russlands Seele ist frei von jeglichen Doktrinen. Tjutčev[3] sagte über sein Russland:

„Mit dem Verstand ist Russland nicht zu begreifen,
Nicht mit gewöhnlichem Maß zu messen:
Es hat einen besonderen Charakter,
An Russland kann man nur glauben."

Und wirklich kann man sagen, dass Russland dem Verstand unzugänglich und mit keinerlei Doktrinen und Theorien auszumessen ist. Und jeder glaubt auf seine Weise an Russland, und jeder findet in der ganzen Widersprüchlichkeit Russlands Fakten, die seinen Glauben bestätigen. Man kann sich der Lösung des in der Seele Russlands verborgenen Rätsels nähern, sobald man nur die Antinomie und bedrückende Widersprüchlichkeit Russlands eingesehen hat. Dann wird das russische Selbstbewusstsein von verlogenen und falschen Idealisierungen, von abstoßender Prahlerei ebenso frei wie von charakterloser kosmopolitischer Leugnung und fremder Versklavung.

Die russischen Widersprüche haben sich immer in der russischen Literatur und im russischen philosophischen Denken gespiegelt. Die Kreativität des russischen Geistes ist doppeldeutig wie das russische historische Sein. Am klarsten ist das an unserer bezeichnenden nationalen Ideologie zu sehen, dem Slawophilentum und bei unserem größten nationalen Genie, bei Dostoevskij, dem Russischsten der Russen.

---

[3] Fedor I. Tjutčev (1803-1873), feinsinniger russischer Dichter, bekannt vor allem durch seine philosophische Lyrik, die von der Tragik des Individuums im Sein zwischen der göttlichen und irdischen Sphäre spricht.

Die ganze Paradoxie und Antinomie der russischen Geschichte hat sich in den Slawophilen und Dostoevskij ausgeprägt. Das Antlitz Dostoevskijs ruft ebenso wie das Antlitz Russlands widersprüchliche Gefühle hervor. Abgründige Tiefe und unerreichbare Höhe stehen neben Niedrigkeit, Gewöhnlichkeit, mangelnder Würde und knechtischer Gesinnung. Grenzenlose Menschenliebe, eine wahrhafte Christusliebe, steht neben Menschenhass und Grausamkeit. Der Durst nach absoluter Freiheit (der Großinquisitor) geht einher mit sklavischer Unterwürfigkeit. Ist Russland nicht genau so?

Russland ist das am meisten staatsverneinende[4], anarchistischste Land der Welt. Und das russische Volk ist das unpolitischste Volk, das niemals sein Land organisieren konnte. Alle echten Russen, unsere nationalen Schriftsteller, Denker und Publizisten, sie alle waren staatsverneinend, eigentümliche Anarchisten. Der Anarchismus ist ein Phänomen des russischen Geistes, er war auf unterschiedliche Weise charakteristisch für unsere äußersten Linken und unsere äußersten Rechten. Die Slawophilen und Dostoevskij waren im Grunde solche Anarchisten wie auch Michail Bakunin und Kropotkin[5]. Diese anarchistische russische Natur fand ihren typischen Ausdruck in Lev Tolstojs religiösem Anarchismus. Die russische Intelligencija war – obwohl von oberflächlichen positivistischen Ideen infiziert – in ihrer Staatsverneinung rein russisch. Die Besten, die Heroischen unter ihnen strebten nach absoluter Freiheit und Wahrheit, die mit Staatlichkeit ganz unvereinbar sind. Unser Narodničestvo[6], ein dem Westen unbekanntes typisch russisches Phänomen, ist ein Phänomen des russischen anarchistischen Geistes. Und die russischen Liberalen waren eher Humanisten als Etatisten. Keiner wollte Macht, alle fürchteten die Macht als etwas Unreines. Unsere orthodoxe Ideologie der Autokratie ist gleich-

---

[4] Russisch безгосударственный bedeutet wörtlich etwa ‚staatslos', ‚unstaatlich'. Aber diese Übersetzung würde den Sinn verfehlen. Man könnte auch ‚anarchistisch' nehmen, aber dieses Wort setzt Berdjaev selbst neben das vorliegende Attribut. Daher scheint mir ‚staatsverneinend' die vertretbarste Übersetzung zu sein.

[5] Fürst Petr A. Kropotkin (1842-1921) und Michail A. Bakunin (1814-1876), russische Revolutionäre und Anarchisten.

[6] Narodničestvo, von narod ‚Volk', heißt die breite Bewegung der sogenannten „Freunde des Volkes", „Volkstümler" oder „Populisten". Der idealistische „Gang ins Volk", der die russischen Bauern kulturell und politisch fördern sollte, war aber ein großer Misserfolg.

falls ein Phänomen anarchistischen Geistes, ist die Weigerung des Volkes und der Gesellschaft, ein Staatswesen zu schaffen. Die Slawophilen verstanden, dass ihre Theorie der Autokratie eine besondere Form der Ablehnung des Staates war. Jede Staatlichkeit erschien ihnen positivistisch und rationalistisch. Die russische Seele will eine geheiligte Gesellschaft, eine gottgewählte Macht. Die Natur des russischen Volkes begreift sich als asketisch von irdischen Dingen und irdischem Wohl abgewandt. Unsere linken und revolutionären Strömungen unterscheiden sich in ihrem Verhältnis zum Staat nicht allzu sehr von den rechten und slawophilen Strömungen, es gibt in ihnen eine erhebliche Dosis slawophilen und asketischen Geistes. Ideologen der Staatlichkeit wie Katkov und Čičerin[7] wirkten immer wie Nichtrussen, gleichsam wie Ausländer auf russischem Boden; wie ausländisch und nicht russisch erschien immer die Bürokratie, die sich mit staatlichen aber nicht russischen Angelegenheiten befasste. In der frühen russischen Geschichte gibt es die bedeutsame Legende von der Berufung der Waräger zur Verwaltung des russischen Landes, denn „unser Land ist groß und reich, aber es herrscht keine Ordnung in ihm". Wie charakteristisch für die schicksalhafte Unfähigkeit und die Abneigung des russischen Volkes, selbst Ordnung im eigenen Land zu schaffen, ist das doch! Das russische Volk will gleichsam weniger den freien Staat, weniger die Freiheit im Staat, als vielmehr die Freiheit vom Staat, die Freiheit von der Sorge um die irdische Ordnung. Das russische Volk will kein mannhafter Erbauer sein, seine Natur bestimmt es zur Weiblichkeit, Passivität und Demut in staatlichen Dingen, es wartet immer auf den Bräutigam, den Mann, den Herrscher. Russland ist ein demütiges, weibliches Land. Passivität, empfangende Weiblichkeit gegenüber staatlicher Macht ist so charakteristisch für das russische Volk und für die russische Geschichte.[8] Demut und Geduld des viel leidenden russischen Volkes sind grenzenlos. Für das anarchistische russische Volk war die staatliche Macht immer äußeres aber nicht inneres Prinzip; sie kam nicht von ihm selbst, sondern gleichsam von außen, wie der Bräutigam zur Braut kommt. Und deshalb erweckte die Macht

[7] Michail N. Katkov (1817-1887), Publizist. – Boris N. Čičerin (1828-1904), Jurist, Historiker und Philosoph.

[8] Das bestätigt sich vollkommen in der russischen Revolution, in der das Volk geistig passiv und demütig gegenüber der neuen revolutionären Tyrannei bleibt, aber im Zustand böser Besessenheit. (Anm. Berdjaevs)

so oft den Eindruck des Fremdländischen, einer irgendwie deutschen Herrschaft. Die russischen Radikalen und Konservativen waren einhellig der Meinung, dass der Staat „die" sind und nicht „wir". Sehr bezeichnenderweise gab es in der russischen Geschichte kein Rittertum, jenes männliche Prinzip. Damit zusammen hängt die ungenügende Entwicklung des Personprinzips in Russland. Das russische Volk lebte immer gern in der Wärme des Kollektivs, im Element der Erde, im mütterlichen Schoß. Das Rittertum schafft das Gefühl persönlicher Würde und Ehre, bildet eine gefestigte Person. Diese Festigung der Person hat die russische Geschichte nicht hervorgebracht. Im russischen Menschen ist Willensschwäche, im russischen Gesicht kein scharf geschnittenes Profil. Tolstojs Platon Karataev[9] ist rundlich. Der russische Anarchist ist weiblich, aber nicht männlich, passiv, aber nicht aktiv. Und Bakunins Rebellion wurzelt im chaotischen russischen Element. Die russische Staatsverneinung erkämpft sich nicht die Freiheit, sie ist Selbsthingabe, Freiheit von Aktivität. Das russische Volk möchte die Erde, die Braut sein, die den Mann erwartet. Alle diese Eigenschaften Russlands liegen der slawophilen Geschichtsphilosophie und den slawophilen Idealen zugrunde. Aber die slawophile Geschichtsphilosophie will nichts von Russlands Antinomie wissen, sie kennt nur die eine These des russischen Lebens. Aber es gibt in ihm die Antithese. Und Russland wäre nicht so geheimnisvoll, wenn es in ihm nur das gäbe, wovon wir gerade sprachen. Die slawophile Philosophie der russischen Geschichte erklärt nicht die Rätsel der Verwandlung Russlands in das größte Imperium der Welt oder erklärt sie zu einfach. Und die Ursünde des Slawophilentums lag darin, dass es die naturhaften und historischen Züge Russlands für christliche Tugenden hielt.

Russland ist das staatlichste und bürokratischste Land der Welt; in Russland verwandelt sich alles in ein Werkzeug der Politik. Das russische Volk schuf den mächtigsten Staat, das größte Imperium der Welt. Seit Ivan Kalita[10] wuchs Russland konsequent und beharrlich und erreichte Ausmaße, die alle Völker der Welt beunruhigen. Die Kräfte des Volkes, von dem man nicht grundlos annimmt, dass es nach innerem geistigem Leben strebt, werden dem kolossalen Staatsgebilde hingegeben, das alles in sein Werkzeug verwandelt. Die Interessen der

[9] Platon Karataev, Romanfigur aus Tolstojs Roman „Krieg und Frieden".

[10] Ivan Kalita ist Ivan I. (1288-1340), Großfürst von Moskau seit 1332.

Schaffung, Unterstützung und Sicherung des gewaltigen Staates nehmen einen ganz ausschließlichen und beherrschenden Platz in der russischen Geschichte ein. Es blieb fast keine Kraft im russischen Volk für ein freies kreatives Tätigsein, alles Blut floss in die Festigung und Verteidigung des Staates. Klassen und Stände waren schwach entwickelt und spielten nicht die Rolle, die sie in der Geschichte der westlichen Länder spielten. Die Person wurde durch die gewaltigen Ausmaße des Staates mit seinen übermäßigen Forderungen niedergedrückt. Die Bürokratie nahm monströse Ausmaße an. Das russische Staatswesen nahm die Position eines Wächters und Verteidigers ein. Es kräftigte sich im Kampf mit der Tatarenherrschaft, in der Zeit der Wirren, bei den Angriffen von außen. Und es verwandelte sich zu einem sich selbst genügenden abstrakten Prinzip; es lebt sein Eigenleben, nach seinem eigenen Gesetz und will keine untergeordnete Funktion im Volksleben sein. Diese Besonderheit der russischen Geschichte drückte dem russischen Leben den Stempel der Freudlosigkeit und Unterdrückung auf. Ein freies Spiel kreativer Kräfte des Menschen war unmöglich. Die Macht der Bürokratie in Russland war wie eine Invasion alles Deutschen. Das Deutsche ging gleichsam organisch in die russische Staatlichkeit ein und beherrschte das weibliche und passive russische Wesen. Die russische Erde nahm diesen falschen Bräutigam nicht an. Für die Schaffung des russischen Staates brachte das russische Volk große Opfer, es vergoss viel Blut, blieb selbst aber machtlos in seinem unermesslich großen Staat. Dem russischen Volk fremd ist der Imperialismus im westlichen und bürgerlichen Sinn des Wortes, aber es gab seine Kräfte zur Schaffung des Imperialismus, an dem sein Herz nicht interessiert war, demütig hin. Hier liegt das Geheimnis der russischen Geschichte und der russischen Seele verborgen. Keine slawophile oder westliche Geschichtsphilosophie hat je enträtselt, warum das anarchistischste Volk den gewaltigsten und mächtigsten Staat geschaffen hat, warum das anarchistischste Volk sich der Bürokratie derartig fügte, warum das geistig freie Volk gleichsam nicht frei leben will. Dieses Geheimnis hängt zusammen mit dem eigentümlichen Verhältnis zwischen dem weiblichen und männlichen Prinzip im russischen Volkscharakter. Dieselbe Antinomie zieht sich durch die gesamte russische Existenz. Ein rätselhafter Widerspruch liegt im Verhältnis Russlands und des russischen Bewusstseins zur Nationalität. Das ist die zweite, nicht weniger bedeutsame Antinomie als das Verhältnis zum Staat. Russland ist das am wenigsten chauvinistische Land der Welt. Der

Nationalismus erweckt bei uns immer den Eindruck des gleichsam Unrussischen, Übernommenen, irgendwie Deutschen. Deutsche, Engländer, Franzosen sind überwiegend Chauvinisten und Nationalisten, voll nationaler Selbstsicherheit und Selbstzufriedenheit. Die Russen schämen sich fast, Russen zu sein; ihnen ist Nationalstolz fremd und leider oft sogar auch nationale Würde. Das russische Volk kennt überhaupt keinen aggressiven Nationalismus, neigt nicht zu gewaltsamer Russifizierung. Der Russe tut sich nicht hervor, stellt sich nicht zur Schau, blickt nicht auf die anderen herab. Im russischen Wesen gibt es wirklich so etwas wie nationale Uneigennützigkeit, eine Opferbereitschaft, die westlichen Völkern unbekannt ist. Die russische Intelligencija zeigte immer Widerwillen gegenüber dem Nationalismus und verabscheute ihn als Teufelszeug. Sie bekannte sich ausschließlich zu übernationalen Idealen. Und wie oberflächlich und banal die kosmopolitischen Theorien der Intelligencija auch immer waren, so zeigte sich in ihnen dennoch, wenn auch entstellt, der übernationale, allmenschliche Geist des russischen Volkes. Abtrünnige der Intelligencija waren in gewissem Sinn nationaler als unsere bürgerlichen Nationalisten, ihre Erscheinung ähnelte den bürgerlichen Nationalisten aller Länder. Unser nationales Genie – Lev Tolstoj – ein Mensch anderen Geistes, der nicht der Intelligencija angehörte, war in seinem religiösen Streben nach Überwindung jeder nationalen Begrenztheit, jeder Schwere des nationalen Fleisches, wahrhaft russisch. Und die Slawophilen waren keine Nationalisten im üblichen Sinn des Wortes. Sie wollten glauben, dass der allmenschliche christliche Geist im russischen Volk lebt, und sie überhöhten das russische Volk wegen seiner Demut. Dostoevskij verkündete geradezu, dass der russische Mensch Allmensch sei, der Geist Russlands ein universaler Geist, und er verstand die Mission Russlands nicht so, wie die Nationalisten sie verstanden. Der Nationalismus neuester Prägung ist eine unbezweifelbare Europäisierung Russlands, ein konservatives Westlertum auf russischem Boden. Und der Ideologe des Nationalismus, Katkov, war niemals Sprachrohr des russischen Volksgeistes. Katkov war Apologet und Knecht einer fremden Staatlichkeit, eines „abstrakten Prinzips". Supranationalismus und Universalismus sind dieselbe wesentliche Eigenschaft des russischen Nationalgeistes wie Staatsverneinung und Anarchismus. National ist in Russland eigentlich der Supranationalismus, Russlands Freiheit vom Nationalismus; darin ist Russland urwüchsig und mit keinem Land der Welt zu vergleichen. Russland ist dazu berufen, Befreierin der Völker zu sein. Diese Mission ist in seinem ungewöhnlichen Geist angelegt. Und die Gerechtigkeit der globalen Aufgaben Russlands ist durch die geistigen Energien der Geschichte bereits prädestiniert. Diese Mission zeigt sich auch in dem jetzigen Krieg. Russland verfolgt keine eigennützigen Ziele.

So lautet eine These über Russland, die man mit Recht äußern konnte. Doch es gibt auch die nicht weniger begründete Antithese. Russland ist das nationalistischste Land der Welt, ein Land nie dagewesener Exzesse des Nationalismus, der Unterdrückung abhängiger Nationalitäten durch Russifizierung, ein Land nationaler Prahlerei, in dem bis hin zur universalen Kirche Christi alles nationalisiert wird, ein Land, das sich einzig und allein berufen fühlt und ganz Europa als Fäulnis und dem Untergang geweihte Ausgeburt des Teufels ablehnt. Die andere Seite der russischen Demut ist die ungewöhnliche russische Selbstüberschätzung. Der Demütigste ist zugleich der Größte, Mächtigste und einzig Berufene. „Russisch" ist das Gerechte, Gute, Wahre, Göttliche. Russland ist das „heilige Russland". Russland ist sündhaft, aber auch in seiner Sünde bleibt es ein heiliges Land, das Land der Heiligen, das nach den Idealen der Heiligkeit lebt. Vladimir Solov'ev lachte darüber, dass die russische nationale Selbstüberschätzung davon überzeugt war, dass alle Heiligen russisch sprechen würden. Derselbe Dostoevskij, der den Allmenschen verkündete und zum universalen Geist aufrief, predigte zugleich den fanatischsten Nationalismus, beschimpfte Polen und Juden, sprach dem Westen jegliches Recht ab, zur Christenheit zu gehören. Die russische nationale Selbstüberschätzung zeigt sich immer darin, dass Russland sich nicht nur für das christlichste, sondern auch für das einzige christliche Land der Welt hält. Der Katholizismus wird überhaupt nicht für christlich gehalten. Und darin lag immer einer der geistigen Gründe für eine falsche Einstellung zur polnischen Frage. Russland, seinem Geist nach zur Befreierin der Völker berufen, war allzu oft Unterdrückerin, und deshalb zieht es Feindschaft und Misstrauen auf sich, die wir jetzt noch überwinden müssen.

Die russische Geschichte bot mit der völligen Nationalisierung der christlichen Kirche, die sich selbst universal nennt, einen ganz ungewöhnlichen Anblick. Kirchlicher Nationalismus ist ein typisch russisches Phänomen. Unser Altgläubigentum[11] ist ganz von ihm durch-

[11] Russisch старообрячество, ‚Altgläubigentum'. Altgläubige (Altrituelle)

drungen. Aber derselbe Nationalismus herrscht auch in der führenden Kirche. Derselbe Nationalismus durchdringt auch die slawophile Ideologie, die immer Universales und Russisches verwechselte. Der universale christliche Geist, der männliche universale Logos, ist durch das weibliche nationale Element, durch die russische Erde an ihre heidnische Herkunft gefesselt. So bildete sich die in die Mutter Erde, in das kollektive nationale Element, in leibliche Wärme aufgelöste Religion. Die russische Religiosität ist eine weibliche Religiosität, eine Religiosität kollektiver leiblicher Wärme, die als mystische Wärme erlebt wird. Das personale religiöse Prinzip ist in ihr schwach entwickelt; sie fürchtet, aus der kollektiven Wärme in die Kälte und das Feuer personaler Religion hinausgehen zu müssen. Eine solche Religiosität verzichtet auf einen männlichen, aktiven Weg. Das ist weniger eine Religion Christi als vielmehr eine Religion der Gottesmutter, eine Religion der Mutter Erde, der weiblichen, das sinnliche Sein erleuchtenden Gottheit. V. V. Rozanov hat diese russische Religion des Fleisches, die Religion der Fortpflanzung und des Behagens auf seine Weise genial zum Ausdruck gebracht. Russland ist für das russische Volk die Mutter Erde. Russland verwandelt sich in die Gottesmutter. Russland ist das Gottesträgervolk. Eine solche weibliche, elementar-nationale Religiosität muss den Männern auferlegt werden, die die Last geistiger Aktivität auf sich nehmen, das Kreuz tragen, geistig führen. Und das russische Volk wird in seiner Religiosität den Heiligen, den Starzen[12], Männern anvertraut, denen nur Verehrung gebührt, wie den Ikonen. Das russische Volk wagt nicht einmal zu denken, dass man die Heiligen nachahmen könne, dass die Heiligkeit ein innerer Weg des Geistes ist, denn das wäre allzu männlich-verwegen. Das russische Volk will weniger die Heiligkeit als vielmehr die Verehrung und Andacht vor der Heiligkeit, wie es ja auch nicht die Macht will, sondern die eigene Hingabe an die Macht und die Übertragung aller Last auf die Macht. Das russische Volk ist in seiner Mehrheit im religiösen Aufwärtsstreben träge, seine Religiosität gehört der Ebene und nicht den Bergen; kollektive Demut liegt ihm mehr als die religiöse Festigung der Person,

---

heißen verschiede religiöse Gruppen und Kirchen in Russland, die nach der Spaltung der Orthodoxen Kirche Mitte des 17. Jahrhunderts aufkamen. Sie wurden auf dem Konzil 1666-67 verdammt.

[12] Starez, russ. старец, vom Volk verehrter Einsiedlermönch. Zu den Starzen pilgerten viele Menschen, um Trost und Hilfe zu erlangen.

als das Opfer der Wärme und Behaglichkeit des elementaren nationalen Lebens. Für seine Demut empfängt das russische Volk zum Dank diese Behaglichkeit und Wärme des kollektiven Lebens. So geartet ist der völkische Boden der Nationalisierung der Kirche in Russland. Daher rührt ein gewaltiges Maß von religiösem Naturalismus, der der christlichen Religion des Geistes, der Religion der Person und der Freiheit vorausgeht. Selbst die christliche Liebe, die wesentlich geistig ist und den Bindungen an Fleisch und Blut entgegensteht, ist in dieser Religiosität naturalisiert worden, wandelte sich zur Liebe zum „eigenen" Menschen. So erstarkt die Religion des Fleisches und nicht des Geistes, so wird das Bollwerk des religiösen Materialismus verteidigt. Auf der unermesslichen russischen Ebene erheben sich die Kirchen, stehen Heilige und Starzen auf, aber der Boden der Ebene ist noch naturalistisch, das Dasein noch heidnisch.

Eine große Leistung, die Vladimir Solov'ev für das russische Bewusstsein erbracht hat, ist vor allem in seiner schonungslosen Kritik des kirchlichen Nationalismus zu sehen, in seinem unablässigen Ruf zum universalen Geist Christi, zur Befreiung des christlichen Geistes aus der Gefangenschaft im nationalen, naturalistischen Element. In seiner Reaktion auf den kirchlichen Naturalismus neigt Solov'ev zu sehr dem Katholizismus zu, aber die große Wahrheit seines Grundbemühens und seiner Motive ist unbestritten und wird von Russland noch angenommen werden. Solov'ev ist das wirkliche Gegengift gegen die nationalistische Antithese des russischen Seins. Seine christliche Wahrheit bei der Lösung der polnischen und europäischen Frage muss immer der Unwahrheit Dostoevskijs entgegengesetzt werden. Der kirchliche Nationalismus führte zur staatlichen Knechtschaft der Kirche. Die Kirche, ein geistiger, mystischer Organismus, ergab sich passiv der Macht des Synod nach deutschem Vorbild. Die rätselhafte Antinomie Russlands in Bezug auf die Nationalität hängt zusammen mit dem falschen Verhältnis zwischen männlichem und weiblichem Prinzip, mit der Unentwickeltheit und fehlenden Entfaltung der Person, die in Christus geboren und dazu berufen ist, Bräutigam ihres Landes, lichtbringender Mann des weiblichen nationalen Elements und nicht ihr Knecht zu sein.

Dieselbe rätselhafte Antinomie lässt sich in Russland überall nachweisen. Man kann eine unzählige Menge von Thesen und Antithesen über den russischen Nationalcharakter aufstellen, viele Widersprüche in der russischen Seele aufdecken. Russland ist ein Land grenzenloser Geistesfreiheit, ein Land des Pilgertums und des Suchens nach der göttlichen Wahrheit. Russland ist das am wenigsten bürgerliche Land der Welt; in ihm gibt es nicht dieses starke Philistertum[13], das die Russen im Westen so abstößt und anwidert. Dostoevskij, bei dem man die Seele Russlands studieren kann, war in seiner erschütternden Legende vom Großinquisitor Verkünder dieser kühnen und grenzenlosen Freiheit in Christus, wie sie keiner in der Welt bisher zu behaupten sich entschloss. Die Behauptung der Geistesfreiheit als eines typisch Russischen war immer eine wesentliche Besonderheit des Slawophilentums. Die Slawophilen und Dostoevskij setzten immer die innere Freiheit des russischen Volkes, seine angeborene, religiöse Freiheit, auf die es für keine weltlichen Güter verzichtet, gegen die innere Unfreiheit der westlichen Völker und ihrer Knechtung durch Äußeres. Im russischen Volk gibt es wahrhaftig Geistesfreiheit, die nur dem gegeben wird, der nicht von der Sucht nach irdischem Gewinn und irdischem Wohlbefinden besetzt ist. Russland ist das Land existentieller Freiheit, die führende westliche Völker in ihrer Knechtschaft unter philisterhaften Normen nicht kennen. Nur in Russland gibt es keine drückende Last bürgerlicher Verhältnisse, keinen Despotismus der philisterhaften Familie. Der russische Mensch überwindet mit größerer geistiger Leichtigkeit jegliche Bürgerlichkeit, verlässt jede geregelte Lebensweise, jedes normbestimmte Leben. Der Typus des Pilgers ist ja so charakteristisch für Russland und so schön. Der Pilger ist der freieste Mensch auf Erden. Er geht über die Erde, sein Element ist die Luft, er ist nicht der Erde verhaftet, in ihm ist nichts Niedriges. Der Pilger ist frei von der „Welt" und die ganze Schwere der Erde und des irdischen Lebens ist für ihn nur ein kleiner Schultersack. Die Würde des russischen Volkes und seine Berufung zu höherem Leben sind im Typus des Pilgers konzentriert. Der russische Typus des Pilgers findet seinen Ausdruck nicht nur im Volksleben, sondern auch im kulturellen Leben, im Leben des besten Teils der Intelligencija. Auch hier kennen wir Pilger, im Geist Freie, die an nichts gebunden sind, ewige Wanderer auf der Suche nach der unsichtbaren Stadt[14]. Über sie kann man in der großen russischen Literatur lesen. Die Pilger im Leben der Kultur und

---

[13] Russisch мещанство, мещанский übersetze ich durchgängig mit 'Philistertum', ‚philisterhaft', was den Wörtern ‚Spießbürger' und ‚spießig' entspricht.

[14] Kitež, sagenhafte, im See Svetlyj Jar versunkene Stadt. Sinnbildliches Ziel der russischen Pilgerschaft, die in der Welt keine „bleibende Stadt" hat.

der Intelligencija heißen bald ruhelose Wanderer der russischen Erde, bald Abtrünnige. Sie gibt es schon bei Puškin und Lermontov, dann bei Tolstoj und Dostoevskij. Fremdlinge des Geistes sind alle die Raskol'nikovs, Myškins, Stavrogins, Versilovs, Fürst André und Pierre Bezuchov[15]. Die Pilger haben keine bleibende Stadt, die zukünftige suchen sie. Vladimir Solov'ev fühlte sich immer nicht heimisch auf dieser Erde, sondern als Fremdling und Pilger, der kein Zuhause hat. So war auch Skovoroda[16], Wanderer und Weiser aus dem Volk im 18. Jahrhundert. Geistige Pilgerschaft gibt es bei Lermontov, bei Gogol', es gibt sie bei L. Tolstoj und Dostoevskij und auf der anderen Seite bei russischen Anarchisten und Revolutionären, die auf ihre Art das Absolute suchen, das die Grenzen jedes positiven und sichtbaren Daseins überschreitet. Dasselbe gibt es auch im russischen Sektenwesen, in der mystischen Sehnsucht des Volkes, in jenem ekstatischen Wunsch, vom Geist besessen zu sein. Russland ist ein phantastisches Land geistiger Trunkenheit, das Land der Chlysten[17], der Selbstverbrenner[18], der Duchoborzen[19], das Land von Kondratij Selivanov[20] und Grigori Rasputin[21], das Land der Usurpatoren und der Pugačevrebellen[22]. Die russische Seele hält es nicht auf einem Platz, sie ist keine spießbürgerliche, ortsgebundene Seele. In Russland, in seiner Volksseele ist unendliches Suchen, das Suchen nach der unsichtbaren Stadt Kitež, dem unsichtbaren Zuhause. Vor der russischen Seele tut sich die Ferne auf, und es gibt keine klare Horizontlinie vor ihrem Auge. Die russische

---

15 Romangestalten von Tolstoj und Dostoevskij.

16 Grigorij S. Skovoroda (1722-1794), ukrainischer Philosoph, Dichter, Musiker und Pädagoge, führte seit 1770 ein Pilgerleben.

17 Chlysten (Geißler, Flagellanten), eine der ältesten außerkirchlichen Sekten in Russland, Mitte des 17. Jahrhunderts entstanden.

18 Selbstverbrennungen waren ein fataler Ausweg verfolgter, streng gläubiger und fanatischer religiöser Gruppen, die bis zur Selbstaufopferung an alten Riten festhielten, die von der offiziellen Kirche verboten wurden.

19 Duchoborzen, ‚Geistkämpfer', sind eine religiöse Gruppe, die die äußeren Riten der Orthodoxen Kirche verwerfen.

20 Kondratij Selivanov (1720/30 oder 40-1832), Gründer der Sekte der Skopzen, einer Abspaltung der Chlysten.

21 Grigorij J. Rasputin (1869-1916), russischer Wanderprediger, der am Zarenhof in Sankt Petersburg eine verhängnisvolle Rolle spielte.

22 Pugačev 1740/1742-1775), Anführer eines Kosakenaufstandes 1773, in Moskau hingerichtet.

Seele entbrennt in heißen Ringen um die Wahrheit, der absoluten, göttlichen Wahrheit und Rettung der ganzen Welt und der allgemeinen Auferstehung zu neuem Leben. Sie trauert ewig über den Schmerz und das Leiden des Volkes und der ganzen Welt, und ihre Qual kennt keine Linderung. Diese Seele wird verzehrt durch das Ringen um die Lösung letzter, verfluchter Fragen über den Sinn des Lebens. Es gibt Rebellion, Aufbegehren in der russischen Seele, ewiges Ungestilltsein und Unzufriedenheit mit allem Zeitlichen, Relativen und Bedingten. Immer weiter und weiter muss man gehen zum Ende, an die Grenze, zum Ausgang aus dieser „Welt", aus dieser Erde, aus aller örtlichen, philisterhaften Gebundenheit. Mehrmals schon hat man darauf hingewiesen, dass selbst der russische Atheismus religiös sei. Die heroisch gestimmte Intelligencija ging im Namen materialistischer Ideen in den Tod. Dieser merkwürdige Widerspruch wird verständlich, wenn man sieht, dass sie unter der materialistischen Maske nach dem Absoluten strebte. Die slawische Rebellion ist das feurige, glühende Element, das andere Rassen nicht kennen. Und Bakunin war in seinem heißen Streben nach dem Weltenbrand, in dem alles Alte brennen sollte, Russe, Slawe, Messianist. Dies ist eine der Thesen über die Seele Russlands. Das russische Volksleben mit seinen mystischen Sekten, die russische Literatur und das russische Denken, das traurige Schicksal der russischen Schriftsteller und das Schicksal der russischen Intelligencija, die sich vom Boden losgerissen hat und dennoch so typisch national ist, – das alles gibt uns das Recht, jene These aufzustellen, dass Russland ein Land unendlicher Freiheit und geistiger Weite, ein Land der Pilger, Fremdlinge und Sucher ist, ein in seinem elementaren Wesen, in den dionysischen Zügen seines Volkscharakters, der keine Form will, rebellisches und unheimliches Land.

Und hier die Antithese. Russland ist ein Land nie gehörter Servilität und schrecklicher Unterwürfigkeit, ein Land, dem das Bewusstsein für die Rechte der Person fehlt und das die Würde der Person nicht schützt, ein Land des trägen Konservatismus, der staatlichen Unterdrückung des religiösen Lebens, ein Land des harten Daseins und der schweren Leiblichkeit. Russland ist ein Land der Händler, die in schwerer Leiblichkeit gefangen sind, der Habgierigen, bis zur Starrheit unbeweglichen Konservativen, ein Land der Beamten, die niemals die Grenzen der engen und toten bürokratischen Herrschaft überschreiten, ein Land der Bauern, die nichts außer Land wollen, die das Christentum ganz äußerlich und eigennützig angenommen haben, ein Land der Geistlichkeit, die dem materiellen Dasein frönt, ein Land der Intelligenzler, die träge und konservativ in ihrem Denken von den oberflächlichsten materialistischen Ideen infiziert ist . Russland liebt Schönheit nicht, fürchtet Schönheit wie einen Luxus, will keinerlei überflüssigen Reichtum. Russland ist beinahe unfähig, sich von der Stelle zu bewegen, so schwerfällig, so träge, so faul, so in die Materie versunken ist es, so unterwürfig ist es mit seinem Leben zufrieden. Alle unsere Stände, unsere ursprünglichen Schichten, Adel, Kaufleute, Bauernschaft, Geistlichkeit, Beamtentum, sie alle wollen und mögen keinen Aufstieg; alle bleiben lieber unten, in der Ebene, um „wie alle" zu sein. Überall ist die Person im organischen Kollektiv unterdrückt. Unseren bodenständigen Schichten fehlt ein Rechtsbewusstsein und sogar Würde, sie wollen keine Selbstbetätigung und Aktivität, immer hoffen sie darauf, dass andere alles für sie tun. Auch unsere politischen Revolutionäre sind irgendwie geistig unfrei, unfruchtbar und träge. Die russische radikaldemokratische Intelligencija, als ausgeprägte Schicht, ist geistig konservativ und kennt keine wirkliche Freiheit; sie ist eher von der Idee mechanischer Gleichheit als von der Freiheit ergriffen. Anderen scheint Russland zur Knechtschaft verurteilt und ohne Ausweg in ein freies Leben. Man könnte meinen, dass die Person nicht nur im konservativen, sondern auch im revolutionären Russland noch nicht erwacht ist, dass Russland immer noch das Land des unpersönlichen Kollektivs bleibt. Doch gilt es zu verstehen, dass der genuine russische Kollektivismus nur eine vorübergehende Erscheinung des ursprünglichen Stadiums der natürlichen Evolution ist und nicht ein ewiges Phänomen des Geistes.

Wie soll man diese rätselhafte Widersprüchlichkeit Russlands verstehen, diese gleichzeitige Richtigkeit sich gegenseitig ausschließender Thesen? Und hier wie überall stoßen wir bei der Frage nach der Freiheit und Knechtschaft der Seele Russlands, nach seiner Pilgerschaft und seiner Unbeweglichkeit, auf das Geheimnis der Wechselbeziehung des Männlichen und Weiblichen. Wurzel dieser tiefen Widersprüche ist die fehlende Einheit des Männlichen und Weiblichen im russischen Geist und Charakter. Grenzenlose Freiheit verkehrt sich in grenzenlose Knechtschaft, ewige Pilgerschaft in ewigen Stillstand, weil die männliche Freiheit das weibliche nationale Element nicht aus tiefsten Herzen in Besitz nimmt. Das männliche Prinzip wird immer von außen erwartet, das personale Prinzip entwickelt sich nicht im russischen Volk selbst. Von daher die ewige Abhängigkeit von Fremdem.

Philosophisch ausgedrückt heißt das, dass Russland das männliche Prinzip immer als transzendent und nicht immanent und von innen kommend empfindet. Damit hängt zusammen, dass alles Männliche, Befreiende und Formende in Russland gleichsam nicht russisch, sondern ausländisch, westeuropäisch, französisch oder deutsch oder in früher Zeit griechisch gewesen ist. Russland hat gleichsam nicht die Kraft, sich selbst zu einem freien Dasein zu formen, aus sich selbst die Person zu bilden. Die Rückkehr zum eigenen Boden, zum eigenen nationalen Element nimmt in Russland allzu leicht den Charakter der Unterdrückung an, führt zu Unbeweglichkeit, verkehrt sich in Reaktion. Russland ist jungfräulich, erwartet den Bräutigam, der von irgendeiner Höhe kommen soll, aber es kommt nicht der Bräutigam, sondern der deutsche Beamte und beherrscht es. Im geistigen Leben beherrschen es bald Marx, bald Kant, bald Steiner[23], bald irgendein anderer ausländischer Mann. Russland, ein so eigentümliches Land, ein Land so ungewöhnlichen Geistes, befand sich immer in einem servilen Verhältnis zu Westeuropa. Es lernte von Europa nicht, was notwendig und gut ist, nahm nicht teil an der europäischen Kultur, was ihm Rettung bedeutete, sondern fügte sich sklavisch dem Westen oder bedrohte ihn in wilder nationalistischer Reaktion, leugnete die Kultur. Der Gott Apollo, ein Gott männlicher Gestalt, kam nicht zum dionysischen Russland herab. Russland ist dionysisch, barbarisch und nicht griechisch. Auch in anderen Ländern kann man alle diese Gegensätze finden, aber nur in Russland verkehrt sich die These in die Antithese, bürokratische Staatlichkeit erwächst aus Anarchismus, Knechtschaft erwächst aus Freiheit, äußerster Nationalismus aus Supranationalismus. Aus diesem Circulus vitiosus gibt es nur einen Ausweg: in Russland selbst, in der Tiefe seines Geistes, muss sich das männliche, personale, formgebende Prinzip enthüllen, das eigene nationale Wesen beherrschen, muss das männliche, lichtbringende Bewusstsein immanent erweckt werden. Und ich möchte glauben, dass der jetzige Weltkrieg Russland aus diesem Circulus vitiosus herausführt, in ihm den männlichen Geist erwecken, der Welt das männliche Antlitz Russlands zeigen und das gebührende Verhältnis zwischen dem europäischen Osten und dem europäischen Westen bringen wird.

---

[23] Gemeint ist zweifellos Rudolf Steiner (1861-1925), der Begründer der Anthroposophie.

II

Jetzt endlich ist der lange erwartete Kampf zwischen der slawischen und germanischen Rasse entbrannt. Schon vor langer Zeit ist das germanische Prinzip in Russlands Schoß eingedrungen, hat unmerklich Staat und Kultur Russlands germanisiert, Leib und Seele Russlands gelenkt. Nun führt das Deutschtum offen Krieg gegen die slawische Welt. Die germanische Rasse ist männlich, selbstbewusst und borniert männlich. Die germanische Welt spürt die Weiblichkeit der slawischen Rasse und denkt, dass sie diese Rasse und ihr Land beherrschen soll, dass nur sie die Kraft hat, dieses Land zu kultivieren. Schon vor langer Zeit schickte das Deutschtum seine Brautwerber, hatte seine Agenten und glaubte, Russland sei für es bestimmt. Die ganze Petersburger Epoche der russischen Geschichte stand unter dem Zeichen des inneren und äußeren Einflusses der Deutschen. Das russische Volk war beinahe schon bereit, sich damit abzufinden, dass nur die Deutschen es verwalten und kultivieren könnten. Und notwendig war eine ganz ungewöhnliche globale Katastrophe, notwendig der Wahnsinn des Deutschtums vor lauter Stolz und Selbstüberschätzung, damit Russland sich selbst erkannte, die Passivität von sich abschüttelte, die männlichen Kräfte in sich weckte und sich zu großen Taten in der Welt berufen fühlte. In dem Weltkampf mit der germanischen Rasse darf man ihr nicht nur die Weiblichkeit und Demut der Slawen entgegenstellen. Unter der drohenden Verschlingung durch das Deutschtum muss man das männliche Antlitz in sich entdecken. Der Krieg der slawischen und germanischen Welt ist nicht nur der Zusammenstoß bewaffneter Kräfte auf den Schlachtfeldern; er ist tiefer, ist ein geistiger Krieg, ein Kampf um die Herrschaft eines anderen Geistes in der Welt, der Zusammenstoß und die Verflechtung der östlichen und westlichen christlichen Welt. In diesem großen, wahrhaftigen Weltenkampf kann Russland gar nicht anders als sich selbst zu erkennen. Aber seine Selbsterkenntnis muss auch seine Selbstläuterung sein. Selbsterkenntnis setzt Selbstkritik und Selbstentlarvung voraus. Prahlerei war niemals Selbsterkenntnis und kann nur totale Geistesverwirrung sein. Glänzendes Beispiel für den völligen Verlust wirklicher Selbsterkenntnis und für die völlige Verfinsterung durch Prahlerei und Selbstüberschätzung ist jetzt Deutschland. Die männliche, erleuchtende Erkenntnis des Volkes ist immer kritisch und befreit von eigener Verfinsterung und Versklavung, bedeutet immer die Herrschaft über die eigenen chaotischen Wesenselemente. Und die Selbsterkenntnis Russlands muss vor allem von der Unterwerfung und Knechtschaft durch das eigene nationale Element befreit worden sein. Das aber bedeutet, dass das russische Volk im Hinblick auf seine russische Erde männlich und lichtbringend sein, die Erde beherrschen und ihre chaotischen Kräfte formen muss und sich nicht in ihm auflösen, sich ihm nicht passiv überlassen darf. Das bedeutet auch, dass das Humane über das Naturhafte herrschen und nicht das Naturhafte über das Humane herrschen soll. Russland führte ein zu naturhaftes, zu wenig humanes Leben, ein allzu gattungsmäßiges und zu wenig personales Leben. Das personale menschliche Prinzip beherrschte noch nicht die unpersönlichen elementaren Elemente der Erde. Diese seine ursprüngliche angestammte Biologie erlebte Russland als seine ursprüngliche kollektive Mystik, und in der Person seiner Ideologen sah es darin den eigenen Vorzug gegenüber Westeuropa. Russland bekannte sich mehrheitlich zur Religion des Fleisches und nicht zur Religion des Geistes, es verwechselte den gattungsmäßigen, naturhaften Kollektivismus mit dem geistigen, übernatürlichen Kollektivismus. Aber das rätselhafte Land der Widersprüche, Russland, barg den prophetischen Geist und die Vorahnung neuen Lebens und neuer Offenbarungen in sich.

In dieser für das russische Bewusstsein entscheidenden Stunde müssen wir klar und mannhaft die uns bedrohenden Gefahren erkennen. Der Krieg kann Russland große Vorteile bringen, nicht nur materielle, sondern auch geistige. Er weckt ein tiefes Gefühl für die völkische, nationale Einheit, überwindet inneren Zwist und Feindschaft, den kleinlichen Parteihader, er zeigt Russlands Antlitz, stählt den männlichen Geist. Der Krieg entlarvt die Lebenslüge, reißt bergende Hüllen ab, verwirft falsche Heiligtümer. Er bringt vieles ans Licht. Aber er birgt auch Gefahren. Russland kann einem falschen Nationalismus und dem echt deutschen Chauvinismus verfallen. Es kann von Idealen der Weltherrschaft ergriffen werden, die dem russischen Geist nicht entsprechen und der slawischen Rasse fremd sind. Der Krieg birgt auch die Gefahr der Verrohung. Und vor allem muss Russland frei vom Hass gegen Deutschland bleiben, von den unfrei machenden Gefühlen der Bosheit und Rache, von jener Leugnung des in der Geisteskultur so wertvollen Feindes, die nur eine andere Form der Knechtschaft ist. Wir wollen glauben, dass dies alles nicht geschehen wird, aber es wäre nicht gut, die Augen vor diesen Möglichkeiten zu verschließen. In der russischen nationalen Wesensart liegt eine gewisse ewige Gefahr, in Gefangenschaft zu geraten, sich Fremdem unterzuordnen. Und eine wirkliche Wiedergeburt Russlands kann nur die radikale Befreiung von jeder Gefangenschaft sein, von jeder Unterwerfung und Versklavung durch etwas Äußeres, Fremdartiges, d.h. die Entdeckung der eigenen inneren Männlichkeit, des inneren Lichts, eines stolzen und schöpferischen Geistes. Der Krieg muss uns Russen befreien von einem knechtischen und unterwürfigen Verhältnis gegenüber Deutschland, von einem ungesunden, hysterischen Verhältnis zu Westeuropa, als irgendeinem fernen und äußeren Gegenstand, bald leidenschaftlicher Liebe und Träumens, bald blutigen Hasses und Angst. Westeuropa und westliche Kultur wird Russland immanent sein; Russland wird endlich Europa sein, und eigentlich dann erst wird es geistig selbständig und geistig unabhängig sein. Europa wird aufhören, Monopol der Kultur zu sein. Der Weltkrieg, in dessen blutigen Strudel schon die ganze Welt und alle Rassen hineingerissen wurden, muss unter blutigen Qualen das klare Bewusstsein der universalen Einheit der Menschheit gebären. Die Kultur wird nicht mehr ausschließlich europäisch sein und global, universal werden. Und Russland, das eine Vermittlerrolle zwischen Ost und West einnimmt, dieser Ost-Westen, ist dazu berufen, eine bedeutende Rolle bei der Einigung der Menschheit zu spielen. Der Weltkrieg führt uns sichtlich zum Problem des russischen Messianismus.

Das messianische Bewusstsein ist kein nationalistisches Bewusstsein; es ist dem Nationalismus grundsätzlich entgegengesetzt; es ist ein universales Bewusstsein. Das messianische Bewusstsein hat seine Wurzeln im religiösen Bewusstsein des jüdischen Volkes, in Israels Erleben der Gotterwähltheit und Einzigartigkeit. Das messianische Bewusstsein ist das Bewusstsein des auserwählten Volkes Gottes, eines Volkes, in dem der Messias erscheinen soll und durch den die Welt gerettet werden soll. Das auserwählte Volk Gottes ist der Messias unter den Völkern, das einzige Volk mit messianischer Berufung und Vorbestimmung. Alle anderen Völker sind geringere Völker, nicht erwählte, Völker mit gewöhnlichem und nicht mystischem Schicksal. Alle Völker haben ihre eigene Berufung, ihre eigene Bestimmung in der Welt, aber nur ein Volk kann für das messianische Ziel auserwählt sein. Das Volk des messianischen Bewusstseins und der messianischen Bestimmung ist ebenso einzig, wie der Messias einzig ist. Das messianische Bewusstsein ist global und supranational. Darin liegt eine Analogie zur Idee des Römischen Imperiums, das ebenso universal und supranational war wie der altjüdische Messianismus. Dieses in seinem Anspruch universale messianische Bewusstsein der Juden war dadurch gerechtfertigt, dass der Messias im Schoß dieses Volkes erschien, obwohl er von diesem verworfen wurde. Aber nach dem Erscheinen Christi ist der Messianismus im altjüdischen Sinn für die christliche Welt nicht mehr möglich. Für den Christen gibt es weder Griechen noch Juden. Ein auserwähltes Volk Gottes kann es in der christlichen Welt nicht geben. Christus ist für alle Völker gekommen, und alle Völker stehen mit ihrem Schicksal und Los vor dem Gericht des christlichen Bewusstseins. Das Christentum erlaubt nicht die Ausschließlichkeit und den Stolz eines Volkes und verurteilt jenes Bewusstsein, wonach ich mein Volk über alle anderen stelle und es für das einzige religiöse Volk halte. Das Christentum behauptet in endgültiger Weise die Einheit der Menschheit, den Geist der Allmenschlichkeit und des Allfriedens. Und das hat der Katholizismus vollkommen verstanden, und hat es, wenn auch mit einem relativen historisch-leiblichen Phänomen, dem Papsttum, besiegelt. Das messianische Bewusstsein ist ein prophetisches Bewusstsein, das messianische Selbstbewusstsein ist ein prophetisches Gefühl. Es enthält das Salz religiösen Lebens, und dieses Salz kommt vom jüdischen Volk. Dieses prophetische messianische Bewusstsein verschwindet nicht in der christlichen Welt, wird aber verwandelt und umgestaltet. Auch in der christlichen Welt ist prophetischer Messianismus möglich, das Bewusstsein einer besonderen religiösen Berufung eines bestimmten Volkes, und möglich ist der Glaube, dass durch dieses Volk der Welt das Wort einer neuen Offenbarung gesagt wird. Doch der christliche Messianismus muss von allem Nichtchristlichen gereinigt sein, von Nationalstolz und Selbstüberschätzung, vom Abirren auf den Weg des alten jüdischen Messianismus einerseits und des neuen exklusiven Nationalismus andererseits. Das christliche messianische Bewusstsein kann nicht in der Behauptung bestehen, dass nur das russische Volk die große religiöse Berufung besitze, dass es allein ein christliches Volk sei, allein auserwählt für ein christliches Schicksal und christliches Los, und alle anderen Völker geringer seien, nicht christlich und ohne christliche Berufung. In solcher Selbstüberschätzung ist nichts Christliches. Nichts Christliches war in dem ewigen Refrain der Slawophilen über die Fäulnis des Westens und das Fehlen christlichen Lebens bei ihnen. Solche Judaisierung des Christentums wirft uns vom Neuen Testament zurück auf das Alte Testament. Judaismus im Christentum ist eine drohende Gefahr, vor der man sich hüten muss. Und jeder exklusive religiöse Nationalismus, jede religiös-nationale Selbstüberschätzung ist Judaismus im Christentum. Die äußerste Nationalisierung der Kirche ist Judaismus innerhalb des Christentums. Und im russischen Christentum gibt es viele judaistische Elemente, viel Alttestamentliches.

Das christliche messianische Bewusstsein kann nur ein Bewusstsein davon sein, dass Russland in der anbrechenden Weltepoche dazu berufen ist, der Welt sein neues Wort zu sagen, wie es schon die römische und die germanische Welt gesagt haben. Die slawische Rasse, an deren Spitze Russland steht, muss ihre geistigen Potenzen offenbaren, ihren prophetischen Geist zeigen. Die slawische Rasse tritt an die Stelle der anderen Rassen, die ihre Rolle gespielt und schon im Niedergang begriffen sind; sie ist die Rasse der Zukunft. Alle großen Völker durchschreiten das messianische Bewusstsein. Es fällt zusammen mit Perioden besonderen geistigen Aufschwungs, wenn ein gegebenes Volk vom Schicksal berufen wird, etwas Großes und Neues für die Welt zu tun. Ein solches messianisches Bewusstsein gab es zu Beginn des 19. Jahrhunderts in Deutschland. Aber jetzt erleben wir das Ende des deutschen Messianismus, die völlige Erschöpfung seiner geistigen Kräfte. In der Geschichte des Christentums gibt es nicht das eine auserwählte Gottesvolk, aber verschiedene Völker werden zu verschiedenen Zeiten für eine große Mission, für die Offenbarung des Geistes auserwählt. In Russland ist schon seit langem die prophetische Ahnung entstanden, dass die Stunde der Geschichte anbricht, da es zu großen Offenbarungen des Geistes berufen sein wird, wenn in ihm das geistige Zentrum der Welt sein wird. Das ist kein jüdischer Messianismus. Eine derartige prophetische Ahnung schließt eine große Erwählung und Prädestination anderer Völker nicht aus; sie ist nur die Weiterführung dessen, was von allen Völkern der christlichen Welt geschaffen wurde. Jenes russische messianische Bewusstsein war getrübt, gefesselt durch das heidnische nationale Element und entstellt durch die Erfahrungen des judaistischen Bewusstseins. Das russische Bewusstsein muss von dieser heidnischen und judaistischen Fesselung gereinigt und befreit werden. Das aber bedeutet, dass das russische Denken und das russische Leben von den toten und todbringenden Seiten nicht nur des offiziellen, sondern auch des im Volk vorhandenen Slawophilentums befreit werden muss. Das Slowophilentum hatte seine Wahrheit, die dem Westlertum immer gut entgegenzusetzen war. Das wird bewahrt werden. Aber es gab auch viel Heuchelei und

Lüge, viel Gebundenheit an Materielles, viel „erhebende Täuschungen“[24] und Idealisierungen, die das Leben des Geistes hemmten.

Russland kann sich nicht als Osten definieren und dem Westen entgegensetzen. Russland muss sich auch als Westen, als Ost-Westen, begreifen, als Einiger und nicht als Trenner zweier Welten. Vladimir Solov'ev hat das alte Slawophilentum mit seinem falschen Nationalismus und seinem exklusiven Ostlertum geistig beendet. Und nach Vladimir Solov'evs Werk muss der christliche Universalismus endgültig als fest zum Bewusstsein gehörend angesehen werden. Jeglicher Partikularismus ist im Grunde unchristlich. Die exklusive Herrschaft des östlichen Elements bedeutete in Russland immer die Gefangenschaft beim natürlichen weiblichen Prinzip und endete in der Herrschaft eines bald reaktionären, bald revolutionären Chaos.[25] Ein Russland als selbstbehaupteter Osten, ein national selbstzufriedenes und exklusives Russland bedeutet Verschlossenheit, Unentwickeltheit des Männlichen, Menschlichen und Personalen, bedeutet Gefangenschaft beim natürlich-elementaren Prinzip, bei der traditionellen Lebensweise. Auf der religiösen Ebene bedeutet das die Verabsolutierung und Vergöttlichung des Leiblich-Relativen, die Zufriedenheit mit der leiblichen Wärme des nationalen Körpers. Darin liegt eine ewige Versuchung und große Gefährdung Russlands. Die Weiblichkeit der Slawen macht sie mystisch empfindsam, befähigt sie, der inneren Stimme zu gehorchen. Aber die ausschließliche Herrschaft des weiblichen Elements hindert sie daran, ihrer Berufung in der Welt zu folgen. Für den russischen Messianismus ist männlicher Geist notwendig, ohne ihn wird es immer und immer wieder einen Absturz in dieses fesselnde und verschlingende Element der russischen Erde geben, die ihrer Erleuchtung und Formung harrt. Aber das Ende des Slawophilentums ist auch das Ende des Westlertums, das Ende der Entgegensetzung von Ost und West. Und auch im Westlertum gab es Partikularismus und Provinzialismus, es fehlte der universale Geist. Das Westlertum bedeutete ein gleichsam ungesundes und unmännliches Verhältnis zum

---

[24] Worte aus Puškins Gedicht Герой (Der Held): „Тьмы низких истин мне дороже нас возвышающий обман“, frei übersetzt: „Lieber als das Dunkel niedriger Wahrheiten ist mir uns erhebende Täuschung.“

[25] In der russischen Revolution sehen wir die Herrschaft des ausschließlichen östlichen Prinzips, das die Normen der Zivilisation verwirft und das Chaos entfesselt. (Anm. Berdjaevs)

Westen, gleichsam Unfreiheit und Unfähigkeit, sich auch als wirksame Kraft für den Westen zu empfinden. Das russische Selbstbewusstsein kann weder slawophil noch westlerisch sein, denn diese beiden Formen bedeuten mangelnde Mündigkeit des russischen Volkes, mangelnde Reife für sein Leben und seine Rolle in der Welt. Im Westen kann es kein Westlertum geben, dort ist dieser Traum vom Westen als von irgendeinem höheren Zustand unmöglich. Ein höherer Zustand ist weder der Westen noch der Osten; er ist geographisch und materiell durch nichts definiert. Der Weltkrieg muss die Existenz Russlands als eines ausschließlichen Ostens und Europas als eines ausschließlichen Westens überwinden. Die Menschheit wird diese Begrenzungen hinter sich lassen. Russland wird als bestimmende Kraft in das Leben der Welt eintreten. Aber die globale Rolle Russlands setzt voraus, dass die schöpferische Aktivität des Menschen in ihm geweckt wird und es den Zustand der Passivität und Zerstreuung verlässt. Schon bei dem ewig doppeldeutigen Dostoevskij gibt es eine Prophetie von der Offenbarung des Menschen, von der außergewöhnlichen Schärfe der anthropologischen Erkenntnis. Der wahre russische Messianismus setzt die Befreiung der Religion, des Geistes von der auschließlichen Knechtschaft unter nationalen und staatlichen Prinzipien, von jeder Fesselung an das materielle Dasein voraus. Russland muss die religiöse Emanzipation der Person durchlaufen. Der russische Messianismus stützt sich vor allem auf das russische Pilgertum, das ruhelose Wandern, das Suchen und Ringen, auf das russische Rebellentum und seinen geistigen Hunger, auf die Russen, die hier keine bleibende Stadt haben, sondern die zukünftige suchen. Der russische Messianismus kann nicht an das alltägliche Russland gebunden sein, an das träge und unbewegliche Russland mit der Schwere seines nationalen Körpers, ein Russland, das nur seine Ritengläubigkeit bewahren will, kann nicht gebunden sein an Russen, die mit ihrer Stadt, einer heidnischen Stadt, zufrieden sind und die zukünftige Stadt fürchten.

Alle Besonderheit der slawischen und russischen Mystik liegt in der Suche nach der Stadt Gottes, der zukünftigen Stadt, in der Erwartung des Herabkommens des Himmlischen Jerusalems auf die Erde, in der Sehnsucht nach der Errettung und dem Heil aller, in der apokalyptischen Gestimmtheit. Diese apokalyptischen, prophetischen Erwartungen stehen im Widerspruch zu jenem Gefühl, dass die Russen bereits ihre Stadt haben und dass diese Stadt die „heilige Rus“[26] ist. Und auf dieses alltägliche_und zufriedene Gefühl gründete sich in erheblichem Maße das Slawophilentum und unsere gesamte rechte religiösnationale Ideologie. Die klerikale Religion, die Bewahrung dessen, was ist, gerät in Konflikt mit dem Geist Russlands, mit der prophetischen Religion, die die zukünftige Stadt sucht. Hier liegt einer der tiefsten Widersprüche Russlands. Und wenn man auch vieles anführen kann zur Verteidigung der These, dass Russland in besonderer Weise ein heiliges Land sei und darin seine religiöse Mission liege, so kann man zur Verteidigung der Antithese nicht weniger anführen: dass Russland in besonderer Weise ein Land des religiösen und geistigen Dürstens, prophetischer Vorahnungen und Erwartungen ist. In Dostoevskij hat diese religiöse Antinomie Russlands Gestalt angenommen. Er hat zwei Gesichter: das eine ist auf die Bewahrung, auf die Konservierung des national-religiösen Daseins gerichtet, das für das wirkliche Sein ausgegeben wird – das ist das Bild der geistigen Sattheit, und das andere Antlitz ist das prophetische, auf die zukünftige Stadt gerichtete, das Bild des geistigen Hungers. Der Widerspruch und der Antagonismus der geistigen Sattheit und des geistigen Hungers sind für Russland grundlegend, und aus ihm sind viele andere Widersprüche Russlands erklärbar. Geistige Sattheit bekommt, wer sich dem weiblichen nationalen Element passiv überlässt. Das ist noch nicht die Sättigung durch die Göttliche Speise, das ist immer noch ein naturhaftes Sattwerden. Geistiger Hunger, das Ungenügen an der naturhaften nationalen Speise ist ein Zeichen der Befreiung des männlichen Prinzips der Person. Denselben Widerspruch, den wir in unserem nationalen Genius Dostoevskij sehen, sehen wir auch im Leben des Volkes, in dem immer zwei Bilder sichtbar sind. Geistige Sattheit, Bewahrung des Alten, alltägliche und äußerlich rituelle Auffassung des Christentums – das ist das eine Bild des religiösen Volkslebens. Geistiger Hunger, prophetische Vorahnung, mystische Versenkung in die Tiefen der Orthodoxie in anderen Bereichen unseres Sektenwesens und des Schismas, im Pilgertum – das ist das andere Bild des religiösen Volkslebens. Die russische Mystik, der russische Messianismus, sind mit dem zweiten Bild Russlands verbunden, mit seinem geistigen Hunger und Durst nach der göttlichen Wahrheit auf Erden ebenso wie im Himmel. Die apokalyptische Gestimmtheit unterscheidet die russische Mystik von

---

[26] «Святая Русь» ist der Name für das alte, religiöse Russland.

der deutschen Mystik, die nur Versenkung in die Tiefe des Geistes und niemals ein Streben zur Stadt Gottes, zum Ende, zur Verwandlung der Welt gewesen ist. Aber die russische apokalyptische Gestimmtheit neigt stark zur Passivität, zu abwartender Haltung, zur Weiblichkeit. Darin drückt sich die charakteristische Besonderheit des russischen Geistes aus. Die prophetische russische Seele fühlt sich ganz durchdrungen von mystischen Strömen. Im Leben des Volkes nimmt dies die Form des Entsetzens vor dem Kommen des Antichristen an. In der letzten Zeit sind diese echten religiösen Erfahrungen des Volkes auch in unsere kulturellen religiös-philosophischen Strömungen eingegangen, aber schon in reflektierter und allzu stilisierter, künstlicher Form. Es bildete sich sogar ein ästhetischer Kult religiöser Schrecken und Ängste als untrügliches Kennzeichen mystischer Gestimmtheit. Und hier fehlt es wieder an jenem männlichen, aktiven und schöpferischen Geist, den Russland zur Erfüllung seiner globalen Aufgabe, zu der es berufen ist, vor allem braucht. Das prophetische Russland muss von der Erwartung zum schöpferischen Handeln, vom lähmenden Schrecken zur geistigen Kühnheit übergehen. Es ist überaus klar, dass Russland nicht zum Wohlleben, nicht zur körperlichen und geistigen Bequemlichkeit, nicht zur Stärkung des alten Fleisches der Welt berufen ist. Es ist ihm nicht gegeben, die Kultur der Mitte zu schaffen, und darin unterscheidet es sich tatsächlich tief von den Ländern des Westens, unterscheidet sich nicht nur in seiner Rückständigkeit, sondern in seinem Geist.

Hier liegt das Geheimnis des russischen Geistes. Dieser Geist strebt nach dem Letzen und Endgültigen, nach dem Absoluten in allem; nach absoluter Freiheit und nach absoluter Liebe. Aber im natürlichen historischen Prozess herrscht das Relative und Mittlere. Und deshalb führt der russische Durst nach absoluter Freiheit in der Praxis allzu oft zur Knechtschaft im Relativen und Mittleren und die Sehnsucht nach absoluter Liebe zu Feindschaft und Hass.[27] Für die Russen ist eine gewisse Schwäche charakteristisch, gleichsam ein fehlendes Talent für alles Relative und Mittlere. Aber die Geschichte der Kultur und Gesellschaft liegt doch ganz im Mittleren und Relativen; sie ist nicht absolut und nicht endgültig. Weil das Reich Gottes absolut und endgültig ist, überlassen die Russen alles Relative und Mittlere leicht

---

[27] Die russische Revolution hat die ganze Gefahr der russischen Absolutheit deutlich gezeigt. (Anm. Berdjaevs)

der Herrschaft des Teufels. Dies ist ein sehr national-russischer Wesenszug. Sich relative gesellschaftliche Freiheit zu verschaffen, fällt Russen nicht nur deshalb schwer, da sie von Natur aus zu Passivität und Unterordnung neigen, sondern auch deshalb, weil der russische Geist nach der absoluten göttlichen Freiheit dürstet. Deshalb fällt es den Russen schwer, eine relative Kultur zu schaffen, die immer etwas Vorletztes und nicht Letztes ist. Die Russen bleiben immer gefangen im Mittleren und Relativen, und sie rechtfertigen dies damit, dass sie im Endgültigen und Absoluten frei sind. Hier verbirgt sich eines der tiefsten Motive des Slawophilentums. Die Slawophilen wollten dem russischen Volk die Freiheit des religiösen Gewissens, Freiheit des Gedankens, Freiheit des Geistes lassen, aber das ganze übrige Leben der Macht überlassen, die das russische Volk unbeschränkt regiert. Dostoevskij verkündete in der „Legende vom Großinquisitor" eine unerhörte Freiheit des Geistes, die absolute religiöse Freiheit in Christus. Und Dostoevskij war bereit, die gesellschaftliche Knechtung nicht nur friedlich zu akzeptieren, sondern auch zu verteidigen. Andererseits zeigte sich derselbe russische Wesenszug auch bei unseren maximalistischen Revolutionären, die in jedweder relativen Gesellschaft das Absolute fordern und die nicht in der Lage sind, eine freie Gesellschaft zu schaffen. Hier gelangen wir von einer neuen Seite zu den grundlegenden Widersprüchen Russlands. Das ist immer dieselbe Trennung des männlichen vom weiblichen Prinzip in der russischen Wesensart und im russischen Geist. Der russische Geist, der in allem zum Absoluten strebt, beherrscht nicht mannhaft die Sphäre des Relativen und Mittleren, sondern ergibt sich der Macht äußerer Kraft. So ist er in der mittleren Kultur immer bereit, sich der Macht des Deutschtums, der deutschen Philosophie und Wissenschaft zu ergeben. Dasselbe gilt auch für den staatlichen Bereich, der im Grunde zum Mittleren und Relativen gehört. Der russische Geist will den heiligen Staat im Absoluten und ist bereit, sich mit dem grausamen Staat im Relativen abzufinden. Er will Heiligkeit im absoluten Leben und nur Heiligkeit fasziniert ihn, und er ist bereit, sich mit dem Schmutz und der Niedrigkeit im relativen Leben abzufinden. Daher hatte das heilige Russland als Kehrseite immer den grausamen Staat. Russland wollte gleichsam nur Engel und Tier sein und entwickelte den Menschen in sich nur ungenügend. Zwischen engelsgleicher Heiligkeit und tierischer Niedrigkeit schwankt das russische Volk ewig hin und her, was den eher durchschnittlichen westlichen Völkern unbekannt ist. Der russische Mensch ist von der Heiligkeit berauscht und berauscht von der Sünde, der Niedrigkeit. Demutsvolle Sündhaftigkeit, die sich nicht zu sehr zu erheben wagt, ist so bezeichnend für die russische Religiosität. Darin spürt man das Rauschhafte der Versenkung in den warmen nationalen Leib, in das niedere erdhafte Element. So verwandelt sich das Prophetische, Messianische im russischen Geist, sein Durst nach dem Absoluten, sein Durst nach Verwandlung, in eine Art Knechtschaft. Ich versuchte, alle Widersprüche Russlands zu charakterisieren und sie auf ihre Einheit zurückzuführen. Das ist der Weg zum Selbstbewusstsein, zur Erkenntnis dessen, was Russland zur Offenbarung seiner großen geistigen Potenzen, zur Erfüllung seiner globalen Aufgaben braucht.

Wie soll sich der Mensch zu seinem Land verhalten, wie der russische Mensch zum russischen Land? Das ist unser Problem. Das Bild der Heimaterde ist nicht nur das Bild der Mutter, sondern zugleich das Bild der Braut und der Frau, die der Mensch mit seinem Logos, mit seinem männlichen erleuchtenden und formenden Prinzip befruchtet, und es ist das Bild des Kindes. Vor allem soll der Mensch sein Land lieben, mit allen seinen Widersprüchen, mit seinen Sünden und Mängeln lieben. Ohne Liebe zu seinem Land hat der Mensch nicht die Kraft, etwas zu schaffen, kann er das Land nicht in Besitz nehmen. Ohne das Element der Erde ist der männliche Geist kraftlos. Aber die Liebe des Menschen zu seinem Land bedeutet nicht Knechtung des Menschen durch das Land, bedeutet keine passive Versenkung in das Land und nicht Auflösung in sein Element. Die Liebe des Menschen zu seinem Land muss männlich sein. Die männliche Liebe ist der Ausgang aus der naturhaften Abhängigkeit, aus der gattungsmäßigen Versunkenheit in einen elementaren ursprünglichen Kollektivismus. In Russland herrscht allzu sehr die Naturalwirtschaft, nicht nur in materieller, sondern auch in geistiger Hinsicht. Aus dieser Periode der Naturalwirtschaft kommt das russische Volk nur unter Leiden und Schmerzen heraus. Die russische Abtrünnigkeit und Pilgerschaft hängen zusammen mit der Trennung von der gattungsmäßigen naturhaften Abhängigkeit, die als höchster Zustand angesehen wurde. Diese Trennung ist keine Trennung von der Heimaterde. Und die russischen Abtrünnigen und Pilger bleiben typisch nationale Russen. Unsere leidensreiche und opfervolle Liebe zur russischen Erde geht durch alle Epochen, alle Verhältnisse und alle ideologischen Positionen. Russlands Seele ist keine bürgerliche Seele, die das goldene Kalb anbetet, und allein deshalb schon kann man es unendlich lieben. Russland ist teuer und liebenswert in allen seinen wunderlichen Widersprüchen, in seiner rätselhaften Antinomie, in seiner geheimnisvollen Wesensart. Das haben alle empfunden, als der Krieg begann.

Aber das russische Element bedarf des formenden und erleuchtenden Logos. Der Mangel an männlichem Charakter und an jener Festigung der Person, die sich im Westen durch das Rittertum ausbildete, ist der gefährlichste Mangel der Russen, sowohl des russischen Volkes als auch der russischen Intelligencija. Selbst die Liebe des russischen Menschen zur Heimaterde nahm eine Form an, die die Entwicklung der Männlichkeit der Person hinderte. Im Namen dieser Liebe, im Namen der Geborgenheit im Mutterschoß wurde das ritterliche Prinzip in Russland verworfen. Der russische Geist war eingehüllt in die warme Decke der nationalen Mutter, er versank im blutwarmen Leib. Die allen so wohlbekannte russische Herzlichkeit hat etwas mit dieser leiblichen Wärme zu tun; in ihr ist noch viel Fleisch und zu wenig Geist. Aber Fleisch und Blut verleihen keine Ewigkeit, und ewig kann nur ein Russland des Geistes sein. Das Russland des Geistes kann nur entstehen durch den männlichen Verzicht auf ein Leben in der leiblichen Wärme des kollektiven gattungsmäßigen Fleisches. Russlands Geheimnis kann nur durch seine Befreiung von der verderblichen Knechtschaft unter den dunklen Elementarkräften enträtselt werden. Im reinigenden Feuer des Weltbrandes verbrennt vieles, es verglühen die alten materiellen Kleider der Welt und des Menschen. Und dann kann Russlands Wiedergeburt zu neuem Leben nur mit einem männlichen, aktiven und kreativen Aufbruch des Geistes verbunden sein, mit der Offenbarung Christi im Menschen und im Volk, und nicht mit den naturhaften gattungsmäßigen Elementarkräften, die ewig locken und knechten. Das ist der Sieg des Feuers des Geistes über das warme Blut des Seelenfleisches. Wegen seines religiösen Charakters, der immer zum Absoluten und Letzten strebte, kann sich in Russland das humane Prinzip nicht in Form des Humanismus, d.h. areligiös offenbaren. Und im Westen ist der Humanismus erschöpft, hat sich überlebt und ist in eine Krise geraten, aus der die westliche Menschheit unter Qualen den Ausweg sucht. Russland kann den westlichen Humanismus nicht mit Verspätung wiederholen. In Russland kann die Offenbarung des Menschen nur eine religiöse Offenbarung sein, nur die Offenbarung des inneren und nicht des äußeren Menschen, nur die Offenbarung Christi im Menschen. So ist der absolute Geist Russlands, in dem alles von innen und nicht von außen kommen soll. So ist die Berufung des Slawentums. An die kann man nur glauben, beweisen kann man sie nicht. Das russische Volk muss vor allem zu religiöser Mannhaftigkeit aufgerufen werden, nicht nur im Krieg, sondern auch im Frieden, wo es Herr seines Landes sein muss. Die Mannhaftigkeit des russischen Volkes wird nicht isoliert, nicht von der Weiblichkeit abgetrennt sein wie bei den Deutschen. Ein Geheimnis des besonderen Schicksals liegt darin, dass Russland mit seiner asketischen Seele groß und mächtig sein soll. Nicht schwach und klein, sondern stark und groß wird es die Versuchung des Reiches dieser Welt besiegen. Nur die Opferbereitschaft des Großen und Starken, nur seine freiwillige Selbstaufgabe in dieser Welt rettet und sühnt. Das nationale Selbstbewusstsein Russlands muss diese Antinomie gänzlich in sich aufnehmen: das russische Volk ist gemäß seinem Geist und seiner Berufung ein überstaatliches und übernationales Volk, gemäß seiner Idee liebt es die „Welt" und was in der „Welt" ist, nicht, doch ist ihm der allermächtigste Nationalstaat gegeben, damit sein Opfer und sein Verzicht freiwillig seien, aus Kraft und nicht aus Kraftlosigkeit. Aber die Antinomie des russischen Seins muss in das Innere der russischen Seele eingehen, die mannhaft und opferbereit sein wird und ihr geheimnisvolles Schicksal innerlich erträgt. Die Offenbarung des mannhaften Geistes in Russland darf nicht von der westlichen Kultur des Mittleren aufgepfropft sein. Die russische Kultur kann nur endgültig, nur Ausgang aus den Grenzen der Kultur sein. Der mannhafte Geist ist im prophetischen Russland, im russischen Pilgertum und der russischen Wahrheitssuche potentiell vorhanden. Und im Inneren verbindet er sich mit der Weiblichkeit der russischen Erde.

Vom „Ewig-Weibischen“ in der russischen Seele

I

V. V. Rozanovs Buch „Der Krieg von 1914 und die russische Wiedergeburt“[28] ist erschienen, ein glänzendes und ärgerliches Buch. Rozanov ist jetzt der erste russische Stilist, ein Schriftsteller von wahrhaft aufblitzender Genialität. Bei Rozanov gibt es ein besonderes, geheimnisvolles Leben der Wörter, eine Magie der Wortverbindungen, die die Sinnlichkeit der Wörter heranziehen. Bei ihm gibt es keine abstrakten, toten, trockenen Wörter. Alle Wörter sind lebendig, biologisch, vollblütig. Die Lektüre Rozanovs ist ein sinnlicher Genuss. Schwer lassen sich Rozanovs Gedanken mit eigenen Worten wiedergeben. Es gibt bei ihm auch gar keine Gedanken. Alles ist in das organische Leben der Wörter eingeschlossen und kann von ihnen nicht getrennt werden. Bei ihm sind die Wörter nicht Symbole des Lebens, sondern Fleisch und Blut. Rozanov ist ein ungewöhnlicher Künstler des Wortes, aber in dem, was er schreibt, gibt es keine apollinische Verwandlung und Gestaltung. Im blendenden Leben der Wörter bietet er den Rohstoff seiner Seele, ohne jede Auswahl, ohne jede Bearbeitung. Und das macht er mit einzigartigem und einmaligem Talent. Er missachtet jegliche „Ideen“, jeglichen Logos, jegliche Aktivität und jeglichen Widerstand des Geistes im Hinblick auf den Prozess des lebendigen Seelenlebens. Schreiben ist für ihn die biologische Botschaft seines Organismus. Und niemals widersetzt er sich seinen biologischen Prozessen, er bringt sie unmittelbar zu Papier, übersetzt den Lebensstrom auf das Papier. Das macht Rozanov zu einem vollkommen einmaligen, unerhörten Phänomen, dem man sich nur schwer mit gewöhnlichen Kriterien nähern kann. Die geniale Physiologie der Schriften Rozanovs überrascht durch ihre Ideenlosigkeit, Prinzipienlosigkeit, ihre Gleichgültigkeit gegenüber Gut und Böse, ihre Falschheit, ihr völliges Fehlen

[28] Vasilij V. Rozanov (1856-1919). Das Buch erschien 1914 und wurde von Sergij N. Bulgakov, dem bekannten Theologen und Philosophen, im Unterschied zu Berdjaev, begeistert begrüßt. Ein Neudruck findet sich in dem Sammelband V. V. Rozanov: Poslednie list'ja, hrsg. von A. N. Nikoljukin, Moskau 2000. Der zitierte Abschnitt findet sich auf den Seiten 338-340.

des sittlichen Charakters und eines geistigen Halts. Alles, was der reich begabte und sehr bedeutende Schriftsteller Rozanov geschrieben hat, ist ein gewaltiger biologischer Strom, dem man mit irgendwelchen Kriterien und Bewertungen nicht beikommen kann.

Rozanov ist gleichsam ursprüngliche Biologie, die man wie Mystik erleben kann. Rozanov fürchtet keine Widersprüche, weil die Biologie keine Widersprüche fürchtet, nur die Logik fürchtet sie. Er ist bereit, auf der folgenden Seite zu leugnen, was er auf der vorherigen gesagt hat, und er bleibt in der Ganzheit des lebendigen aber nicht logischen Prozesses. Rozanov kann und will dem Andrang und Ansturm der lebensvollen Eindrücke und sinnlichen Empfindungen nicht widerstehen. Ihm fehlt völlig jegliche Männlichkeit des Geistes, jegliche aktive Widerstandskraft gegen den Strom, jegliche innere Freiheit. Jeder Hauch des Lebens und jede Empfindung verwandeln ihn in ein Sammelbecken, das den Strom aufnimmt, der sich dann mit ungewöhnlicher Schnelligkeit auf das Papier ergießt. Diese natürliche Veranlagung zwingt Rozanov immer, sich dem Faktischen, der Kraft und der Geschichte zu beugen. Für ihn ist der Lebensstrom selbst in seiner Kraft auch Gott. Er konnte sich dem Strom der nationalistischen Reaktion der achtziger Jahre nicht entgegenstellen, konnte sich nicht dem Strom der Dekadenz am Beginn des 20. Jahrhunderts entgegenstellen, konnte sich nicht dem revolutionären Strom des Jahres 1905 entgegenstellen, und dann nicht dem neuen reaktionären Strom, dem Ansturm des Antisemitismus in der Epoche von Bejlis[29], und schließlich kann er sich nicht dem mächtigen Strom des Krieges, dem Aufschwung des heroischen Patriotismus und dem drohenden Chauvinismus entgegenstellen.

Viele fasziniert bei Rozanov, dass man in seinen Schriften, in dem eigentümlichen Leben seiner Wörter gleichsam Mutter Natur, Mutter Erde und ihr pulsierendes Leben spürt. Man liebt Rozanov, weil man des Abstrakten, Trockenen, Lebensfernen überdrüssig ist. In seinen Büchern spürt man gleichsam mehr Leben. Und man ist bereit, Rozanov seinen abscheulichen Zynismus, seine literarische Gemeinheit, seine Unwahrheit und seinen Verrat zu verzeihen. Die intolerantesten

---

[29] Dem Juden M. Bejlis wurde 1913 in Kiew der Prozess gemacht wegen Ritualmordes an einem russischen Jungen. Nach Protesten in Russland und anderen Ländern gegen diese Verleumdung wurde die Anklage fallen gelassen und Bejlis rehabilitiert.

und selbstgerechtesten orthodoxen Christen haben Rozanov alles verziehen, haben vergessen, dass er jahrelang Christus geschmäht, gelästert und Widerwillen gegen christliche Heiligkeit suggeriert hat. Rozanov bleibt dennoch unser Mann, naher Verwandter, lieber Onkel, ein von der orthodoxen Lebensart ewig berauschter.

Im Grunde liebte er immer die Orthodoxie ohne Christus und blieb jener heidnischen Orthodoxie immer treu, die ja viel lieber und näher ist als der strenge und tragische Weg Christi. In Rozanov ist so viel typisch Russisches, echt Russisches. In genialer Weise drückt er eine bestimmte Seite der russischen Natur, des russischen Elements aus. Er ist nur in Russland möglich. In Dostoevskijs Phantasie kommt er vor, und durch seine Unwahrscheinlichkeit übertrifft er sogar alles, was dieser genialen Phantasie vorschwebte. Und Dostoevskijs Phantasie war echt russisch, und nur äußerst Russisches zeigte sich bei ihm. Und so erfreulich es ist, einen Schriftsteller zu haben, der bis ins Letzte russisch ist, und so lehrreich es auch ist, das russische Element hervortreten zu sehen, für Russland und Russlands Schicksal ist das schrecklich und bedrückend. Im Inneren des russischen Charakters zeigt sich ein *Ewig-Weibisches*, nicht Ewig-Weibliches, sondern Ewig-Weibisches. Rozanov ist ein geniales russisches Weib, ein mystisches Weib. Und dieses „Bauernweib" spürt man gerade in Russland.

II

Rozanovs Buch über den Krieg endet mit einer Beschreibung des Gefühlsstroms, der sich in ihn ergoss, als er eines Tages durch die Straßen Petrograds[30] ging und einem Kavallerieregiment begegnete. „Ich blickte ganz zaghaft auf diese endlos vorüberziehende Reihe schwerer Reiter, von denen jeder im Vergleich zu mir so riesig war! Die kleinste Störung der Bewegung – und ich wäre zerstampft worden… Das Gefühl der eigenen Gedrücktheit wuchs in mir mehr und mehr. Ich fühlte mich von einer fremden Kraft weggeweht, die derartig gewaltig war, dass mein ‚Ich' gleichsam weggetragen wurde wie eine Feder im Wirbel dieser gewaltigen Masse… Als ich plötzlich zu fühlen begann, dass ich mich nicht nur ‚ängstigte', sondern von ihnen auch entzückt war, wurde ich von einem merkwürdigen Zauber ergriffen, den ich nur

[30] St. Petersburg wurde 1917 in Petrograd umbenannt, seit 1924 hieß es Leningrad. Nach dem Ende der UdSSR erhielt es wieder seinen alten Namen.

einmal im Leben – eben gerade jetzt – erlebt habe. Es geschah ein merkwürdiges Phänomen: die übersteigerte Männlichkeit vor meinen Augen veränderte gleichsam die Struktur meines Organismus, erschütterte diesen Organismus und machte ihn weiblich. Ich fühlte eine ungewöhnliche Zärtlichkeit, eine angenehme Mattigkeit und Trägheit in meinem ganzen Wesen... Mein Herz versank in Liebe ... Ich wünschte, sie wären noch gewaltiger, noch mehr ... Dieser leibliche Koloss, dieser Koloss des Lebens, der auch Quelle des Lebens sein musste, rief in mir die weibliche Empfindung der Willenlosigkeit, der Demut und der unersättlichen Sehnsucht wach, ‚nahe zu sein', zu sehen, nicht die Augen niederzuschlagen ... Zweifellos war dies der Anfang der Verliebtheit eines ‚Mädchens'". Und Rozanov ruft aus: „Die Kraft ist nur Schönheit in der Welt ... Die Kraft demütigt, vor ihr sinkt man nieder, sie betet man schließlich an ... Vor allem ‚wir', die ‚Schwachen', das bin auch ‚ich' auf dem Trottoir, beten sie an ... In der Kraft liegt das Geheimnis der Welt ... Das gewaltige Starke ... Der Kopf war klar, aber das Herz schlug ... wie bei den Frauen. Das ist das Wesen der Armee, dass sie uns alle in zitternde Frauen verwandelt, die Luftgespinste umarmen ...". Diese bemerkenswerte Beschreibung vermittelt die Empfindung, wenn nicht das „Geheimnis der Welt und der Geschichte", wie Rozanov behauptet, zu berühren, so doch irgendein Geheimnis der russischen Geschichte und der russischen Seele. Die Weiblichkeit Rozanovs, die er so künstlerisch vermittelt, ist zugleich die Weiblichkeit des russischen Volkes. Die Geschichte der Bildung des russischen Staatswesens, des größten Staatswesens der Welt, die im Leben des anarchistischen russischen Volkes so unbegreiflich ist, kann aus diesem Rätsel heraus verstanden werden. Das russische Volk darf dem Staat gehorchen, die Person sich dem Kollektiv unterordnen. Das russische Volk fühlt nicht als Mann, ist immer bräutlich, fühlt sich weiblich vor dem Koloss des Staatswesens, die „Kraft" besänftigt es, es fühlt sich als Rozanovs „Ich auf dem Trottoir" im Moment des Vorbeimarschs der Kavallerie. Rozanov selbst bleibt im gesamten Buch das zitternde „Ich auf dem Trottoir". Für Rozanov liegt nicht nur das Wesen der Armee, sondern auch das Wesen der Staatsmacht darin, dass sie „uns alle in schwache, zitternde, die Luft umarmende Frauen verwandelt ..." Und er will zeigen, dass das ganze russische Volk sich so zur Staatsmacht verhält. In Rozanovs Buch finden sich erstaunliche, künstlerische Seiten einer unerhörten Apologie der selbstgenügsamen Kraft der Staatsmacht, die in einen wahren Götzendienst übergeht.

Eine derartige Verneigung vor der Staatsmacht als einer mystischen Tatsache der Geschichte hat es in der russischen Literatur noch nicht gegeben. Und hier zeigt sich eine sehr interessante Übereinstimmung Rozanovs mit den Slawophilen.

III

Rozanovs Buch zeugt von Wiedergeburt des Slawophilentums. Offensichtlich hat der Krieg das Slawophilentum wiederbelebt, und darin liegt die grundlegende Bedeutung des Krieges. Rozanov beginnt ganz entschieden zugunsten des Slawophilentums. Er selbst wiederholt slawophile Gemeinplätze, die längst schon nicht durch das „westlerische", sondern durch das Denken, das die Sache der Slawophilen fortsetzte, überwunden wurde. Nach Vladimir Solov'ev gibt es keine Rückkehr zum alten Slawophilentum. Aber noch mehr als durch das Denken wurden die slawophilen Gemeinplätze durch das Leben überwunden. Rozanov ist der Meinung, dass der patriotische und nationale Aufbruch, den der Krieg ausgelöst hat, das Wiedererstehen des Slawophilentums sei. Ich denke, dass der jetzige historische Moment sowohl die slawophilen als auch die westlerischen Positionen völlig abweist und uns zur Schaffung eines neuen Selbstbewusstseins und eines neuen Lebens nötigt. Und schmerzhaft ist es zu sehen, dass man uns zurück, zu überlebten Formen des Bewusstseins und Lebens zieht. Der Weltkrieg wird natürlich zur Überwindung der alten Fragestellung über Russland und Europa, über Ost und West führen. Er wird den inneren Streit der Slawophilen und Westler abbrechen, nachdem sowohl Slawophilentum als auch Westlertum als provinzielle Ideologien mit begrenztem Horizont überwunden sind.

Führen uns denn die globalen Ereignisse, die in der Weltgeschichte einmalig sind, nicht zur Entstehung eines neuen Bewusstseins und lassen sie uns denn in den früheren Kategorien, aus denen wir vor dem Krieg ausbrechen wollten? Die russische Wiedergeburt kann nicht die Wiedergeburt des Slawophilentums sein, sie wird das Ende sowohl des alten Slawophilentums als auch des alten Westlertums sein, der Beginn eines neuen Lebens und eines neuen Bewusstseins. Der Krieg regte Rozanov nur dazu an, tausend Mal die alten Worte zu wiederholen, die jeden Geschmack und jedes Aroma verloren haben: „Die ganze russische Geschichte ist ruhig, frei von Stürmen; der ganze russische Zustand ist friedlich, frei von Stürmen. Die russischen Menschen sind ruhig. Unter guten und günstigen Verhältnissen wachsen sie unbedingt zu sanften, freundlichen, guten Menschen heran. Die russischen Menschen sind ‚lieb und gut'". Aber mit nicht weniger Grund könnte man behaupten, dass die russische Seele rebellisch ist, eine suchende, pilgernde Seele auf der Suche nach der neuen Stadt, die sich niemals mit irgendetwas Mittlerem und Relativem zufrieden gibt. Aus dieser berühmten und oft falsch klingenden „Ruhe, Windstille und Herrlichkeit." erwächst Trägheit, die dem ewig-weibischen Herzen Rozanovs lieb ist, aber nie erwächst daraus ein neues, besseres Leben. In Rozanovs Wesen liegt eine ewige Gefahr, eine ewige Versuchung des russischen Volkes, der Ursprung seiner Unfähigkeit, ein männliches, freies Volk zu werden, das zu einem selbständigen Leben in der Welt herangereift ist. Und es ist schrecklich, dass nicht nur Rozanov, sondern auch andere, die dazu berufen sind, Sprachrohr unseres Nationalbewusstseins zu sein, uns rückwärts und nach unten ziehen, sich der Versuchung der Passivität, der Unterwürfigkeit, der Knechtschaft unter dem nationalen Element, der weiblichen Religiosität hingeben. Nicht nur das Ewige, sondern auch das allzu Zeitgebundene, Alte und Überlebte im Slawophilentum wollten S. Bulgakov[31], V. Ivanov[32], V. E Ėrn[33] wiederherstellen. Der gewaltigen Kraft, dem Element der russischen Erde, setzen sie nicht einen männlichen, lichtbringenden und festen Geist entgegen, der berufen ist, die Elemente zu beherrschen. So entsteht die Gefahr des Chauvinismus, Prahlerei nach außen und knechtische Gefügigkeit im Innern. Und Rozanov und seinesgleichen machen den inneren Frieden Russlands, die Überwindung von Feindschaft und Bosheit unmöglich. Diese Leute verstehen die gegenseitige Versöhnung und die Einigung der verfeindeten Parteien und Richtungen sehr merkwürdig, sie verstehen es so, wie die Katholiken die Vereinigung der Kirchen verstehen, d.h. nur als Eingliederung in die eine Seite, auf der die ganze Fülle der Wahrheit ist. Diese alte Methode schlichtet nicht den historischen Streit des „rechten" und „linken" Lagers. Die Reue muss gegenseitig sein, und die Amnestie muss gegenseitig sein, die Einwilligung in Selbstbeschränkung und Opfer muss gegenseitig sein. Es sah so aus, als ob der Krieg dazu führen

[31] Sergij N. Bulgakov (1871-1944), Philosoph, Metaphysiker der All-Einheit.

[32] Vjačeslav I. Ivanov (1866-1949), Philologe und Dichter. Theoretiker des Symbolismus.

[33] Vladimir F. Ėrn (1882-1917), Philosoph in der Tradition Solov'evs.

werde, aber das ist bisher nicht der Fall, und unsere nationalistischen Ideologen verhindern das. Die Rozanovschen Stimmungen dienen der Sache der Bosheit und nicht dem Frieden.

Nachdem er zu Beginn die Slawophilen gelobt hatte, schließt Rozanov mit dem Totengebet. Den entschiedenen Vorzug gibt er dem offiziellen und staatlichen Russland gegenüber dem Russland des Volkes und der Gesellschaft und dem offiziellen Slawophilentum gegenüber dem gesellschaftlichen Slawophilentum. Die Slawophilen hielten das russische Volk für ein staatsverneinendes Volk und konstruierten sehr vieles auf dieser Basis. Rozanov dagegen hält das russische Volk für ein vorwiegend staatsbejahendes Volk. In Rozanovs Staatsauffassung, die man bei ihm eigentlich nicht erwartet, denn bei ihm hat es am wenigsten Staatsnähe und Bürgerlichkeit gegeben, – er hat immer die private und familiäre Ordnung besungen – spürt man die Anpassung an den Zeitgeist, die weibische Unfähigkeit, dem Strom der Eindrücke des Augenblicks zu widerstehen. Die Ansicht der Slawophilen über die Staatsverneinung des russischen Volkes bedarf großer Korrekturen, weil sie zu wenig mit der russischen Geschichte, mit der Schaffung des großen russischen Staates übereinstimmt.

Aber die Methode, mit der Rozanov die Staatlichkeit behauptet und sich ihrer Kraft beugt, ist durchaus nicht staatsbejahend, durchaus nicht staatsbürgerlich, durchaus nicht männlich. Rozanovs Einstellung zur Staatsmacht ist die Einstellung des staatsverneinenden, weiblichen Volkes, für das diese Macht immer ein Prinzip ist, das sich außer und über ihm befindet und ihm wesensfremd ist. Rozanov verwechselt wie unsere Radikalen hoffnungslos Staat und Regierung und meint, dass der Staat immer „die" und nicht „wir" sind. Etwas Unterwürfiges ist in Rozanovs Worten über die Staatlichkeit, eine ewige Entfremdung von der männlichen Macht. Es ist eine Art Betäubung, eines Volkes unwürdig, das zu erwachsenem Dasein, zu männlicher Reife berufen ist. In seiner unterwürfigen und weibischen Betäubung gegenüber der staatlichen Kraft, die durch ihre Ferne und Fremdheit imponiert, geht Rozanov so weit, dass er die offizielle Regierungsmacht für ihre Verfolgung der Slawophilen rühmt. Ein neuer Gefühlsstrom überkommt Rozanov. Die Slawophilen, die am Anfang des Buches Russland und das russische Volk repräsentieren, erscheinen am Ende des Buches als Haufen von Literaten voller Selbstüberschätzung und Lebensferne. Der wahre Repräsentant Russlands und des russischen Volkes ist nun die offizielle Regierung, der die Slawophilen Widerstand zu bieten sich erdreisteten. „Das Slawophilentum" ist gestorben, weil es sich als unnötig und überflüssig erwies und in parallelem Denken jene ‚offizielle Regierung' behinderte, die ja auch *allein handeln* konnte ... Die Slawophilen waren eigentlich kleinmütig hinsichtlich der Russischen Geschichte und sagten von ihr immer wieder, aber abstrakt, dass sie heilig sei... Das heilige Russland schien ihnen weniger vernünftig und wahrhaftig als ihre literarische und gesellschaftliche Partei. Und deshalb wurden sie verfolgt, was recht verständlich ist." Die Wiedergeburt des Slawophilentums erweise sich als völlig unnötig. Die Staatsmacht sei ja das echte Slawophilentum, neben dem ein literarisches, ideologisches Slawophilentum jämmerlich und unnötig sei. Das Slawophilentum werde nur unter der Bedingung auferstehen, dass es gegenüber der offiziellen Regierung Reue zeige und ihr folge. Das nun war der Höhepunkt des Götzendienstes gegenüber dem Faktischen der Kraft.

Die Slawophilen waren zu einem solchen Götzendient nicht fähig und daher kraftlos. „Der Makel auf dem Slawophilentum war, dass sie hinter der offiziellen Fassade nicht das Herz sahen, das immer schlug. Die Uniform öffnete sich, und wir sahen das Herz, das immer litt. Es litt ganz eigen und echt, aus sich heraus". „Das Unglück, der Fehler und die Schande der Slawophilen bestand eigentlich in dieser luftigen Vorstellung ihrer gleichsam luftigen, gleichsam körperlosen Geschichte." Das Slawophilentum erweise sich in keiner Weise besser als das Westlertum, es sei ebenso abstrakt, literarisch, ideologisch, völlig abgetrennt vom wirklichen Leben, dem „offiziellen" Russland. Die Slawophilen hatten die russische „Idee" tatsächlich mehr als das Faktische und die Kraft verehrt. Rozanov beendet das Slawophilentum durch die Verehrung der Kraft und des Faktischen. Rozanovs Verachtung von Ideen, Gedanken, Literatur kennt keine Grenzen. Der Beamte steht für ihn höher als der Schriftsteller. Der Dienst des Beamten ist eine ernsthafte Sache, doch die Literatur ist nur Spielerei. Das russische Volk ist ein staatsbejahendes und ernsthaftes Volk. „Ihm war der Staat sogar bei den Hinrichtungen recht, denn der Staat sah, wenn er hinrichtete, die Seele und den Menschen und nicht ein Spielzeug, mit dem man sich amüsieren kann. Leider hat sich die Literatur über den Menschen nur „amüsiert". Rozanov möchte in künstlerischer Vollkommenheit den Blick des kleinen Mannes auf die Welt vermitteln, jenen Blick alter Tanten und Onkels, wonach der Staatsdienst eine ernste Sache ist, die Literatur, die Ideen u.a. aber nur dummes Zeug und

Zeitvertreib. Aber bei Rozanov selbst ist doch alles Literatur. Er selbst ist durch und durch Literat und ein schwatzhafter Literat dazu. Rozanov war irgendwann Beamter der Kontrollbehörde. Aber er dürfte wohl kaum als solcher in die Geschichte eingehen wollen. Er möchte als bekannter Literat in die Geschichte eingehen und wird keine einzige Zeile, die er geschrieben hat, zurücknehmen. Wie viel Literatur ist in Rozanovs Gefühl für das Leben des Volkes, wie fern liegt es ihm und wie wenig kennt er es!

Volk und Staat bei dem blendend begabten Literaten Rozanov unterscheiden sich ja so von Volk und Staat im wirklichen Leben, so wie auch der idealisierte Krieg seines Buches sich von dem tragischen Krieg an den Ufern der Weichsel und in den Karpaten unterscheidet. Organische Struktur, Volksnähe, objektive kosmische Sicht sind bei Rozanov nur scheinbar. Er ist völlig subjektiv, impressionistisch, er weiß nichts und will nichts wissen außer dem Strom seiner Eindrücke und Empfindungen. Selbst Rozanovs Verehrung des Faktischen und der Kraft ist nur der literarische Erguss seiner weiblich-weibischen, in ihrer Art fast sexuellen Erlebnisse. Er selbst offenbarte seine Psychologie in dem genialen Werk „Abgeschiedenheit", das sein letztes Buch sein sollte und das immer zur russischen Literatur gehören wird. Ganz unnötig ruft Rozanov zur Ernsthaftigkeit gegen Spielerei und Zeitvertreib. Ihm selbst fehlt der ernsthafte sittliche Charakter, und alles, was er über die Ernsthaftigkeit der offiziellen Macht schreibt, bleibt für ihn ein unverbindliches Spiel und literarischer Zeitvertreib. Niemals wird er die Verantwortung dafür übernehmen, was er in seinem Buch über den Krieg geschrieben hat.

IV

Es gibt noch etwas Unangenehmes und Schmerzendes in der allzu leichten, unbekümmerten, literarisch-ideologischen Einstellung zum Krieg. Merežkovskij[34] hat sich mit Recht gegen die „Nachtigallen auf dem Blut" gewandt. Man kann die tiefe Bedeutung des jetzigen Krieges sehen, und die tiefe geistige Bedeutung in ihm ist nicht zu übersehen. Alles, was sich jetzt materiell und äußerlich im Krieg ereignet, ist nur Zeichen dessen, was sich in einer tieferen, geistigen Wirklichkeit

---

[34] Dmitrij S. Merežkovskij (1865-1941), Schriftsteller, Dichter und Literaturkritiker.

abspielt. Man mag fühlen, dass das Feuer des Krieges reinigend ist. Aber Krieg ist eine tief tragische, antinomische und schreckliche Sache, und der jetzige Krieg ist es mehr als irgendein Krieg der Weltgeschichte. „Blut ist ein ganz besonderer Saft", sagt Goethe im „Faust". Und man muss selbst am Mysterium des Blutes teilhaben, bevor man das Recht hat, um in ihm zuletzt Freude, Heil, Reinigung und Rettung zu sehen. Die ideologische Vergötterung des Krieges vom Schreibtisch aus und der literarische Lobpreis des Krieges als eines Retters von allen Übeln sind moralisch unannehmbar und religiös verboten. Krieg ist eine innere Tragödie für jedes Wesen und unendlich ernst. Und mir scheint, dass Rozanov mit allzu großer Leichtigkeit und im Wohlergehen den Frühling des Krieges erlebt, während er an seinem Schreibtisch sitzt. Er schreibt vom heroischen Aufbruch, obwohl der Heroismus ihm völlig fremd ist, den er mit jeder seiner Äußerungen widerlegt. Doch er kann sich auch dem Ansturm des Heroismus nicht widersetzen, wie er auch die Zerstörung der deutschen Botschaft nicht verhindern kann, die er zu verteidigen sucht. Man muss einsehen, dass die Natur des Krieges negativ und nicht positiv ist, der Krieg bringt vieles ans Licht und entlarvt. Aber der Krieg als solcher schafft kein neues Leben, er ist nur das Ende des Alten, ein Reflex auf das Böse. Die Vergötterung des Krieges ist ebenso unzulässig wie die Vergötterung der Revolution oder des Staates.

V

In Rozanovs Buch gibt es noch eine für ihn peinliche und heikle Sache. Rozanov setzt sich überall für das Christentum, für die Orthodoxie, für die Kirche ein, überall stellt er sich als treuen Sohn der orthodoxen Kirche dar. Er behauptet, dass man die Slawophilen nicht geliebt habe, weil sie Christen waren. Er wiederholt eine ganze Reihe von Gemeinplätzen vom Verrat am Christentum, vom Abfall vom Glauben der Väter, er erwähnt sogar „Büchner und Moleschott"[35], an die zu erinnern jetzt nicht besonders geschickt ist, bis dahin waren sie vergessen. Aber ich denke, dass die christliche Religion einen weit gefährlicheren, tiefgründigeren Gegner hatte als „Büchner und Moleschott" und als die naiven russischen Nihilisten, und dieser Gegner war V. V. Roza-

[35] Luwig Büchner (1824-1899), populärster Vertreter des Materialismus seiner Zeit. – Jakob Moleschott (1822-1893), niederländischer Arzt und Physiologe, Vertreter des Materialismus.

nov. Wer hat denn die geniale Schmähung Christi „über den süßesten Jesus und über die bitteren Früchte der Welt“ geschrieben, wer fühlte des dunkle Prinzip in Christus, den Ursprung des Todes und des Nichts, die Vernichtung des Lebens und setzte der „dämonischen“ christlichen Religion die helle Religion des Gebärens, das göttliche Heidentum, die Bejahung des Lebens und des Seins entgegen?[36]

O, wie unschuldig, wie uninteressant und unbedeutend ist Černyševskijs[37] und Pisarevs[38], Büchners und Molleschotts Verhältnis zum Christentum im Vergleich zu Rozanovs Negation! Rozanovs Protest gegen das Christentum kann man nur mit Nietzsches Protest vergleichen, mit dem Unterschied jedoch, dass der tiefgründige Nietzsche Christus näher ist als Rosanov, und sogar dann, wenn dieser die Orthodoxie verteidigt. Die besten, klarsten, genialsten Seiten hat Rozanov gegen Christus und das Christentum geschrieben. Rozanov als ein Phänomen des Daseins ist der tiefste, polare Gegensatz zu allem Christlichen. Natürlich konnte bei Rozanov eine geistige Umkehr möglich sein, sich eine Neugeburt ereignen, er konnte vom Heiden zum Christen werden. Es ist nicht gut, einem Menschen vorzuwerfen, dass er früher ein anderer war. Aber darum geht es bei Rozanov gar nicht. Jede Zeile Rozanovs zeugt davon, dass es bei ihm überhaupt keine Umkehr gegeben hat, dass er derselbe Heide geblieben ist, wehrlos gegen den Tod, wie er immer war, allem Christlichen ebenso polar entgegengesetzt. Es gibt Dokumente seiner Seele: Seine Bücher „Abgeschiedenheit“ und „Verwehte Blätter“, die er für die Welt geschrieben hat. Rozanov durchlebte die Angst vor den Schrecknissen von Leben und Tod. Über den Tod hatte er sich früher nicht bemüßigt nachzudenken, weil er ausschließlich mit dem Thema der Geburt beschäftigt war und in ihr die Erlösung von allem sah. Und Rozanov nahm aus Angst die Orthodoxie an, aber eine Orthodoxie ohne Christus – eine orthodoxe Lebensweise, die ganze animalische Wärme des orthodoxen Fleisches, alles Heidnische in der Orthodoxie. Doch gerade das liebte er immer an der Orthodoxie, und immer lebte er in dieser kollektiven

[36] Siehe Rozanov: Temnyj lik (Das dunkle Antlitz). (Anm. Berdjaevs).

[37] Nikolaj G. Černyševskij (1828-1889), Schriftsteller, Literaturkritiker und Revolutionär, Autor des Buches „Was tun?“, das in der Intelligencija eine wichtige Rolle spielte.

[38] Dmitrij I. Pisarev (1840-1868), Nihilist, verbrachte viele Jahre seines kurzen Lebens in Festungshaft.

animalischen Wärme, nur Christus liebte er nicht und konnte ihn nicht annehmen. Es gibt keinen einzigen Hinweis darauf, der bezeugen würde, dass Rozanov Christus angenommen und in Ihm Rettung zu suchen begonnen hätte. Rozanov hält sich jetzt an das Christentum, an die orthodoxe Kirche aus zweitrangigen, nicht religiösen Überlegungen und Interessen, aus nationalen, profanen, publizistischen Gründen. Er konnte ohne eine Bindung an die Orthodoxie auch bisher nicht Russe sein! Rozanov braucht die Orthodoxie für den russischen Stil ebenso wie Samowar und Plinsen. Und mit den „Linken", den Intellektuellen und Nihilisten kommt man leichter zurecht, wenn man das Werkzeug der Orthodoxie in der Hand hat. Aber ich denke, dass andere russische Atheisten in einer gewissen Tiefenschicht Christus näher sind als Rozanov. Die russischen Intellektuellen, die besten, heroischen unter ihnen, sind sehr national, in ihrem Antinationalismus, in ihrer Abtrünnigkeit und Ruhelosigkeit und sogar in ihrer Negation Russlands. Das ist ein Phänomen des russischen Geistes, russischer als der Nationalismus der deutsch-westlerischen Spielart. Rozanov selbst sieht im russischen Westlertum die rein russische Selbstverleugnung und Demut. Und man kann nicht alles im Leben der russischen Intelligencija auf das Konto von „Büchner und Molleschott", „Marx und Engels" setzen. Weder Marx noch Büchner war jemals tief in die russische Seele eingedrungen, sie erfüllten nur das oberflächliche Bewusstsein.

Das große Elend der russischen Seele liegt wie bei Rozanov in der weiblichen Passivität, die ins „Weibische" übergeht, im Mangel an Männlichkeit, in der Neigung, einen fremden und fremdländischen Mann zu heiraten. Das russische Volk lebt allzu sehr im elementar-nationalen Kollektiv, und in ihm ist das Bewusstsein der Person, ihrer Würde und ihrer Rechte nicht erstarkt. Dadurch erklärt sich, dass der russische Staat derartig vom Deutschtum geprägt war und oft wie eine Fremdherrschaft aussah. Das „Rozanovsche", das Weibische und Knechtische, das National-Heidnische, Vorchristliche ist noch sehr stark im russischen Wesen vorhanden. Die „Rozanoverei" richtet Russland zugrunde, zieht es herab, saugt es aus, und eine Befreiung von ihr bedeutet Rettung für Russland. Nach einem geflügelten Wort ist „die russische Seele über die Sünde erschrocken", und ich würde hinzufügen, sie ist durch sie erschüttert und niedergedrückt. Dieses ursprüngliche Erschrecken hindert daran, das Leben männlich zu meistern, die eigene Erde und das nationale Element zu beherrschen. Und wenn es einen gewünschten Sinn dieses Krieges gibt, dann ist er dem Sinn, den

Rozanov ihm geben will, direkt entgegengesetzt. Dieser Sinn kann nur in der Stärkung des männlichen, aktiven Geistes im russischen Volk, im Ausgang aus der weiblichen Passivität liegen. Das russische Volk wird das Deutschtum besiegen, und sein Geist wird eine Großmachtstellung in der Welt einnehmen, wenn es erst die „Rozanoverei" in sich besiegt hat. Wir sprechen schon lange von der russischen nationalen Kultur, vom Nationalbewusstsein, von der hohen Berufung des russischen Volkes. Aber unsere Hoffnungen stehen in einem tiefen Gegensatz zu allem „Rozanovschen", „ewig-weibischen" Chauvinismus und der Prahlerei, und zu jener gleichsam vampirhaften Einstellung zum Blut, das von den russischen Soldaten vergossen wird. Und es scheint mir, dass für die große Mission des russischen Volkes in der Welt die große christliche Wahrheit wesentlich bleibt, dass die menschliche Seele über allen Mächten und der ganzen Welt steht…

Der Krieg und die Krise des Bewusstseins der Intelligencija

I

In der überwiegenden Masse der russischen Intelligencija muss der Krieg eine tiefe Krise des Bewusstseins, eine Erweiterung des Horizonts, eine Veränderung der grundlegenden Urteile hervorrufen. Die üblichen Kategorien des Denkens der russischen Intelligencija erwiesen sich als völlig ungeeignet für die Beurteilung der grandiosen Ereignisse wie des jetzigen Weltkriegs. Das Bewusstsein unserer Intelligencija war nicht auf das historisch Konkrete gerichtet und besitzt kein Organ für die Beurteilungen und Bewertungen auf diesem Gebiet. Dieses Bewusstsein nutzt auf fatale Weise Beurteilungen und Bewertungen, die aus völlig anderen Gebieten genommen und die es gewohnt ist. Das traditionelle intellektuelle Bewusstsein war gänzlich ausgerichtet auf Fragen der Innenpolitik und ausschließlich an sozialen Interessen orientiert. Der Weltkrieg lenkt das Bewusstsein unausweichlich auf die internationale Politik und fordert das besondere Interesse an der Rolle Russlands in der Welt. Der Bewusstseinshorizont wird global. Der Provinzialismus des Bewusstseins, der Provinzialismus der Interessen wird überwunden. Wir werden vom Schicksal in die Weite der Weltgeschichte hinausgeführt. Viele traditionell eingestellte russische Intellektuelle, gewohnt, alles nach ihren abstrakt-soziologischen und abstrakt-moralistischen Kategorien zu beurteilen, fühlten sich hilflos, als von ihnen eine lebendige Reaktion auf die globalen Ereignisse solchen Ausmaßes verlangt wurde. Die gewohnten Doktrinen und Theorien erwiesen sich als kraftlos vor dem schrecklichen Gesicht des historischen Fatums der Welt. Der provinzielle Horizont des russischen Radikalismus, des russischen Narodničestvo[39] und der russischen Sozialdemokratie kannte derartige Weltereignisse nicht. Das traditionelle Bewusstsein war gewohnt, alles „Internationale" zu verachten und es gänzlich dem Bereich der „Bourgeoisie" zu überlassen. Nachdem aber der Weltkrieg begonnen hat, kann sich keiner mit

[39] S.o. Anm. 6.

Verachtung vom „Internationalen“ abwenden, denn jetzt bestimmt es das Leben unseres Landes. In der russischen Intelligencija wurden Instinkte wach, die in den Doktrinen keinen Platz hatten und die von ihnen verdrängt wurden, Instinkte der unbefangenen Liebe zur Heimat, und unter deren lebendiger Wirkung begann sich das Bewusstsein zu wandeln. Von vielen wird dieser Bewusstseinswandel tragisch erlebt und geht einher mit dem Gefühl, aus der Geschichte gefallen zu sein. Mit der Welt geschieht nicht, was man zu erwarten gewohnt ist, was nach den traditionellen Doktrinen und Theorien geschehen sollte. Es kommt darauf an, nicht nur die eigene „Weltanschauung“ zu überwinden, sondern auch die eigenen gewohnten traditionellen Empfindungen. Die durch die Weltgeschichte erzwungene Hinwendung zu internationalen Interessen, zu den historischen Schicksalen der Völker und ihren wechselseitigen Beziehungen verändert auch das innere Leben jedes Volkes, hebt und stärkt das nationale Selbstgefühl und Selbstbewusstsein. Die Hinwendung zum Internationalen und Welthistorischen schärft das Gefühl für den Wert der eigenen Nationalität und das Bewusstsein ihrer Aufgaben in der Welt. Aber der zerstörerische Streit der Parteien und Klassen schwächt das Nationalgefühl. Breiten Kreisen der Intelligencija bringt der Krieg ein Bewusstsein für den Wert der eigenen Nationalität, den Wert einer jeden Nationalität, etwas, das ihr fast völlig fehlte. Für das traditionelle Bewusstsein der Intelligencija gab es den Wert des Guten, der Gerechtigkeit, des Volkswohls, der Brüderlichkeit der Völker, aber es gab nicht den Wert der Nationalität, der einen ganz besonderen Platz in der Hierarchie der universalen Werte einnimmt. In der Nationalität sah man keinen Wert, sondern glaubte sie gleichsam anderen abstrakten Werten des Guten untergeordnet. Und das erklärt sich vor allem dadurch, dass das traditionelle Bewusstsein der Intelligencija niemals auf das historisch Konkrete gerichtet war, sondern immer in abstrakten Kategorien und Urteilen lebte. Die historischen Instinkte und das historische Bewusstsein der russischen Intellektuellen sind fast ebenso schwach wie bei den Frauen, denen fast völlig die Fähigkeit abgeht, einen historischen Standpunkt einzunehmen und historische Werte gelten zu lassen. Das bedeutet immer, dass der Standpunkt des Wohles über dem des Wertes steht.

Denn der konsequent vertretene Standpunkt des Wohls der Menschen führt zur Negation des Sinns der Geschichte und der historischen Werte, weil die historischen Werte das Opfer des Wohls der

Menschen und menschlicher Generationen im Namen dessen voraussetzen, was über dem Wohl und dem Glück der Menschen und ihres empirischen Lebens steht. Die Geschichte, die Werte schafft, ist wesentlich tragisch und erlaubt keine Hemmung durch die Wohlfahrt der Menschen. Den Wert der Nationalität in der Geschichte, wie jeden Wert, gilt es opferbereit höher als das Wohl der Menschen anzusetzen, und er gerät in Konflikt mit der ausschließlichen Betonung des Volkswohls als höchstem Kriterium. Die Würde der Nation steht über der Wohlfahrt der Menschen. Unter dem Gesichtspunkt der Wohlfahrt der jetzigen Generation kann man einem schändlichen Frieden zustimmen, aber das ist unter dem Gesichtspunkt des Wertes der Nationalität und ihres historischen Schicksals unmöglich.

II

Das Wesen der Krise, die sich unter dem Einfluss des Krieges bei uns abspielt, kann man so formulieren: es entsteht ein neues Bewusstsein, das dem Historischen und Konkreten zugewandt ist, es überwindet das abstrakte und doktrinäre Bewusstsein, den ausschließlichen Soziologismus und Moralismus unseres Denkens und unserer Urteile. Das Bewusstsein unserer Intelligencija wollte die Geschichte als konkrete metaphysische Realität und Wert nicht kennen. Es operierte immer mit den abstrakten Kategorien der Soziologie, der Ethik oder Dogmatik und ordnete die historische Realität abstrakt-soziologischen, moralischen oder dogmatischen Schemata unter. Für ein derartiges Bewusstsein existierte keine Nationalität und Rasse, kein historisches Schicksal und keine historische Vielgestaltigkeit und Komplexität, für dieses existierten nur soziologische Klassen oder abstrakte Ideen des Guten und der Gerechtigkeit. Historische Aufgaben, die immer konkret und komplex sind, lösten wir gern abstrakt-soziologisch, abstrakt-moralisch oder abstrakt-religiös, d.h. wir vereinfachten sie, reduzierten sie auf Kategorien aus anderen Gebieten. Das russische Bewusstsein hat die ausschließliche Neigung, über die Geschichte zu moralisieren, moralische Kategorien aus dem individuellen Leben auf die Geschichte anzuwenden.

Man kann und soll die moralische Bedeutung des historischen Prozesses aufdecken, aber die moralischen Kategorien der Geschichte unterscheiden sich wesentlich von den moralischen Kategorien des individuellen Lebens. Das historische Leben ist eine eigenständige Realität, und in ihr gibt es eigenständige Werte. Zu solchen Realitäten und Werten gehört die Nationalität, welche eine konkret-historische und keine abstrakt-soziologische Kategorie darstellt. In dem russischen Bedürfnis, alles in der Welt moralisch und religiös zu deuten, liegt eine eigene Wahrheit. Die russische Seele findet sich nicht ab mit der Verbeugung vor sinnlosen, unmoralischen und gottlosen Kräften, sie nimmt die Geschichte nicht als Naturnotwendigkeit hin. Aber hier muss man den gesunden und wertvollen Kern vom beschränkten, vereinfachenden und schematisierenden Bewusstsein unterscheiden. Wir müssen unsere Seele und unser Bewusstsein für die konkrete und vielgestaltige historische Wirklichkeit öffnen, die ihre spezifischen Werte besitzt. Wir müssen die Realität der Nation und den Wert ihrer historischen Aufgaben akzeptieren. Die Frage der Rolle Russlands in der Welt, seines Schicksals, erlangt gewaltige Bedeutung, sie kann nicht mit der Frage nach dem Volkswohl, nach der sozialen Gerechtigkeit und ähnlichen Fragen erledigt werden. Der Horizont wird global, welthistorisch. Und die Weltgeschichte lässt sich nicht in irgendwelche abstrakt-soziologischen oder abstrakt-moralischen Kategorien pressen, sie hat ihre eigenen Werte. Russland ist ein eigenständiger Wert in der Welt, den man nicht in anderen Werten verschwinden lassen kann, und dieser Wert Russlands hat eine göttliche Dimension.

Die traditionelle Methode der russischen Intelligencija, abstrakt-soziologische Kategorien auf die Geschichte und ihre Aufgaben anzuwenden, war immer nur eine eigentümliche und verdeckte Form des Moralisierens über die Geschichte. Als der Krieg ausbrach, machten viele russische Intellektuelle den Versuch, ihn vom Standpunkt der Interessen des Proletariats zu beurteilen, die Kategorien der soziologischen Theorie des ökonomischen Materialismus oder der soziologischen und ethischen Theorie des Narodničestvo auf ihn anzuwenden. Auch die Intellektuellen des anderen Lagers fingen an, slawophile Doktrinen anzuwenden und sie ausschließlich vom orthodox-dogmatischen Standpunkt aus zu betrachten. Und die Tostojaner boykottierten den Krieg aus der Position ihres abstrakten Moralismus. Die russischen Sozialdemokraten oder Narodniki moralisierten mittels ihrer soziologischen Schemata gleichfalls vereinfacht über die Geschichte, ebenso wie Slawophile und Tolstojaner mittels religiös-ontologischer und religiös-moralischer Schemata. Alle diese traditionellen und doktrinären Positionen akzeptieren nicht die eigenständige historische Realität und die eigenständigen historischen Werte. Die Seele öffnet sich nicht vor der vielgestaltigen historischen Wirklichkeit, und die

Energie des Denkens arbeitet nicht an neuen kreativen Aufgaben, die das Leben und die Geschichte stellen. Das Denken arbeitet nicht an neuen Phänomenen und Themen, dringt in die Konkretheit der Welt nicht ein, sondern wendet seine alten Schemata, seine verkürzten soziologischen, moralischen oder religiösen Kategorien vereinfacht an. Aber die globalen Ereignisse erfordern die Auseinandersetzung mit dem Konkreten und eine größere Kraftanstrengung des Denkens, die die neue Arbeit an allen neuen Phänomenen des Lebens leistet. Die slawophilen und populären oder sozialdemokratischen doktrinären Schemata sind völlig ungeeignet für die neuen welthistorischen Ereignisse, denn sie sind für eine einfachere und elementarere Wirklichkeit gedacht. Das russische Denken war immer zu monistisch, nur von einem Einzigen erfüllt und der Vielfalt abgeneigt, es verschloss sich konkreter Vielgestaltigkeit. Der Weltkrieg ruft nun die Krise dieses ausschließlichen Monismus des russischen Denkens hervor, der immer dazu neigte, der unendlichen Komplexität des Seins Gewalt anzutun. Man muss damit beginnen, nicht in fertigen Schemata zu denken, nicht die traditionellen Kategorien anzuwenden, sondern kreativ über die sich abzeichnende Tragödie der Weltgeschichte nachzudenken. Denn die gewaltige moralische und geistige Bedeutung des Weltkriegs entgeht dem, der der Geschichte von einem doktrinären Standpunkt aus Gewalt antut. Absolutes ist auf Relatives, auf das historisch Materielle nicht anwendbar, findet in ihm keinen Platz. Die ganze Relativität des natürlichen und historischen Prozesses ist in tiefer geistiger Sicht und nicht in der äußeren Wirklichkeit auf die Einheit mit dem Absoluten zu beziehen.

III

Eine andere Folge des Krieges für unsere Intelligencija muss der Übergang von dem vorwiegend negativen zu einem positiven Bewusstsein sein. In ihrem traditionellen Bewusstsein herrschte eine verteilende und nicht produktive, eine boykottierende nicht konstruktive Lebenseinstellung. Unser soziales Denken war nicht kreativ. Der Krieg lehrt durch seine bittere Erfahrung, dass sich das Volk eine positive Kraft und Macht erwerben muss, um seine Mission in der Welt zu erfüllen. Im russischen Volk und in der russischen Gesellschaft muss eine produktive und kreative Energie geweckt werden. Im Leben des Volkes müssen positive Momente die negativen Momente besiegen. Das aber setzt einen anderen Bewusstseinszustand voraus, einen männlicheren, verantwortlicheren, freieren und unabhängigeren. Die historische schöpferische Tat steht über dem negativen Kampf der Parteien, Richtungen, Lager und Gruppen. Nur wenn man kreativ ist, kann man gerecht verteilen. Die russische Intelligencija wurde noch nicht zur Macht in der Geschichte berufen und hatte sich an den verantwortungslosen Boykott alles Geschichtlichen gewöhnt. In ihr muss das Interesse daran entstehen, eine kreative Kraft in der Geschichte zu sein. Die Zukunft eines großen Volkes hängt von ihm selbst ab, von seinem Willen und seiner Energie, von seiner kreativen Kraft und von der Klarheit seines historischen Bewusstseins. Von „uns" und nicht von „denen da" hängt unser Schicksal ab. Die Begleichung alter Rechnungen darf unser Bewusstsein und unseren Willen nicht so ausschließlich beherrschen. Und eine negative Reaktion darf unsere schöpferische Energie nicht fesseln. Im Bewusstsein der Völker muss die schwächende Idee des Wohls und Wohlstands von der kräftigenden Idee des Wertes überwunden werden. Das Ziel im Leben der Völker ist nicht das Wohl und der Wohlstand, sondern die Schaffung von Werten, das heroische und tragische Erleben des eigenen historischen Schicksals. Aber das setzt eine religiöse Beziehung zum Leben voraus.

Der liberale Imperialismus ist unser Versuch eines positiven, kreativen Bewusstseins, und bei ihm gibt es eine Hinwendung zum historisch Konkreten. Aber der liberale Imperialismus fußt zu sehr auf westeuropäischen Vorbildern, ist seinem Geist nach zu wenig russisch und national. Die Seele der russischen Intelligencija wendet sich von ihm ab und will nicht einmal das Körnchen Wahrheit in ihm sehen. Das Bewusstsein unserer Intelligencija muss reformiert, völlig umgeformt und durch neue Werte bereichert werden. Ich glaube, dieses wird unter dem Einfluss des Krieges geschehen. Aber in der Seele der russischen Intelligencija bleibt ihr eigener unvergänglicher Wert, und dieser Wert ist tief russisch. Er muss in dem unumgänglichen Prozess der Europäisierung Russlands und seiner Einbeziehung in den Kreislauf der Weltgeschichte sein und bleiben. Dieser Wert muss nur von der negativen Bindung und Beschränkung befreit werden. Die russische Intelligencija wird, befreit vom Provinzialismus, schließlich in die Weite der Geschichte hinaustreten und ihre Sehnsucht nach der Gerechtigkeit auf Erden, ihren oft unverstandenen Traum von der Rettung der Welt und ihren Willen zu einem neuen, besseren Leben für die Menschheit dorthin tragen.

Dunkler Wein

I

Im politischen Leben Russlands, im russischen Staatswesen verbirgt sich ein dunkles irrationales Prinzip, das vereitelt alle Theorien der politischen Vernunft und lässt sich überhaupt nicht rational erklären. Die Wirkung dieses irrationalen Prinzips schafft Unvorhergesehenes und Unerwartetes in unserer Politik, verwandelt unsere Geschichte in Phantastik, in einen unwahrscheinlichen Roman. Dass unserer Staatspolitik keine staatliche Vernunft und kein Sinn, sondern etwas Irrationales und Phantastisches zugrunde liegen, war in der letzten Zeit besonders zu spüren. Das irrationale Prinzip bringt alles durcheinander und schafft die phantastischsten Verhältnisse. Der rechte, konservative, ja sogar reaktionäre Moskauer Adel bringt sich in eine oppositionelle Lage und ist zu demonstrativen Aktionen gezwungen. Die einzige Gesellschaftsschicht, die der alten Macht Rückhalt geben könnte, entgleitet ihr unter den Füßen. Sogar die Moskauer geistliche Akademie, die so sehr an Kriecherei gewöhnt ist, äußert demonstrativ ihr Erschrecken über das Schicksal der heiligen Kirche, die dunklen Einflüssen unterliegt. Der gegenwärtige Konservatismus, die gegenwärtige Kirche zittert vor der Macht dunkler Gewalten über dem russischen Staat und der russischen Kirche.

Interessant war die Ernennung A. D. Samarins[40] zum Oberprokuror des Heiligen Synods. Mit dieser Ernennung verbanden die positiven Orthodoxen die Hoffnung, dass die Unabhängigkeit der Kirche gewahrt und Schritte zur Erneuerung der Kirche unternommen werden können. Das waren konservative Hoffnungen, Hoffnungen ehrlicher, überzeugter kirchlicher Konservativer, die die Zerstörung des von dunklen Mächten beherrschten kirchlichen Lebens zur Verzweiflung brachte. Gläubigen Orthodoxen wurde es schwer, die knechtische Abhängigkeit der Kirchenpolitik von externen Einflüssen zu sehen, die der tiefen Heiligkeit der Kirche fremd sind. Nicht lange blieb Herr

[40] Aleksandr D. Samarin (1868-1932), Oberprokuror des Hl. Synod der Orthodoxen Kirche Russlands.

Samarin an der Macht, und seine Entlassung war noch interessanter als seine Ernennung. A. D. Samarin ist ein rechter, konservativer Kirchenvertreter. Seine Entlassung konnte nicht mit dem Konflikt mit der rechten, ja reaktionären Politik zu tun haben. Aller Wahrscheinlichkeit nach waren ihm restaurative Tendenzen nicht fremd, und die Ideale, die ihn beseelten, waren rückwärts und nicht vorwärts gerichtet. Doch A. D. Samarin geriet in Konflikt mit dem dunklen, irrationalen Prinzip in der Kirche, wo Kirche und Staat verflochten sind, mit Einflüssen, die nicht einmal reaktionär genannt werden können, weil es für sie keinen vernünftigen Namen gibt. Als überzeugter Kirchenmann und als Ehrenmann konnte Herr Samarin die Servilität nicht ertragen. Er musste in der Opposition auftreten, in der Eigenschaft eines Rechten und Konservativen, eines starken Orthodoxen und Kirchenmannes. Der Staat in Gefahr, das löst bei uns patriotischen Alarm aus. Aber auch die Kirche ist in Gefahr. Das löst religiösen Alarm aus. Die Lage Russlands ist tragisch wie nie.

Russland muss nicht nur den äußeren Feind, sondern auch das innere dunkle Prinzip überwinden. Es ist sogar schwer zu sagen, dass jetzt eine planvolle Reaktion erfolgt. Das ist keine Reaktion, sondern ein rauschhafter Verfall. Selbst gewisse vernünftige Reaktionäre sind gegen das, was sich ereignet. Die Rechten können immerhin die staatliche Vernunft anerkennen, die die dunklen Elemente beherrscht. A. D. Samarin ist offensichtlich ein vernünftiger, verständiger Rechter, ziemlich nüchtern, sogar allzu nüchtern. Wahrscheinlich fürchtet er jedes allzu irrationale Prinzip. Und seine vernünftige und nüchterne rechte Gesinnung, sein rationalistisches Slawophilentum gerät in direkten Konflikt mit der verborgenen, törichten und rauschhaften Kraft, mit dem dunklen Wein der russischen Erde. Ein vernünftiger, kultivierter Konservatismus ist in Russland kraftlos, die russische Staatsmacht ist nicht von ihm beseelt. Und nur die grenzenlose Anpassungsfähigkeit der russischen Bürokratie, ihre servile Bereitschaft, jedem Beliebigen zu dienen, kann sich mit den dunklen Einflüssen vertragen. Die russische Bürokratie ist das Korrektiv der dunklen russischen Irrationalität, ihre vernünftig agierende Ergänzung, ohne die jenes russische Element schließlich unterginge. Die Bürokratie mäßigt das irrationale Prinzip, und indem sie sich dem dunklen Element anpasst, regelt sie die Angelegenheiten dieser Welt. Bei uns verbindet sich faktisch der trockene, vernünftige Petrograder Bürokratismus mit der dunklen, irrationalen, rauschhaften Kraft, die sich hinter der Macht verbirgt.

Eine rechte, konservative Position kann durchaus einen gewissen Kulturtyp verteidigen. Im konservativen Kulturtyp unterliegt das dunkle Element der Arbeit und Herrschaft des menschlichen Geistes und Bewusstseins. Aber in Russland gibt es fast keinen derartigen kulturellen Konservatismus. Die russische Reaktion ist ihrem Wesen nach jeder Kultur, jeder Bewusstheit, jeder Geistigkeit gegenüber feindlich eingestellt, hinter ihr steht immer etwas dunkel Elementares, Chaotisches, Wildes, Rauschhaftes. Die Reaktion ist bei uns immer die Orgie, nur äußerlich von der Bürokratie verdeckt, bekleidet mit den europäischen Gehröcken und Fracks. In Russland gibt es den tragischen Konflikt zwischen der Kultur und dem dunklen Element. In der russischen Erde, im russischen Volk gibt es ein dunkles, im schlechten Sinn irrationales, unaufgeklärtes und der Aufklärung unzugängliches Element. Wie weit auch immer die Erleuchtung und die Kultivierung der russischen Erde geht, immer bleibt ein Bodensatz, mit dem man nichts anzufangen weiß. Im Leben des Volkes hat dieses eigentümliche Element klareren, ich würde sogar sagen, genialen Ausdruck im Geißlertum[41] gefunden. In diesem Element ist dunkler Wein, gibt es etwas Rauschhaftes und Orgiastisches, und wer diesen Wein gekostet hat, der wird die Atmosphäre, die er bewirkt, nur noch schwer verlassen können. Das Geißlertum ist ein sehr bedeutendes Phänomen, mehr als eine Sekte, die diesen Namen trägt. Geißlertum als elementares orgiastisches Prinzip gibt es auch in unserer Kirche. Jede ursprüngliche, elementare Rauschhaftigkeit der russischen Erde neigt zum Geißlertum.

In der Sekte der Geißler gibt es weniger von dieser unerleuchteten Dunkelheit als in den unausgeformten und unkonzentrierten elementaren Erlebnissen des Volkes. In dem mystischen Sehnen der Geißler liegt eine eigene Wahrheit, die auf das Ungenügen der offiziellen kirchlichen Religion hinweist. In der russischen Literatur findet dieses Element eine geniale künstlerische Gestaltung in A. Belys Roman „Die silberne Taube". A. Bely[42] sah mit künstlerischem Blick im russischen Volk das leidenschaftliche mystische Element, das den alten russischen

[41] Russ. Chlystovstvo, von Chlysty ‚Geißler', s.o. Anm. 17.

[42] Andrej Belyj, Pseudonym für Boris N. Bugaev (1880-1934), Dichter des russischen Symbolismus.

Schriftstellern in ihrer traditionellen Vorstellung vom Volk verborgen geblieben war. Dieses Elementare spürten auch die Slawophilen nicht, spürte auch L. Tolstoj nicht. Nur Dostoevskij kannte es, entdeckte es aber nicht im Leben des Volkes, sondern im Leben der Intelligencija.

Dieses dunkle russische Element ist im wahrsten Sinn des Wortes reaktionär. In ihm zeigt sich die ewige mystische Reaktion gegen jegliche Kultur, gegen das Personprinzip, gegen die Rechte und die Würde der Person, gegen jegliche Werte. Diese Verwurzelung im Element der russischen Erde, dieser Rausch des Elementaren, sein orgiastisches Erleben sind mit keinerlei kulturellem Wert, mit keinem Selbstbewusstsein der Person vereinbar. Hier ist der Antagonismus unversöhnlich. Jede Idealisierung der natürlich-elementaren Volksmystik ist kulturfeindlich und entwicklungsfeindlich. Diese reaktionäre Idealisierung nimmt bei uns nicht selten die Form von Begeisterung über die russische Lebensweise, über die Wärme des russischen Schlamms an und geht einher mit Feindschaft gegen jeden Aufstieg. Das russische Element der Geißler ist doppeldeutig. In ihm verbirgt sich ein positives und gerechtes Sehnen nach dem Ausgang aus dieser widerwärtigen Welt. In der Sektenbewegung der Geißler ist eine wertvolle religiöse Energie, die aber nicht durch ein höheres Bewusstsein erleuchtet ist. Aber im Wesen der Geißler, wie es in unterschiedlichen Formen über die russische Erde verstreut ist, gibt es auch das dunkle und schmutzige Prinzip, das man nicht erleuchten kann. Darin liegt der Ursprung des dunklen Weins, der das russische Volk mit einem üblen, finsteren Rausch trunken gemacht hat. Dieses chaotisch Elementare, die Geißlerische Trunkenheit der russischen Erde, ist jetzt bis an die Spitze des russischen Lebens gelangt. Wir erleben ein ganz eigentümliches und ausschließliches Phänomen, das Geißlertum der Macht. Das ist der Weg der endgültigen Auflösung und Zersetzung der alten Macht. So wird der Rest der unerleuchteten Dunkelheit im russischen Element historisch beseitigt. Die dunkle Irrationalität in den Niederungen des Volkslebens verführt die Führungsspitze und entkräftet sie. Das alte Russland taumelt in den Abgrund. Aber das neue, das kommende ist verbunden mit anderen, grundlegenden Prinzipien des russischen Lebens, mit Russlands Seele, und darum kann Russland nicht untergehen.

III

Für Russland bedeutet die Begeisterung für die organisch gewachsenen Ideale des Volkes, für die Idealisierung des alten elementar Russischen, der alten russischen Lebensweise des Volkes, die durch die natürlichen Eigenschaften des russischen Charakters fasziniert, eine große Gefahr. Eine derartige Idealisierung hat die fatale Tendenz in Richtung eines reaktionären Dunkelmännertums. Der Mystik des völkischen Elements muss man die Mystik des Geistes entgegensetzen, die durch die Kultur hindurchgegangen ist. Der trunkenen und dunklen Wildheit in Russland muss man den Willen zur Kultur entgegensetzen, zur Selbstdisziplin, zur Formung des Elementaren durch ein männliches Bewusstsein. Die Mystik muss in das Innerste des Geistes eindringen, wie es bei allen großen Mystikern gewesen ist. Im russischen Element ist Feindschaft gegen die Kultur. Und diese Feindschaft hat bei uns unterschiedliche Formen der ideologischen Rechtfertigung angenommen. Diese ideologischen Rechtfertigungen waren oft falsch. Aber eines ist richtig: Positiv im russischen Geist ist das Streben nach dem Äußersten und Extremsten. Aber der Weg der Kultur ist der mittlere Weg. Und für Russlands Schicksal ist die wichtigste Frage die, ob es sich für die Kultur disziplinieren und zugleich seine ganze Eigenart, die ganze Unabhängigkeit seines Geistes bewahren kann.

Wird Russland nicht in den natürlichen dionysischen Rausch des Volkes, in ein allzu spätes und daher verhängnisvolles Heidentum abgleiten? Was sich gegenwärtig in der russischen Reaktion abspielt, ist ein trunkenes Heidentum, eine trunkene Orgie, die bis an die Führungsspitze gelangt ist. Der Krieg wurde als eine große Sache, die die Trunkenheit beseitigen würde, verstanden. Aber bei den Russen gibt es den dunklen Wein, der ihm durch keine äußeren Maßnahmen und Reformen genommen werden kann. Damit das russische Volk aufhört, sich an diesem Wein zu berauschen, ist eine grundlegende geistige Wiedergeburt des Volkes und geistige Nüchternheit notwendig, durch die allein neuer Wein gewonnen werden kann. Bei uns berauscht man sich weiterhin an altem Wein, der schon zu sehr gegoren und sauer geworden ist. Das alte Russland sollte sich wohl in der Stunde der Auflösung und des historischen Endes berauschen. Das alte Leben weicht nicht leicht dem neuen Leben. Da ist Seelenfinsternis, da ist Entsetzen, das die schwindende und sich auflösende Kraft ergreift, die aber nicht mehr zu Opfer und Verzicht fähig ist, sondern den Rausch sucht, der die Illusion höheren Lebens vermittelt. So überrascht das Ende der alten historischen Kraft das Leben im Moment der Orgie. Und die Geschichte umgibt dieses Ende mit Phantastik. Ein dunkles Prinzip im russischen Element, das ewig mit der Vernichtung der Werte, mit dem Erlöschen des Geistes drohte, degeneriert und kommt zum Ende. Und ein schwacher Faden verband das Dunkel der Führung Russlands mit dem Dunkel in seinen Niederungen. Die Führung geht zugrunde, der Boden schwindet unter ihm, und keine wirkliche Kraft kann es stützen. Aber unten ist immer noch das am dunklen Wein sich berauschende dunkle Element, auf das sich die Führung zu stützen versucht. Dieses Element ist schon lange nicht mehr vorherrschend im Leben des Volkes, aber immer noch in der Lage, seine Usurpatoren aufzubieten, die unserem kirchlichen und staatlichen Leben einen dunkel-irrationalen Charakter verleihen, den kein Licht erleuchten kann. Darauf muss man genauer und ernsthafter schauen, als es üblich ist, denn das ist für Russland von erheblicher Bedeutung und nicht zufällig. Und für den Kampf mit dem inneren Dunkel muss der Geist, der den Weg des Lichts gewählt hat, mobilisiert werden.

Die asiatische und die europäische Seele

I

In der ersten Nummer der Zeitschrift „Jahrbuch" ist ein sehr charakteristischer Artikel von M. Gor'kij[43] unter dem Titel „Zwei Seelen" erschienen, der allem Anschein nach die Orientierung der neuen Zeitschrift definiert. Der Artikel dreht sich um das ewige Thema der russischen Überlegungen über das Thema Osten und Westen. Dieses Thema hängt mit dem uralten Streit zwischen Slawophilen und Westlern zusammen. Das Thema ist grundlegend für unser nationales Selbstbewusstsein und sehr schwerwiegend; das Thema ist grundlegend für die Geschichtsphilosophie und verlangt eine ernsthafte philosophische Vorbereitung. Wie steht unser gefeierter Schriftsteller zu ihm? M. Gor'kij schreibt in einem Ton, als ob er eine Entdeckung gemacht hätte. Er scheint sich als erster radikaler Westler in Russland zu fühlen. „Wir sind der Meinung, dass die Zeit gekommen ist, da die Geschichte kategorisch von allen ehrlichen und vernünftigen russischen Menschen fordert, diese unsere Besonderheit von allen Seiten zu untersuchen und furchtlos zu kritisieren. Wir müssen uns mit der asiatischen Schicht in unserer Psyche auseinandersetzen." Man könnte denken, dass Studium und Kritik unserer Eigenart erst jetzt beginnen sollen. Aber das Westlertum war über lange Jahrzehnte die führende Richtung des russischen Denkens. Kein anderes Volk ging in seiner Selbstverleugnung so weit wie wir Russen. Die Russen schämten sich fast dafür, Russen zu sein. Das ist ein im Westen vollkommen unmögliches Phänomen, wo der Nationalismus üppige Blüten getrieben hat. Und wo findet man eine wahre Vergötterung Westeuropas und der westeuropäischen Kultur wie in Russland und bei den Russen? Die Negation Russlands und die Götzenverehrung Europas ist eine sehr russische, östliche, asiatische Erscheinung. Gerade das äußerste russische Westlertum ist ein Phänomen der asiatischen Seele. Man kann sogar folgendes Paradoxon formulieren: die Slawophilen, deren Ansichten

[43] Maksim Gor'kij, eigentlich A. M. Peškov (1868-1936), Schriftsteller und Publizist; er hat die sowjetische Literatur wesentlich beeinflusst.

ich übrigens zum größten Teil nicht teile, waren die ersten russischen Europäer, weil sie versuchten, selbständig europäisch zu denken und nicht das westliche Denker wie Kinder nachzuahmen. Die Slawophilen versuchten aus Russland zu machen, was in Deutschland Fichte tat, der das deutsche Bewusstsein auf einen eigenständigen Weg zu bringen versuchte. Aber auch die Kehrseite ist ein Paradoxon: die Westler blieben Asiaten, ihr Bewusstsein war kindlich, sie verhielten sich zur europäischen Kultur, wie es nur Leute vermögen, denen sie völlig fremd ist, für die die europäische Kultur ein Wunschbild der Ferne und nicht ihr inneres Wesen ist. Für den russischen Westler-Asiaten ist der Westen das gelobte Land, ein verlockendes Bild des vollkommenen Lebens. Dabei bleibt der Westen vollkommen äußerlich, in Russland unbekannt und fern. Den Westler erfüllt fast religiöse Andacht, die die Distanz hervorruft. So verhalten sich Kinder gegenüber dem Leben der Erwachsenen, das ihnen gerade deshalb wunderbar und verlockend vorkommt, weil es ihnen völlig fremd ist. Wirklich gibt es in der russischen Seele „asiatische Schichten", die man immer im radikalen Westlertum vom Typ eines Gor'kij findet. Im radikalen Westlertum der russischen Intelligencija war immer nicht nur sehr viel Russisches, dem Westen Fremdes, sondern auch vollkommen Asiatisches. Das europäische Denken wurde im intellektuellen Bewusstsein der Russen bis zur Unkenntlichkeit entstellt. Westliche Wissenschaft, westliche Vernunft nahmen gleichsam göttlichen Charakter an, wie es der kritische Westen nicht kannte. Sogar Büchner, ein drittklassiger Verbreiter oberflächlicher Ideen, wurde zum religiös verehrten Katechismus. Der eigenständige Wert des Denkens und der Erkenntnis wurde bei uns immer geleugnet. Aus diesem Asiatentum sich zu befreien, würde es nun Zeit für den russischen Menschen, für den russischen Kulturmenschen. Der westliche Mensch verhält sich nicht götzendienerisch gegenüber seinen Kulturwerten, er erschafft sie. Und uns gebührt es, aus der Tiefe heraus Kulturwerte zu schaffen. Die schöpferische Eigenständigkeit gehört zum europäischen Menschen. Darin soll auch der russische Mensch dem europäischen Menschen gleichen.

Die russische Eigenständigkeit darf man nicht mit russischer Rückständigkeit verwechseln. Das wäre eine traurige Vermischung allzu unterschiedlicher Positionen. Russland ist ein kulturell zurückgebliebenes Land. In Russland gibt es viel barbarisches Dunkel, in ihm brodelt das dunkle, chaotische Element des Ostens. Russlands Rückständigkeit muss durch kreative Aktivität, durch kulturelle Entwicklung überwunden werden. Aber nationale Eigentümlichkeit hat nichts mit Rückständigkeit zu tun, sie muss sich auf den höchsten und nicht auf den niedrigsten Entwicklungsstufen zeigen. Am eigenständigsten wird das künftige, neue Russland sein, aber nicht das alte, rückständige Russland. Das echte Nationalbewusstsein kann nur kreativ sein, ist nach vorn und nicht rückwärts gerichtet. So ist es bei allen Völkern Europas gewesen. Und man darf keineswegs den dunklen, wilden, chaotischen asiatischen Osten mit dem antiken kulturellen asiatischen Osten verwechseln, der einen eigentümlichen geistigen Typus darstellt und die kultiviertesten Europäer faszinierte. Im Osten ist die Wiege aller großen Religionen und Kulturen. Und auf der Höhe der europäischen Kultur kann der wirklich kultivierte europäische Mensch nicht verächtlich gegenüber seinen antiken Ursprüngen eingestellt sein. Solche Verachtung eignet nur dem barbarischen, kulturlosen Menschen. Die altehrwürdige Seele der europäischen Kultur kann die europäische Kultur nicht wie einen Götzen verehren und kann die Kultur des Ostens nicht verachten. Nur die dunkle noch asiatische Seele, die in ihrem Blut und in ihrem Geist keinen Tropfen der alten europäischen Kultur verspürt, kann den Geist der europäischen Kultur als den vollkommenen, den einen und einzigen vergöttern. Und sie hat kein Sensorium für die alten Kulturen des Ostens. M. Gor'kij vermengt und vereinfacht alles. Der alte und im Grunde richtige Gedanke von der Kontemplation des Ostens und der Aktivität des Westens wird bei ihm vulgarisiert und allzu elementar dargestellt. Dieses Thema erfordert große philosophische Vertiefung. Bei Gor'kij spürt man immer den Informationsmangel eines Menschen, der in den Begriffen seines intellektuellen Zirkels lebt, man spürt den Provinzialismus, der weltumspannendes Denken nicht kennt.

II

Wenn man das europäische Wissen nur oberflächlich gestreift hat, kann man Vernunft und Wissenschaft so einfältig verehren und in ihnen das Heilmittel gegen alle Übel sehen. Wer inmitten des europäischen Erkenntnisprozesses steht und nicht andächtig von der Seite auf ihn blickt, der begreift die Tragödie der europäischen Vernunft und der europäischen Wissenschaft, ihre tiefe Krise, ihre quälende Unzufriedenheit, ihre Suche nach neuen Wegen. Gor'kij hat offensichtlich die gewaltige philosophische Arbeit übersehen, die in den letzten

Jahrzehnten im Westen geleistet worden ist, und die von der naiv-naturalistischen und naiv-materialistischen Weltanschauung keinen Stein auf dem anderen gelassen hat. Gor'kij feiert die Vernunft in einem gleichsam sehr naiven, unkritischen, ganz und gar nicht philosophischen Sinn des Wortes. Ein großer Teil der positiv-wissenschaftlichen Positionen setzt durchaus nicht auf die Vernunft. An die Vernunft glauben Metaphysiker. Und Gor'kij hat einen irgendwie sehr naiven metaphysischen Glauben, der nichts gemein hat mit der forschenden positiven Wissenschaft. Für die Wissenschaft und ihre Zwecke ist dieser religiöse Glaube an die Vernunft überhaupt nicht notwendig. Gor'kij als typisch russischer Intellektueller fasst die Wissenschaft allzu russisch auf und verehrt sie auf östliche und nicht auf westliche Weise, wie es jemand, der Wissenschaft betreibt, niemals tut. Für Gor'kij, wie einst für Pisarev, ist die Wissenschaft wie ein Katechismus. Aber das ist noch das Bewusstsein eines Kindes, das ist die Freude der ersten Begegnung.

Europa ist unendlich komplexer, unendlich reicher als Gor'kij sich vorstellt. Dort im Westen gibt es nicht nur positive Wissenschaft und gesellschaftliche Aktivität. Dort gibt es auch Mystik, Metaphysik und romantische Kunst, dort gibt es Kontemplation und Verträumtheit. Religiöse Suche ist in unserer Epoche nicht nur für Russland charakteristisch, sondern für Europa. Auch dort sucht man Gott und einen höheren Sinn des Lebens, auch dort gibt es das Leiden unter der Sinnlosigkeit des Lebens. Die Romantik, die Gor'kij so wenig gefällt, ist ein westliches Phänomen, kein östliches. Gerade der westliche Mensch ist Romantiker und leidenschaftlicher Träumer. Der östliche Mensch ist durchaus nicht Romantiker und Träumer, seine Religiosität ist gänzlich anderer Art. Die Romantik gehört zum katholischen Religionstypus, es gibt sie aber gar nicht im orthodoxen Typus der Religiosität. Im orthodoxen Osten ist die Suche nach dem heiligen Gral nicht möglich. Romantik gibt es auch nicht in Indien, im nicht christlichen Osten. Kann man denn Yoga romantisch nennen? Für M. Gor'ki ist Romantik immer eine bourgeoise Reaktion, und an dieser Behauptung kann man sehen, bis zu welcher Blindheit das Schema des ökonomischen Materialismus führt, wie lebensfremd es ist. Die romantische Bewegung im Westen ist entstanden, als das Bürgertum noch ganz am Anfang seines Lebensweges stand, als ihm noch ein ganzes Jahrhundert glänzender Erfolge und großer Macht bevorstand. Über die Auflösung des europäischen Bürgertums zu jener Zeit zu sprechen ist ebenso unsinnig, wie es unsinnig ist, über die Auflösung des Bürgertums zu unserer Zeit in Russland zu sprechen, da es doch noch am Anfang seiner Entwicklung steht. Über die bedauerliche Geschmacklosigkeit derartiger Erklärungen des geistigen Lebens möchte ich schon gar nicht sprechen.

M. Gor'kij wirft der russischen „Gottsuche" vor, dass sie das Zentrum außerhalb von sich finden und die Verantwortung für ein sinnloses Leben von sich weisen will. Er hält es sogar für möglich zu behaupten, gerade die religiösen Menschen leugneten den Sinn des Lebens. Das zeugt von erstaunlicher Blindheit! Gerade die, die Gor'kij mit einem ungeschickten Terminus „Gottsucher" nennt, versuchen seit vielen Jahren, den Schwerpunkt tief in den Menschen zu verlagern und der menschlichen Person die gewaltige Verantwortung für das Leben aufzuerlegen. Sie sind es ja, die gegen die Verantwortungslosigkeit kämpfen und gegen die Übertragung der Verantwortung auf Kräfte außerhalb des Menschen. Gor'kij scheint sogar anzunehmen, dass die religiösen Menschen den Sinn des irdischen Lebens ausgerechnet dann leugnen, wenn sie ihn gerade anerkennen. Positivismus und Materialismus leugnen Verantwortung, Freiheit, schöpferische Freiheit, sie leugnen den Menschen und konstruieren die willenlose Theorie des Sozialmilieus und der Macht der Notwendigkeit, der großen Kraft der äußeren Verhältnisse. Das religiöse Bewusstsein muss sich mit diesen zersetzenden und schwächenden Theorien des Sozialmilieus im Namen der kreativen Aktivität des Menschen auseinandersetzen, im Namen seiner höchsten Freiheit und des höchsten Lebenssinns. In Russland fördern diese materialistischen Theorien des alles beherrschenden Sozialmilieus, diese erniedrigenden Lehren von der Notwendigkeit alles Geschehens, nur die östliche Trägheit, Willensschwäche und Verantwortungslosigkeit. Der Glaube an den Menschen, an seine schöpferische Freiheit und schöpferische Kraft ist nur für ein religiöses Bewusstsein möglich, aber niemals für ein positivistisches Bewusstsein, das auf den Menschen wie auf einen Reflex des natürlichen und sozialen materiellen Milieus blickt. In Russland ist der Ruf zur Steigerung der menschlichen Aktivität, der menschlichen Kreativität, der menschlichen Verantwortung wahrhaft notwendig. Aber das ist nur auf einer anderen Grundlage möglich als der, auf der M. Gor'kij steht. Das radikale russische Westlertum, das das komplexe und reiche Leben des Westens entstellt und sklavisch übernimmt, ist eine Form der östlichen Passivität. Im Osten muss eine selbständige schöpferische Aktivität geweckt werden, die eine neue Kultur schafft, und das ist nur auf religiöser Basis möglich. Wir treten bereits in jenes Alter unserer Lebensweise ein, da es an der Zeit ist, das kindliche Westlertum und das kindliche Slawophilentum zu verlassen, da wir zu reiferen Formen des Nationalbewusstseins übergehen müssen. Die großen globalen Ereignisse führen uns in die Weite der Welt, zu globalen Perspektiven. Die Erschütterungen des Weltkriegs führen auch Europa über seine engen Grenzen, sie offenbaren tiefe Widersprüche in Europa selbst und stürzen die Götzen des Westlertums. Die Einbeziehung Russlands in die globalen Veränderungen bedeutet das Ende seiner verengten provinziellen Existenz, seiner slawophilen Selbstzufriedenheit und seines knechtischen Westlertums. Aber M. Gor'kij bleibt bei seinem alten Bewusstsein, er will nichts lernen aus den Ereignissen in der Welt und verharrt in dem alten Gegensatz von Ost und West.

Von der Macht des Raumes über die russische Seele

I

In der russischen Geschichte, im Schicksal des russischen Volkes und des russischen Staates ist viel Rätselhaftes. Die Beziehung zwischen dem russischen Volk, das die Slawophilen rühmend ein anarchistisches nannten, und dem gewaltigen russischen Staat bleibt bis heute ein Rätsel der russischen Geschichtsphilosophie. Aber nicht nur einmal hat man darauf hingewiesen, dass geographische Fakten, seine Lage auf der Erde, seine grenzenlosen Räume in Russlands Schicksal eine gewaltige Bedeutung hatten. Die geographische Lage Russlands war derartig, dass das russische Volk den gewaltigen Staat schaffen musste. Auf den weiten russischen Ebenen musste man den großen Ost-Westen schaffen, der das staatliche Ganze vereinigte und organisierte. Die riesigen Räume wurden dem russischen Volk leicht gegeben, aber nicht leicht wurden ihm die Organisation dieser Räume zu dem größten Staat der Erde, die Erhaltung und die Sicherung der Ordnung in ihm. Das kostete das russische Volk einen großen Teil seiner Kraft. Die Ausmaße des russischen Staates stellten das russische Volk vor fast übermächtige Aufgaben, hielten das russische Volk in unermesslicher Anspannung. Und in dem gewaltigen Werk der Schaffung und Sicherung ihres Staates erschöpfte das russische Volk seine Kräfte. Die Forderungen des Staates ließen überschüssigen Kräften wenig Raum. Die ganze äußere Aktivität des russischen Menschen diente dem Staat. Und das drückte dem Leben des russischen Menschen den Stempel der Freudlosigkeit auf. Russen sind beinahe unfähig, sich zu freuen. Russen kennen nicht das freie Spiel der Kräfte. Die russische Seele wird durch die unermesslichen russischen Weiten und die unermesslichen russischen Schneefelder erdrückt, sie geht in dieser Unermesslichkeit unter und löst sich auf. Eine Formung seiner Seele und seines Schaffens wurde dem russischen Menschen erschwert. Der Genius der Form ist kein russischer Genius, er verträgt sich nur mit Mühe mit der Macht der Räume über die Seele. Und die Russen kennen überhaupt kaum die Freude an der Form.

Die staatliche Herrschaft über die unermesslichen russischen Räume geht einher mit einer schrecklichen Zentralisierung, mit der Unterwerfung des ganzen Lebens unter das Interesse des Staates und mit der Unterdrückung der freien individuellen und gesellschaftlichen Kräfte. Bei den Russen war das Bewusstsein individueller Rechte immer schwach, und die Eigenaktivität von Klassen und Gruppen unentwickelt. Die Erhaltung des gewaltigsten Staates der Erde fiel natürlich einem Volk nicht leicht, das keinen Genius der Form und der Organisation besitzt. Lange Zeit musste Russland gegen die von allen Seiten einbrechenden Feinde verteidigt werden. Die Wogen des Ostens und des Westens drohten Russland zu überschwemmen. Russland überlebte die Tatarenherrschaft, überlebte die Zeit der Wirren und erstarkte schließlich, wuchs empor zu einem staatlichen Koloss. Doch die unermesslichen Räume lasteten wie ein schweres Joch auf der Seele des russischen Volkes. In seine Psychologie sind die Grenzenlosigkeit des russischen Staates und die Grenzenlosigkeit der russischen Weiten eingegangen. Die russische Seele ist von der Weite erschüttert, sie sieht keine Grenzen, und diese Grenzenlosigkeit befreit nicht, sondern deprimiert. Und so ging die geistige Energie des russischen Menschen nach innen, in Betrachtung und Innigkeit, konnte sich nicht der Geschichte zuwenden, die immer mit der Formung, mit dem Weg verbunden ist, auf dem Grenzen markiert sind. Die Formen des russischen Staates machten den russischen Menschen formlos. Die Demut des russischen Menschen wurde sein Selbstschutz. Der Verzicht auf das historische und kulturelle Schaffen wurde vom russischen Staat, seinen Wächtern und Bewahrern gefordert. Die unermesslichen Räume, die den russischen Menschen von allen Seiten umgeben und bedrücken, sind kein äußerer, materieller, sondern ein innerer, geistiger Faktor seines Lebens. Diese unermesslichen russischen Räume sind auch im Inneren der russischen Seele und haben gewaltige Macht über sie. Der russische Mensch, ein Mensch der Erde, fühlt sich nicht in der Lage, diese Räume zu besitzen und zu verwalten. Er ist zu sehr gewohnt, diese ihm gleichsam transzendentale Aufgabe der Zentralmacht zu überlassen. Und in der eigenen Seele fühlt er die Unermesslichkeit, die ihm so viel Mühe macht. Weit ist der russische Mensch, weit wie die russische Erde, wie die russischen Weiten. Das slawische Chaos brodelt in ihm. Die gewaltige Größe der russischen Räume ermöglichte es dem russischen Menschen nicht, Selbstdisziplin und Eigenaktivität zu entwickeln, er zerfloss im Raum. Und das war nicht das äußere, sondern das innere Schicksal des russischen Volkes, denn alles Äußere ist nur Symbol des Inneren. Aus äußerer positiv wissenschaftlicher Sicht bedeuten die riesigen russischen Räume einen geographischen Faktor der russischen Geschichte. Aber aus tieferer, innerer Sicht kann man diese Räume als inneres, geistiges Faktum im russischen Schicksal ansehen. Das ist die Geographie der russischen Seele.

II

Der russische Mensch besitzt nicht die Enge des europäischen Menschen, der seine Energie auf einen kleinen Seelenraum konzentriert, kennt die Sparsamkeit, die Ökonomie des Raumes und der Zeit, die Intensivität der Kultur nicht. Die Macht der Weite über die russische Seele gebiert eine Reihe russischer Qualitäten und russischer Mängel. Die russische Trägheit, der Leichtsinn, der Mangel an Initiative, das schwach entwickelte Verantwortungsgefühl hängen damit zusammen. Die Weite der russischen Erde und die Weite der russischen Seele schenkten die russische Energie, sie eröffneten die Möglichkeit der Bewegung zum Extensiven. Diese Weite erforderte keine intensive Energie und intensive Kultur. Die unermesslichen russischen Räume erforderten Demut und Opfer von der russischen Seele, aber sie beschützten den russischen Menschen und gaben ihm ein Sicherheitsgefühl. Auf allen Seiten fühlte der russische Mensch sich von gewaltigen Räumen umgeben, und in diesem sicheren Schoß Russlands hatte er keine Angst. Das gewaltige, weite und tiefe russische Land hilft und rettet den russischen Menschen immer. Immer baut er allzu sehr auf die russische Erde, auf das Mütterchen Russland. Er vermischt und identifiziert seine Mutter Erde mit der Gottesmutter und setzt auf ihre Fürsprache. Die russische Erde herrscht über den russischen Menschen, und nicht er herrscht über sie. Der westeuropäische Mensch fühlt sich beengt durch die kleinen Maße der Landflächen und das kleine Seelenmaß. Er ist gewohnt, auf seine intensive Energie und Aktivität zu setzen. Und in seiner Seele ist es eng und nicht weit, alles muss berechnet und geordnet sein. Die organisierte Festlegung von allem schafft das Philistertum des westeuropäischen Menschen, das den russischen Menschen immer so überrascht und abstößt. Diese Früchte des Philistertums der europäischen Kultur weckten den Unwillen Herzens[44] und den Widerwillen K. Leont'evs[45], und für jede echt russische Seele sind sie nicht süß.

Nehmen wir einmal den Deutschen. Er fühlt sich von allen Seiten beengt wie in einer Mausefalle. Um ihn und in ihm ist keine Weite. Rettung sucht er in seiner organisierten Energie, in angespannter Aktivität. Beim Deutschen muss alles an seinem Platz, alles geordnet sein. Ohne Selbstdisziplin und Verantwortlichkeit kann der Deutsche nicht existieren. Überall sieht er Grenzen und überall setzt er Grenzen. Der Deutsche kann ohne Grenzen nicht existieren, die slawische Grenzenlosigkeit ist ihm fremd und widerwärtig. Nur mit großer Kraftanstrengung würde er seine Grenzen erweitern wollen. Der Deutsche muss den russischen Menschen geradezu dafür verachten, dass dieser nicht zu leben versteht, das Leben nicht aufbauen und organisieren kann, für nichts Maß und Ort kennt, das Mögliche nicht zu erreichen versteht. Dem Russen ist das deutsche Pathos philisterhafter Lebensgestaltung zuwider. Der Deutsche fühlt, dass Deutschland ihn nicht retten kann, der Russe aber denkt, dass nicht er Russland, sondern Russland ihn retten kann. Der Russe fühlt sich niemals als Organisator. Und selbst in diesem furchtbaren Krieg, da der russische Staat in Gefahr ist, ist es nicht leicht, dem russischen Menschen diese Gefahr bewusst zu machen, in ihm das Gefühl der Verantwortung für das Schicksal seiner Heimat zu wecken und ihn zur Kraftanstrengung aufzurufen. Der russische Mensch tröstet sich damit, dass gewaltige Räume hinter ihm liegen und ihn retten werden, ihm ist nicht sehr bange, und er ist nicht geneigt, sich allzu sehr anzustrengen. Und nur mit Mühe gelangt der russische Mensch zu der Einsicht, dass er seine ganze Energie mobilisieren muss. Die Frage der intensiven Kultur, die eine angespannte Tätigkeit voraussetzt, ist ihm noch nicht zu einer Lebens- und Schicksalsfrage geworden. Er zieht sich in die Weiten seines Landes zurück. Und man muss sagen, dass sich jeder selbständigen Aktivität des russischen Menschen unüberwindliche Hindernisse entgegenstellen. Der gewaltige russische Staat, der sich zu einer sich selbst genügenden Kraft verwandelt hat, fürchtete die Selbstständigkeit und Aktivität des russischen Menschen, er nahm dem russischen Menschen die Last der Verantwortung für Russlands Schicksal ab und verpflichtete ihn zum

---

[44] Aleksandr Herzen (Gercen) (1812-1870), Philosoph, Schriftsteller und Publizist. Kenner und entschiedener Kritiker des Westens.

[45] Konstantin N. Leont'ev (1831-1891), Religionsphilosoph und Schriftsteller.

Dienst, forderte Demut von ihm. Durch die historische Verfassung des russischen Staatswesens schränkten die russischen Weiten an sich schon jede selbstverantwortliche und schöpferische Aktivität des russischen Menschen ein. Und diese Unterwerfung der Kräfte des russischen Menschen und des ganzen russischen Volkes wurde mit dem Schutz und der Organisation der russischen Räume gerechtfertigt.

III

Die Forderungen, die der Weltkrieg Russland stellt, müssen zu einer radikalen Veränderung des Bewusstseins und der Willensrichtung des russischen Menschen führen. Er muss sich endlich von der Macht der Räume befreien und selbst die Räume beherrschen, ohne dabei im Geringsten die russische Eigenart, die mit der russischen Weite zusammenhängt, aufzugeben. Das bedeutet eine radikal andere Einstellung der russischen Menschen zu Staat und Kultur als die bisherige. Der Staat muss eine innere Kraft des russischen Volkes werden, seine eigene positive Macht, sein Werkzeug, und kein äußeres Prinzip, kein Herr über ihm. Die Kultur muss intensiver werden, indem sie die tiefen und weiten Räume aktiv durchdringt und sie mit russischer Energie ausformt. Ohne diese innere Veränderung kann das russische Volk keine Zukunft haben, nicht zu einer neuen Phase seines historischen Seins übergehen, eines wirklichen historischen Seins, und dem russische Staat seinerseits wird der Gefahr der Auflösung drohen. Wenn der russische Staat bisher von der Passivität seines Volkes existieren wollte, so kann er von nun an nur von der Aktivität des Volkes existieren. Die weiten Räume müssen das russische Volk nicht schrecken, sie sollen die Energie wecken, keine deutsche, sondern die russische Energie. Törichte Leute sehen einen Zusammenhang der russischen Eigenständigkeit und Besonderheit mit der technischen und ökonomischen Rückständigkeit, mit den elementaren soziologischen und politischen Formen und wollen durch die Bewahrung der Passivität des russischen Volkes den russischen Charakter bewahren. Eigenständigkeit kann nicht an Schwäche, Unterentwicklung und Mangelhaftigkeit gebunden sein. Der eigenständige Typus der russischen Seele ist schon ausgeformt und für immer bestätigt. Die russische Kultur und die russische Gesellschaft können nur aus der Tiefe der russischen Seele geschaffen werden, aus ihrer eigenständigen kreativen Energie. Aber die russische Eigenständigkeit soll sich schließlich nicht negativ, sondern positiv manifestieren, in Kraft, Kreativität und Freiheit. Die nationale Eigenständigkeit soll nicht furchtsam, misstrauisch sich selbst bewahrend und gehemmt sein. In der reifen Periode der historischen Existenz des Volkes muss die Eigenständigkeit sich frei äußern, mutig, kreativ, vorwärts und nicht rückwärts gerichtet sein. Einige slawophil eingestellte Leute meinen auch in unseren bitteren Tagen, dass wir Russen, wenn wir Staat und Kultur gegenüber aktiv werden, in Besitz nehmen und Ordnung schaffen werden, wenn wir anfangen, aus der Tiefe unseres Geistes eine neue, freie Gesellschaft und die notwendigen materiellen Mittel schaffen, wenn wir den Weg technischer Entwicklung beschreiten, dann würden wir in allem den Deutschen gleichen und unsere Eigenständigkeit einbüßen. Aber das ist fehlender Glaube an die geistige Kraft des Volkes. Eine Eigenständigkeit, die nur durch ihre Bindung an überholte und elementare materielle Formen bewahrt wird, ist nichts wert, und auf sie kann man nichts gründen. Die Bewahrer glauben immer wenig an das, was sie bewahren. Wirklicher Glaube ist nur bei den Kreativen und Freien. Eine eigenständige geistige russische Energie allein kann ein eigenständiges Leben schaffen. Und es ist Zeit, damit aufzuhören, den russischen Menschen durch die gewaltige Größe des Staates, durch die Unermesslichkeit des Raumes einzuschüchtern und ihn in Knechtschaft zu halten. Gerade dann, als der russische Mensch sich in der Knechtschaft befand, stand er unter der Macht der Deutschtümelei, die ihren Stempel auf die ganze Verfassung des russischen Staatswesens gedrückt hat. Die Freisetzung der Energie des russischen Volkes und ihre Lenkung auf die aktive Beherrschung und Gestaltung der großen russischen Räume werden auch die Befreiung des russischen Volkes von der deutschen Knechtschaft bringen und die Bekräftigung seiner kreativen Eigenständigkeit sein. Man darf die russische Eigenständigkeit nicht darauf bauen, dass die Russen Knechte fremder Aktivität sein müssen, und sei es auch die deutsche. Anders ist das bei den Deutschen, die selbst aktiv sind! Bewahre uns Gott vor einer solchen Eigenständigkeit, wir würden an ihr zugrunde gehen! Die historische Periode der Macht der weiten Räume über die Seele des russischen Volkes geht dem Ende zu. Das russische Volk tritt in eine neue historische Periode ein, da es Herr seines Landes und Schöpfer seines Schicksals sein muss.

Der Zentralismus und das Leben des Volkes

I

Ein großer Teil unserer politischen und kulturellen Ideologien leidet unter dem Zentralismus. Überall ist eine gewisse Unverhältnismäßigkeit zwischen diesen Ideologien und der unermesslichen russischen Wirklichkeit zu spüren. Die tiefe Volksseele des gewaltigen Russlands bleibt immer noch rätselhaft und geheimnisvoll. Das Volk selbst schweigt gleichsam immer noch, und die Menschen der Zentren erraten seinen Willen nur mit Mühe. Unsere Strömungen wie das Slawophilentum und das Westlertum verhielten sich mit besonderer Achtung und Aufmerksamkeit gegenüber dem Volk und versuchten auf verschiedene Weise, festen Grund in der russischen Erde zu finden. Aber im Slawophilentum wie im Narodničestvo gab es immer einen erheblichen Anteil Utopismus der zentralistischen Ideologien, und diese auf das Volk gerichteten ideellen Strömungen erfassten nicht die unermessliche Größe des russischen Volkslebens. Das für das russische Denken so charakteristische Narodničestvo, das sich in unterschiedlichen Formen zeigt, gründet bereits in der Entfremdung und in dem Gefühl, vom Volk abgetrennt zu sein. Es war die Suche nach dem wahren Volk und dem wahren Volksleben auf Seiten der Intelligencija, die die Verbindung zum Volk verloren hatte und unfähig war, sich als Volk zu erkennen. Es war das Streben nach Vereinigung mit dem Volk und die Idealisierung des Volkes aus der Ferne. Das Narodničestvo ist eine rein intellektuelle Denkrichtung. Tief im Volksleben, bei den besten Menschen aus dem Volk, gibt es kein Narodničestvo, dort gibt es die Sehnsucht nach Entwicklung und Aufstieg, das Streben nach dem Licht, aber nicht zum Volkstum. Ebenso gibt es im Westen ja auch kein Westlertum. Einer der Grundfehler des Narodničestvo war die Identifizierung des Volkes mit dem einfachen Volk, mit der Bauernschaft, mit den arbeitenden Klassen. Unsere kultivierte und intellektuelle Schicht hatte nicht die Kraft, sich als Volk zu begreifen, und voller Neid und Sehnsucht sah sie auf das Volkstum des einfachen Volkes. Aber das war krankhafte Einbildung. Die Menschen der kulturellen und intellektuellen Zentren glauben allzu oft, dass der Schwerpunkt des geistigen und gesellschaftlichen Volkslebens im einfachen Volk liege, irgendwo fern in den Tiefen Russlands. Aber das Zentrum des Volkslebens ist überall, es ist im Innersten jedes russischen Menschen und in jedem Fleckchen russischer Erde, nicht an einem besonderen Platz. Das Volksleben ist ein nationales, allgemeines russisches Leben, das Leben des gesamten russischen Landes und aller russischen Menschen, nicht im oberflächlichen, sondern im tiefsten Sinn verstanden. Und jeder russische Mensch sollte sich als Volk fühlen und erkennen und in seinem Innersten die Wesensart und das Leben des Volkes empfinden. Der im Zentrum lebende hoch kultivierte Mensch ist nicht weniger Mensch des Volkes als der Bauer irgendwo im Inneren Russlands. Und das Genie kommt vor allem aus dem Volk. Die hoch kultivierte Schicht kann ebenso Volk sein wie das tief bodenständige Volk. Das Volk bin vor allem ich selbst, mein innerstes Wesen, das mich mit dem innersten Wesen des großen und unermesslichen Russland verbindet. Und nur soweit ich an die Oberfläche geworfen bin, kann ich mich vom Zentrum des Volkslebens abgetrennt fühlen. Das wahre Volksleben muss man nicht in weiten Räumen und äußeren Distanzen suchen, sondern in inneren Dimensionen. Und im Innersten bin ich als kultivierter Mensch ebenso Volk wie der russische Bauer, und leicht kann ich mit diesem Bauern geistig kommunizieren. Volk ist keine soziale Kategorie, und die sozialen Gegensätze hindern nur daran, das Volkstum zu erkennen. Der Sehnsuchtstraum vom wahren Volksleben ist mir irgendwie fremd und fern, krankhaft und schwächlich. Das wahre Zentrum kann doch immer nur im Menschen und nicht außerhalb seiner gefunden werden. Und die ganze russische Erde ist nur die innere Schicht eines jeden russischen Menschen, und nicht das ihm äußerliche und fern liegende gelobte Land. Das wahre Zentrum ist nicht in der Hauptstadt und nicht in der Provinz, nicht in der Oberschicht und nicht in der Unterschicht, sondern im Inneren jeder Person. Die Wirklichkeit des Volkes kann nicht das Monopol irgendeiner Schicht oder Klasse sein. Die geistige und kulturelle Dezentralisierung Russlands, die für unsere nationale Gesundheit so unumgänglich ist, darf nicht als rein äußere räumliche Bewegung von den hauptstädtischen Zentren zu den abgelegenen Provinzen aufgefasst werden. Das ist vor allem eine innere Bewegung, eine Steigerung der Erkenntnis und ein Wachsen der gemeinsamen nationalen Energie in jedem russischen Menschen überall auf der russischen Erde.

II

Russland vereinigt in sich mehrere historische und kulturelle Altersstufen, vom frühen Mittelalter bis zum 20. Jahrhundert, von den allerersten Stadien, die dem Kulturzustand vorausgingen, bis zu den Gipfeln der Weltkultur. Russland ist in erster Linie ein Land großer Kontraste, nirgends gibt es derartige Gegensätze zwischen Höhe und Tiefe, blendendem Licht und ursprünglicher Dunkelheit. Deshalb ist es so schwer, Russland zu organisieren, seine chaotischen Elemente zu ordnen. Alle Länder vereinigen viele Altersstufen. Aber die unermessliche Größe Russlands und die Besonderheiten seiner Geschichte haben unerhörte Kontraste und Gegensätze hervorgebracht. Bei uns gibt es jene mittlere und starke Gesellschaftsschicht fast nicht, die überall das Volksleben organisiert. Unreife der finsteren Provinz und Fäulnis des Staatszentrums sind die Pole der russischen Wirklichkeit. Und das Leben der russischen Gesellschaft ist allzu sehr nach diesen Polen hin ausgespannt. Und das Leben der fortschrittlichen Kreise Petrograds und Moskaus und das Leben der entlegenen Winkel der russischen Provinz gehören verschiedenen historischen Epochen an. Die historische Struktur des russischen Staatswesens zentralisierte das staatlich-gesellschaftliche Leben, vergiftete das provinzielle gesellschaftliche und kulturelle Leben durch die Bürokratie und unterdrückte es. In Russland entwickelte sich eine für die Zukunft des gewaltigen Landes gefährliche Zentralisierung der Kultur. Unser gesamtes Kulturleben bezieht sich auf Petrograd, auf Moskau und teilweise auf Kiew. Die kulturelle Energie Russlands will sich nicht auf die unermesslichen Weiten Russlands erstrecken, sie fürchtet, im Dunkel der finsteren Provinzen unterzugehen, will sich in den Zentren bewahren. Es gibt gleichsam ein Erschrecken vor dem dunklen und verschlingenden Inneren Russlands. Das ist ein krankhaftes und bedrohliches Phänomen. Russland ist nicht Frankreich. Auch in Frankreich verursacht die ausschließliche Konzentration der Kultur in Paris einen übermäßigen Unterschied der Entwicklung zwischen Paris und der französischen Provinz und macht die politischen Umwälzungen unsicher und oberflächlich. In Russland jedoch ist eine derartige Zentralisierung ganz krankhaft und hält Russland auf den niedrigsten Entwicklungsstufen. In Russland wesentlich notwendig sind die geistig-kulturelle Dezentralisierung und ein geistig-kultureller Aufstieg im Innersten des russischen Volkslebens. Und das ist durchaus kein Narodničestvo. Gleichermaßen müssen auch der falsche hauptstädtische Zentralismus, der geistige Bürokratismus und das falsche Narodničestvo, der geistige Provinzialismus, überwunden werden. Gleichermaßen ist die hauptstädtische Lebenseinstellung ebenso falsch wie die provinzielle. Das sind zwei Seiten ein und desselben Bruchs im Leben des Volkes. Eine allgemeine nationale Lebensorientierung muss beginnen, sie muss aus dem Inneren jedes russischen Menschen kommen, aus jeder Person, die ihre Bindung an die Nation erkannt hat. Die Seele des russischen Lebens ist nicht irgendwo, sondern überall, überall kann man die Tiefe des russischen Geistes entdecken. Auf der Oberfläche des nationalen Lebens werden immer geistige Zentren existieren, aber das darf nicht zur Bürokratisierung des Geistes führen.

Die unterschiedlichen Entwicklungsstufen Russlands stellen vor allem die Aufgaben der geistigen, moralischen und gesellschaftlichen Erziehung und Selbsterziehung der Nation. Diese Aufgaben setzen großes Geschick voraus und erlauben keine Gewalt über das Volksleben. Wenn schon die bürokratisch-absolutistische Zentralisierung für die gesunde Entwicklung des Volkes gefährlich ist, so ist sie noch gefährlicher in einem so kolossalen und rätselhaften Land wie Russland. Der reaktionäre ebenso wie der revolutionäre Zentralismus können gleichermaßen disparat sein zu dem, was sich im Innersten Russlands, im Zentrum des Volkslebens, ereignet. Und das möge nur nicht geschehen, dass die alte bürokratische Gewalt über das Leben des Volkes von einer neuen jakobinischen Gewalt abgelöst wird! Das Volksleben möge sich von innen entwickeln, in Übereinstimmung mit dem realen Leben der Nation! Der Petrograder Bürokratismus hat auch unsere liberale und revolutionäre Bewegung ergriffen. Der Bürokratismus ist eine besondere Metaphysik des Lebens, und er dringt tief in das Leben ein. Aber der Provinzialismus ist eine andere Metaphysik des Lebens. Äußerster zentralistischer Bürokratismus und äußerster Provinzialismus entsprechen einander und bedingen sich gegenseitig. Russland kann einerseits am zentralistischen Bürokratismus und andererseits am finsteren Provinzialismus zugrunde gehen. Die Dezentralisierung der russischen Kultur bedeutet nicht den Triumph des Provinzialismus, sondern sowohl die Überwindung des Provinzialismus als auch des bürokratischen Zentralismus, den geistigen Aufstieg der gesamten Nation und jeder Person. Überall in Russland müssen die geistigen ebenso wie die materiellen Zentren entwickelt werden. Das aber setzt die Verringerung der Unterschiede zwischen den Zentren und der Provinz voraus, zwischen der oberen und unteren Schicht

Russlands, setzt die Achtung gegenüber den lebendigen Prozessen voraus, die sich in geheimnisvoller Tiefe und fern vom Volk abspielen. Man kann nicht vom Zentrum her Freiheit verordnen, im Volk muss der Wille zur Freiheit, die mit ihren Wurzeln aus dem Schoß der Erde hervorgeht, vorhanden sein. Dieser Wille zur Freiheit und zum Licht ist in den ländlichen und noch dunklen Volksschichten vorhanden. Man muss es nur vermögen, mit verstehender Liebe und gewaltlos sich der noch dunklen Seele des Volkes zu nähern. Jetzt muss nicht die Intelligencija erwachen, nicht die kultivierte Oberschicht, nicht irgendeine demagogisch entwickelbare Klasse, sondern das gewaltige, unerhörte, bäuerliche, provinzielle, „kleinbürgerliche" Russland, das sein Wort noch nicht gesagt hat. Die Erschütterungen des Krieges begünstigen dieses Erwachen. Und das Licht des Bewusstseins, das diesem erwachenden Russland entgegenkommen muss, darf kein äußeres, zentralistisches und aufgezwungenes Licht sein, sondern ein inneres Licht für jeden russischen Menschen und für die ganze russische Nation.

Über Heiligkeit und Ehrlichkeit

I

K. Leont'ev sagt, dass der russische Mensch heilig aber nicht ehrlich sein könne. Aufrichtigkeit ist ein westeuropäisches Ideal. Das russische Ideal ist die Heiligkeit. In K. Leont'evs Aussage ist eine gewisse ästhetische Übertreibung, aber auch eine unbezweifelbare Wahrheit, in ihr zeigt sich das sehr interessante Problem der Psychologie des russischen Volkes. Dem russischen Menschen ist nicht hinreichend deutlich bewusst, dass jeder Mensch zur Aufrichtigkeit verpflichtet ist, dass Aufrichtigkeit mit der Ehre des Menschen zu tun hat und den Menschen formt. Die moralische Selbstdisziplin der Person sah man bei uns niemals als besondere und höchste Aufgabe an. In unserer Geschichte fehlte das ritterliche Prinzip, und das war für die Entwicklung und Ausformung der Person ungünstig. Der russische Mensch machte sich die Formung und Disziplinierung der Person nicht zur Aufgabe, er verließ sich allzu gern darauf, dass das organische Kollektiv, dem er angehört, alles für seine sittliche Gesundheit tut. Die russische Orthodoxie, zu der das russische Volk durch seine sittliche Erziehung verpflichtet ist, stellte der Person des durchschnittlichen russischen Menschen nicht allzu hohe sittliche Forderungen, sie war in moralischer Hinsicht überaus nachsichtig. Vom russischen Menschen wurde vor allem Demut gefordert. Als Belohnung für die Tugend der Demut wurde ihm alles gegeben und alles erlaubt. So war die Demut die einzige Form der Disziplin der Person. Es ist besser, demütig zu sündigen als sich stolz zu vervollkommnen. Der russische Mensch denkt gewöhnlich, dass Unaufrichtigkeit kein großes Übel ist, wenn er dabei im Herzen demütig und nicht stolz, nicht überheblich ist. Auch das größte Verbrechen kann man demütig bereuen, kleine Sünden werden leicht vergeben durch ein Kerzchen vor dem Heiligenbild. Die höchsten übermenschlichen Aufgaben kommen den Heiligen zu. Der gewöhnliche russische Mensch muss sich kein hohes Ziel setzen, muss dem Ideal der Heiligkeit nicht einmal nahe kommen. Das wäre Stolz. Der orthodoxe russische Starze wird niemals diesen Weg weisen. Heiligkeit ist das Los weniger, sie kann kein Weg für den Menschen sein.

Jeden allzu heroischen Weg der Person hält das orthodoxe russische Bewusstsein für Hochmut, und die Ideologen der russischen Orthodoxie sehen darin gern eine Tendenz zur Vergottung des Menschen und zum Dämonismus. Der Mensch soll in dem organischen Kollektiv, mit dem er übereinstimmt, gehorsam leben, sich durch seinen Stand, seinen traditionellen Beruf und durch die traditionelle Ordnung seines Volkes bilden.

In welchem Sinn aber glaubt die volksnahe russische Orthodoxie an das heilige Russland und behauptet immer, dass Russland ganz dem Heiligen ergeben sei im Unterschied zu den Völkern des Westens, die das weniger hohe Prinzip der Aufrichtigkeit für wichtig halten? In dieser Hinsicht gibt es im russischen religiösen Bewusstsein einen ursprünglichen Dualismus. Das russische Volk und der wahrhaft russische Mensch sind dem Heiligen nicht dergestalt ergeben, dass sie in der Heiligkeit ihren Weg sehen oder die Heiligkeit für sich selbst in irgendeiner Weise für erreichbar oder verpflichtend halten. Russland ist durchaus nicht heilig und glaubt sich nicht dazu verpflichtet, heilig zu werden und das Ideal der Heiligkeit zu verwirklichen; nur in dem Sinn ist es heilig, dass es die Heiligen und die Heiligkeit grenzenlos verehrt, nur in der Heiligkeit die größte Vollkommenheit des Lebens sieht, während man im Westen die Vollkommenheit im Erkenntnisgewinn oder in sozialer Gerechtigkeit, in einer überragenden Kultur, in schöpferischer Genialität sieht. Für die religiöse russische Seele ist weniger der Mensch als vielmehr die russische Erde heilig, auf die „der Himmelskönig in Knechtsgestalt segnend herabgestiegen ist". Und in den religiösen Vorstellungen des russischen Volkes ist die russische Erde selbst die Gottesmutter. Der russische Mensch geht nicht auf den Wegen der Heiligkeit, niemals setzt er sich solche hohen Ziele, aber er verehrt den Heiligen und die Heiligkeit, ihnen wendet er seine ganze Liebe zu, setzt seine Hoffnung auf die Heiligen, die ihm Fürsprecher und Beschützer sind, er wird gerettet, weil die russische Erde so viel Heiligkeit besitzt. Die Seele des russischen Volkes hat niemals das goldene Kalb verehrt, und ich glaube, in seinem Innersten wird es das niemals tun. Aber die russische Seele neigt dazu, sich selbst zu erniedrigen und sich gehen zu lassen, Schande und Schmutz zuzulassen. Der russische Mensch mag sich wohl auf unsaubere Weise bereichern, doch niemals wird er materiellen Reichtum für den höchsten Wert halten, er wird glauben, dass das Leben des heiligen Serafim von Sarov[46] über allen irdischen Gütern steht und dass der heilige Serafim ihn und alle sündigen russischen Menschen retten wird, als Fürsprecher bei dem Allmächtigen im Namen der russischen Erde. Der russische Mensch kann ein verwegener Spitzbube und Verbrecher sein, aber in tiefster Seele verehrt er die Heiligkeit und sucht Rettung bei den Heiligen, bei ihrem Vermittlungswerk. Ein Räuber und Blutsauger kann ganz aufrichtig, wirklich andächtig die Heiligkeit verehren, Kerzen vor die Heiligenbilder stellen, zu den Starzen in die Einöde fahren und Räuber und Blutsauger bleiben. Das darf man nicht einmal Heuchelei nennen. Das ist ein in Fleisch und Blut übergegangener, in Jahrhunderten anerzogener Dualismus, eine besondere Seelenverfassung, ein besonderer Weg. Die Religiosität ist durch diese leib-seelische Prägung geistig unentwickelt. Aber im russischen Seelentypus liegt ein gewaltiger Vorteil gegenüber dem europäischen Typus. Der europäische Bürger wird wohlhabend und reich im Bewusstsein seiner großen Vollkommenheit und Überlegenheit, im Glauben an seine bürgerlichen Tugenden. Wenn der russische Bürger sich bereichert, fühlt er sich immer ein wenig als Sünder und verachtet die bürgerlichen Tugenden ein wenig.

II

Die Heiligkeit bleibt dem russischen Menschen ein transzendentes Prinzip, sie wird nicht zu seiner inneren Energie. Die Verehrung der Heiligkeit ist von derselben Struktur wie die Verehrung der Ikonen. Das Verhältnis zum Heiligen gleicht dem zur Ikone, sein Antlitz wird zum ikonenhaften, nicht menschlichem Antlitz. Aber dieses transzentente Prinzip der Heiligkeit, das zum Mittler zwischen Gott und Mensch geworden ist, soll etwas tun für den russischen Menschen, ihm helfen und ihn retten, für ihn die sittliche und geistige Arbeit vollenden. Der russische Mensch denkt durchaus nicht daran, dass die Heiligkeit zum inneren Prinzip würde, das sein Leben verwandelt, sie wirkt immer von außen auf ihn. Heiligkeit ist zu hoch und unerreichbar, sie ist schon kein menschlicher Zustand mehr, vor ihr kann man sich nur andächtig verneigen und bei ihr Hilfe und Fürsprache für den reuigen Sünder suchen. Die Verehrung der Heiligen verhüllte die

[46] Serafim von Sarov (um 1759-1833), Mönch und Heiliger der Russisch-Orthodoxen Kirche. Berühmter Starez, zu ihm pilgerten viele Menschen.

unmittelbare Gottesbegegnung. Der Heilige ist mehr Mensch. Wer den Heiligen verehrt, bei ihm Fürsprache sucht, ist weniger Mensch. Wo ist dann der Mensch? Jedes menschliche Ideal der Vollkommenheit, der edlen Gesinnung, der Ehre, der Aufrichtigkeit, der Reinheit und des Lichts erscheint dem russischen Menschen weniger wertvoll, allzu weltlich, kulturell nur von mittlerem Wert. Und der russische Mensch schwankt zwischen Tier und Engel, abseits vom humanen Prinzip. Für den russischen Menschen ist dieses Schwanken zwischen Heiligkeit und Schmutz so charakteristisch. Wenn er nicht heilig sein und sich nicht zu übermenschlicher Höhe aufschwingen kann, scheint es dem russischen Menschen bald besser, im schmutzigen Zustand zu bleiben, bald ist es ihm gar nicht so wichtig ob man Spitzbube oder Ehrenmann ist. Und weil der übermenschliche Zustand der Heiligkeit nur sehr wenigen Menschen erreichbar ist, erreichen auch sehr viele nicht den menschlichen Zustand, bleiben im schmutzigen Zustand. Die aktive menschliche Vervollkommnung und die Kreativität sind gelähmt. In Russland ist das humane Prinzip noch nicht genügend entfaltet, es ist immer noch potentiell, in großer Potenz vorhanden, aber eben nur potentiell.

Die russische Moral ist durch und durch dualistisch, das ist ein Erbe der besonderen Religiosität unseres Volkes. Die Idee des heiligen Russland hat tiefe Wurzeln, aber sie birgt auch eine sittliche Gefahr für den russischen Menschen, sie schwächte nicht selten, lähmte seinen menschlichen Willen und verhinderte seinen Aufstieg. Das ist weibliche Religiosität und weibliche Moral. Die russische Schwachheit, der mangelnde Charakter ist zu spüren in dem ewigen Wunsch, sich in den Falten des Gewandes der Gottesmutter zu verbergen, Zuflucht zu suchen bei der Fürsprache der Heiligen. Das göttliche Prinzip entwickelt sich nicht innerlich, im russischen Willen, im russischen Lebensschwung. Das Erleben der eigenen Schwachheit und Reue erscheint in erster Linie als religiöses Erleben. Und wir müssen in jeder Hinsicht vor allem das männliche religiöse Prinzip in uns entwickeln. Wir müssen Verantwortungsbewusstsein in uns entwickeln und lernen, mehr auf uns selbst und unsere eigene Aktivität zu bauen. Davon hängt Russlands Zukunft, die Erfüllung seiner Berufung in der Welt ab. Russlands Besonderheit dürfen wir nicht in seiner Schwäche und Rückständigkeit sehen. In Kraft und in der Entwicklung muss sich die wahre Besonderheit Russlands erweisen. Der russische Mensch muss aufhören, sich darauf zu verlassen, dass irgendjemand für ihn alles tun und erreichen wird. Die historische Stunde im Leben Russlands verlangt, dass der russische Mensch seine eigene geistige Aktivität offenbart.

Es ist sehr bezeichnend, dass nicht nur in der Religiosität des russischen Volkes und bei den Vertretern der russischen Altgläubigen, sondern auch bei der atheistischen Intelligencija und bei vielen russischen Schriftstellern dieser transzendentale Dualismus ganz zu spüren ist: die Anerkennung nur der übermenschlichen Vollkommenheit und zugleich die unzureichende Wertschätzung menschlicher Vollkommenheit. So denkt der durchschnittliche radikale Intellektuelle gewöhnlich, dass er entweder dazu berufen sei, die Welt umzustoßen oder dazu gezwungen ist, in einem ziemlich niedrigen Zustand zu verharren, sittlich nachlässig zu bleiben und herunterzukommen. Industrielle Tätigkeit überlässt er gänzlich der „Bourgeoisie", die nach seiner Meinung keine sittlichen Qualitäten besitzen kann. Der russische Mensch wird allzu leicht „vom Milieu aufgefressen". Er ist gewohnt, nicht auf sich selbst, nicht auf seine eigene Aktivität, nicht auf die innere Disziplin der Person zu bauen, sondern auf das organische Kollektiv, auf etwas Äußeres, das ihn erheben und retten soll. Die materialistische Theorie des sozialen Milieus ist in Russland ein eigenartiges und verzerrtes Erleben der religiösen Transzendenz, die den Schwerpunkt aus dem Inneren des Menschen nach außen verlegt. Das Prinzip „alles oder nichts" lässt in Russland gewöhnlich den Sieg dem „nichts".

III

Man muss zugeben, dass persönliche Würde, persönliche Ehre, persönliche Aufrichtigkeit und Reinheit bei uns kaum jemanden beeindrucken. Jeder Appell an die persönliche Disziplin nervt die Russen. Die geistige Anstrengung zur Bildung der eignen Persönlichkeit erscheint dem russischen Menschen unnötig und uninteressant. Wenn der russische Mensch religiös ist, dann glaubt er, dass die Heiligen oder Gott selbst alles für ihn tun werden, wenn er dagegen Atheist ist, so denkt er, dass das soziale Milieu alles für ihn tun soll. Die dualistische religiöse und moralische Erziehung, die immer nur zur Demut aufruft und niemals zur Ehre, die das rein humane Prinzip, die rein menschliche Aktivität und menschliche Würde verachtet, den Menschen immer in ein engelhaft Himmlisches und ein tierisch Erdhaftes spaltet, hat sich indirekt jetzt in der Kriegszeit gezeigt. In den besten Momenten seines Lebens verneigt sich der russische Mensch immer noch vor der Heiligkeit, aber es fehlt ihm Aufrichtigkeit, menschliche Aufrichtigkeit. Aber auch die Verehrung der Heiligkeit, dieser Hauptquell der sittlichen Nahrung des russischen Volkes, nimmt ab, der alte Glaube wird schwach. Das animalisch-erdhafte Prinzip im Menschen, nicht gewöhnt an die geistige Arbeit an sich selbst, an die Sublimierung der niederen Natur, ist den Launen des Schicksals ausgeliefert. Und in dem vom Glauben abgefallenen, zeitgemäß verbürgerlichten russischen Menschen bleibt der alte religiöse Dualismus in Kraft. Doch die Gnade ist von ihm gewichen, und er bleibt seinen primitiven Instinkten ausgeliefert. Eine Orgie räuberischer Instinkte, hässlichen schnellen Gewinns und der Spekulation in den Tagen des großen Weltkriegs und der großen Prüfungen Russlands ist unsere größte Schande, ein dunkler Fleck auf dem nationalen Leben, ein Krebsgeschwür auf Russlands Körper. Die Sucht nach dem schnellen Gewinn hat allzu breite Schichten des russischen Volkes erfasst. Es zeigt sich der uralte Mangel an und Ehre im russischen Menschen, das Fehlen der sittlichen Erziehung der Person, der Selbstdisziplin der Person und ihrer freiwilligen Selbstkontrolle. Und darin liegt etwas Sklavisches, ein gewisser nicht bürgerlicher, vorbürgerlicher Zustand. Dem durchschnittlichen russischen Menschen, sei er nun Bauer oder Händler, fehlt bürgerliche und Ehre. Freie Bürger können doch in einer Zeit der großen Prüfung der geistigen und materiellen Kräfte Russlands nicht spekulieren und sich lebensnotwendige Produkte aneignen. Das ist eine untilgbare Schande, an die künftige Generationen mit Schaudern denken werden, wenn sie der Heldentaten der russischen Armee, der opfervollen Tätigkeit unserer gesellschaftlichen Organisationen gedenken. Ich glaube, dass der Kern des russischen Volkes gesund ist. Aber in unserer kleinbürgerlichen Schicht gibt es kein hinreichend starkes sittliches bürgerliches Bewusstsein, keine sittliche und bürgerliche Erziehung der Person. Diese Schicht steht nicht nur vor schweren Prüfungen, sondern auch vor großen Versuchungen. Der russische Mensch kann unendlich viel erdulden und aushalten, er hat eine Schule der Demut durchlaufen. Aber leicht unterliegt er den Versuchungen und widersteht nicht der Versuchung des schnellen Gewinns, er hat keine wirkliche Schule der Ehre durchlaufen, besitzt keine bürgerliche Standfestigkeit. Das bedeutet nicht, dass der so leicht verführbare und vom Weg persönlicher und bürgerlicher Aufrichtigkeit abweichende russische Mensch Russland überhaupt nicht liebt. Er liebt Russland auf seine Weise, aber er ist nicht gewohnt, sich für Russland verantwortlich zu fühlen, ist nicht dazu erzogen, sich Russland gegenüber wie ein freier Bürger zu verhalten.

Mit Bitterkeit muss man sagen, dass das heilige Russland sein Korrelativ im gaunerhaften Russland hat. Das ist so, wie die monogame Familie ihr Korrelativ in der Prostitution hat. Dieser Dualismus ist es, der überwunden und beendet werden muss. Wir müssen den tiefen Ursachen unserer gegenwärtigen sittlichen Übel nachgehen. In Russlands Tiefe, in der Seele des russischen Volkes muss die immanente Religiosität und die immanente Moral enthüllt werden, durch die das höchste Göttliche Prinzip innerlich zu einem verwandelnden und schöpferischen Prinzip wird. Das heißt, dass der Mensch und Bürger in jeder Hinsicht gänzlich frei werden muss. Eine freie religiöse und soziale Psychologie soll im Inneren eines jeden Menschen die sklavische religiöse und soziale Psychologie besiegen. Das heißt aber auch, dass der russische Mensch aus jenem Zustand herauskommen muss, in dem er zwar heilig aber nicht ehrlich sein kann. Heiligkeit wird es immer beim russischen Volk geben, das ist sein Gut, aber es muss reich an neuen Werten werden. Der russische Mensch und das gesamte russische Volk müssen erkennen, dass Ehre und Aufrichtigkeit von Gott kommen. Dann werden schöpferische Instinkte die primitiven Instinkte besiegen.

Über das Verhältnis der Russen zu den Ideen

I

Vieles in der Psychologie unserer Gesellschaft und unseres Volkes führt zu traurigen Überlegungen. Und als eines der traurigsten Fakten muss man die Gleichgültigkeit gegenüber Ideen und ideeller Kreativität, die ideelle Rückständigkeit breiter Schichten der russischen Intelligencija ansehen. Darin äußert sich Trägheit und Faulheit des Denkens, Abneigung gegen das Denken und fehlender Glaube an das Denken. Das moralistische Wesen der russischen Seele schafft ein misstrauisches Verhältnis zum Denken. Lebendige Ideen werden bei uns als Luxus angesehen, und in diesem Luxus sieht man keine wesentliche Beziehung zum Leben. In Russland propagiert man von unterschiedlichsten Positionen her einen asketischen Verzicht auf ideelle Kreativität, auf ein lebendiges Denken, das über die Grenzen des utilitär Notwendigen für soziale, moralische oder religiöse Zwecke hinausgeht. Dieser Asketismus im Bezug auf das Denken und die ideelle Kreativität wird bei uns gleichermaßen aus religiöser wie aus materialistischer Sicht betont. Das gehört zum russischen Narodničestvo, das ganz linke und ganz rechte Formen angenommen hat. Dieser Wesenszug der russischen Seele zeigte sich klar im Tolstojanertum. Die einen meinen, bei uns genüge ein Minimum des Denkens, das sich in sozial-demokratischen Broschüren findet, anderen genügt, was man in den Schriften der heiligen Väter findet. Die Tolstojanischen Broschüren, die Broschüren der „religiös-philosophischen Bibliothek" M. A. Novoselovs und die sozial-revolutionären Broschüren zeigen ganz und gar dieselbe Abneigung und Verachtung gegenüber dem Denken. Der Eigenwert des Denkens wurde geleugnet, die Freiheit ideellen Schaffens geriet bald aus sozial-revolutionärer, bald aus religiös-konservativer Sicht in Verdacht. Bei uns liebte man nur die Katechismen, die man leicht und einfach auf jede Lebenssituation anwenden kann. Aber die Liebe zu Katechismen bedeutet zugleich Abneigung gegen selbständiges Denken. In Russland hat es niemals einen kreativen Überschwang, niemals so etwas wie einen Geist der Renaissance gegeben. So traurig und trostlos entwickelte sich die russische Geschichte und hemmte die

Seele des russischen Menschen! Die gesamte geistige Energie des russischen Menschen richtete sich auf den einzigen Gedanken der Rettung der eigenen Seele, der Rettung des Volkes, der Rettung der Welt. Dieser Gedanke allgemeiner Rettung ist wahrhaftig ein bezeichnend russischer Gedanke. Opfervoll war das historische Schicksal des russischen Volkes, es hat Europa vor dem Ansturm aus dem Osten gerettet, vor der Tatarenherrschaft, und seine Kraft reichte nicht für eine freie Entwicklung.

Der westliche Mensch schafft Werte, führt die Kultur zur Blüte, er besitzt eine selbstgenügsame Liebe zu den Werten; der russische Mensch sucht Rettung, die Schaffung von Werten kommt ihm immer etwas verdächtig vor. Rettung suchen nicht nur die gläubigen russischen Seelen, Orthodoxe und Sektierer, Rettung suchen auch die russischen Atheisten, Sozialisten und Anarchisten. Zum Rettungswerk braucht man Katechismen, denn freies und schöpferisches Denken gelten als gefährlich. Es ist ein Irrtum zu meinen, dass der beste, aufrichtigste Teil der russischen Linken, der revolutionären Intelligencija, den Willen zur Politik hätte. Bei ihr kann man nicht die kleinsten Anzeichen politischen Denkens, politischen Bewusstseins finden. Sie ist apolitisch und denkt nicht gesellschaftlich, sie sucht auf verschlungenen Wegen nach der Rettung der Seelen, nach Reinheit, strebt vielleicht nach heldenhafter Tat und Dienst an der Welt, aber ihr fehlt der Sinn für den Aufbau von Staat und Gesellschaft. Die „gesellschaftliche" Weltanschauung der russischen Intelligencija, die alle Werte der Politik unterordnet, ist nur das Resultat einer gewaltigen Verwirrung, einer Schwäche des Denkens und Bewusstseins, einer Vermischung von Absolutem und Relativem. Der russische intellektuelle Maximalismus, Revolutionismus, Radikalismus ist nur eine Sonderform des moralistischen Asketismus in Bezug auf die staatliche, gesellschaftliche und historische Wirklichkeit überhaupt. Es ist sehr bezeichnend, dass die russische Taktik gewöhnlich die Form von Boykott, Streik und Nichtstun annimmt. Der russische Intellektuelle ist niemals sicher, ob man die Geschichte mit all ihrer Qual, ihrer Grausamkeit, ihren tragischen Widersprüchen annehmen soll, oder ob es nicht richtiger ist, sie völlig zu verwerfen. Er weigert sich, über die Geschichte und ihre Aufgaben nachzudenken, er moralisiert lieber über die Geschichte, legt seine soziologischen Schemata an sie an, die sehr an theologische Dogmen erinnern. Und darin bleibt der von seinem Heimatboden abgelöste russische Intellektuelle ein typisch russischer Mensch, der niemals Sinn für die Geschichte, für historisches Denken und historische Dramatik besaß. Unser gesellschaftliches Denken war vorsätzlich primitiv und elementar, strebte immer nach Vereinfachung und fürchtete die Komplexität. Die russische Intelligencija verkündete immer irgendwelche Doktrinen, die im Katechismus Platz finden, und Utopien, die einen leichten und einfachen Weg zur allgemeinen Rettung versprechen, aber sie liebte das eigenwertige wertvolle schöpferische Denken nicht, das zu unendlich komplizierten Perspektiven führen würde. In der breiten Masse der sogenannten radikalen Intelligencija ist das Denken nicht nur vereinfacht, sondern auch flach und leer. Die Verwesung alter Ideen in einer halb gleichgültigen Masse ist giftig. Katechismen sind nur in einer hitzigen Atmosphäre annehmbar, in lauer Atmosphäre werden sie flach und degenerieren. Kreatives Denken, das immer wieder neue Aufgaben stellt und löst, ist dynamisch. Das russische Denken aber war, vom Wechsel verschiedener Glaubensrichtungen und Strömungen abgesehen, immer allzu statisch. Das trifft gleichermaßen zu im Hinblick auf theokratisch-konservative wie auf positivistisch-radikale und sozialistische Doktrinen.

II

Die russische Abneigung und Gleichgültigkeit gegenüber Ideen geht nicht selten in Abneigung gegenüber der Wahrheit über. Der russische Mensch sucht weniger die Istina, er sucht die Pravda[47], die er bald religiös, bald moralisch, bald sozial versteht, er sucht Rettung. Darin liegt etwas bezeichnend Russisches, es gibt diese wirkliche russische Pravda. Aber da ist auch eine Gefahr, die Abkehr vom Weg der Erkenntnis, die Tendenz zu einer populistisch begründeten Unbildung. Die Verehrung der organischen Volksweisheit hat das Denken in Russland immer gelähmt und verhinderte die Kreativität der Ideen, die die Person verantwortlich macht. Unser konservatives Denken blieb noch ein Stammesdenken ohne das Selbstbewusstsein des personalen Geistes. Aber dieses Selbstbewusstsein des personalen Geistes spürte man auch in unserem progressiven Denken nur wenig. Das Denken, das Leben der Ideen wurde immer der russischen Innerlichkeit unterge-

[47] Istina und Pravda sind die beiden russischen Wörter für ‚Wahrheit'. Vgl. Dietrich Kegler, Untersuchungen zur Bedeutungsgeschichte von Istina und Pravda im Russischen. Bern und Frankfurt/M. 1975.

ordnet, die Pravda-Istina mit der Pravda-Spravedlivost'[48] vermischt. Aber die russische Innerlichkeit selbst war nicht dem Geist untergeordnet, nicht durch den Geist hindurchgegangen. Auf dem Boden dieser Herrschaft der Innerlichkeit entwickelt sich ein Psychologismus mancherlei Art. Stammesdenken, ein mit dem erdhaften Element verbundenes Denken, ist immer ein gefühlsmäßiges, aber nicht rationales Denken. Und das Denken der russischen Revolutionäre floss immer in einer Atmosphäre der Innerlichkeit, aber nicht der Rationalität dahin. Die Idee, der Sinn offenbart sich in der Person und nicht im Kollektiv, und die Volksweisheit offenbart sich auf den Höhen des geistigen Lebens der Personen, die den Geist des Volkes ausdrücken. Ohne eine große Verantwortlichkeit und ohne Wagemut des personalen Geistes kann sich die Entwicklung des Volksgeistes nicht vollziehen. Das Leben der Ideen ist die Manifestation des lebendigen Geistes. In schöpferischem Denken beherrscht der Geist das leib-seelische Element. Die ausschließliche Herrschaft der Innerlichkeit mit ihrer animalischen Wärme widersetzt sich diesem befreienden Leben des Geistes. Die größten russischen Genies scheuten diese Verantwortlichkeit des personalen Geistes, und von der geistigen Höhe fielen sie herab auf die Erde, suchten Rettung in der elementaren Volksweisheit. So war es bei Dostoevskij und Tolstoj, so war es bei den Slawophilen. Im russischen religiösen Denken bildeten nur Čaadaev und Vl. Solov'ev eine Ausnahme.

Die elementare Innigkeit des russischen Volkes nimmt vielgestaltige, ganz gegensätzliche Formen an: konservative und rebellische, national-religiöse und international-sozialistische. Hier liegt die Wurzel des dem Denken und den Ideen feindlich eingestellten Narodničestvo. In der Gestimmtheit und Ausrichtung der Innerlichkeit des russischen Volkes gibt es eine gewisse Erkenntnisfeindschaft, die den Prozess des Wissens verdächtigt. Das Herz hat die Vorherrschaft über den Verstand und den Willen. Der seelische Typus des russischen Narodničestvo ist moralistisch, er legt an alles in der Welt ausschließlich moralistische Maßstäbe an. Aber dieser Moralismus begünstigt nicht die Ausformung des persönlichen Charakters, festigt nicht den Geist. In diesem Moralismus herrscht eine verschwommene Innerlichkeit, eine weiche Herzlichkeit, die oft anziehend ist, aber keinen männ-

[48] Spravedlivost' ist das russ. Wort für ‚Gerechtigkeit'. Das Bedeutungselement ‚Gerechtigkeit' ist dem Pravdabegriff immanent.

lichen Willen, keine Verantwortlichkeit, keine Selbstdisziplin und keine Charakterstärke spüren lässt. Das russische Volk ist vielleicht das geistigste Volk der Welt. Aber die Geistigkeit verschwimmt in einer gewissen elementaren, ja körperlichen Innerlichkeit. In dieser verschwommenen Geistigkeit kann das männliche Prinzip das weibliche Prinzip nicht beherrschen und formen. Aber das bedeutet auch, dass der Geist die Seele nicht in Besitz genommen hat. Das ist nicht nur in Bezug auf das „Volk", sondern auch auf die „Intelligencija" richtig, die äußerlich vom Volk getrennt ist, aber sehr charakteristische Züge der Psychologie des Volkes bewahrt hat. Auf diesem Boden gedeiht das Misstrauen, die Gleichgültigkeit und eine negative Einstellung zum Denken, zu den Ideen. Auf diesem Boden gedeiht auch die alt bekannte russische Willens- und Charakterschwäche. Die ganz rechten russischen Slawophilen und die ganz linken russischen Narodniki (zu denen man nach ihrer seelischen Verfassung mit wenigen Ausnahmen auch die russischen Sozialdemokraten rechnen muss, die ihren westlichen Genossen nicht gleichen) widersetzen sich gleichermaßen dem „abstrakten Denken" und fordern ein moralisches und erlösendes Denken, das einen wirklichen praktische Bezug zum Leben hat. Im Protest gegen das abstrakte Denken und in der Forderung nach ganzheitlichem Denken lag eine eigene große Wahrheit und das Vorgefühl eines höheren Denkens. Aber diese Wahrheit versank in verschwommener Innerlichkeit und in der Unfähigkeit zu gliederndem und differenziertem Denken. Menschliches Denken und menschlicher Geist muss Differenzierung und Gliederung durchmachen. Die ursprüngliche organische Ganzheit kann nicht bewahrt und auf die höhere Stufe der Geistigkeit nicht ohne einen mühevollen Differenzierungsprozess, nicht ohne Distanzierung und Säkularisierung übertragen werden. Ohne die Erkenntnis dieser Wahrheit geht das organisch ganzheitliche Denken in Feindschaft gegen das Denken, in Sinnlosigkeit, in finsteren Moralismus über. Das Denken kann die Besonderheit und Originalität der russischen Seele nicht zerstören. Diese Angst ist fehlender Glaube an Russland und den russischen Menschen. Die Undifferenziertheit unseres konservativen Denkens ist auch auf unser progressives Denken übergegangen.

III

In Russland hat sich das Denken noch nicht wirklich emanzipiert. Der russische Nihilismus knechtete das Denken, er befreite es nicht. Unser Denken blieb zweitrangig. Die Russen fürchten die Sünde des Denkens, ja selbst, wenn sie gar keine Sünde gelten lassen. Die Russen sind immer noch nicht zu der Überzeugung gelangt, dass das lebendige, kreative Denken ein Licht ist, das die elementare Dunkelheit überwindet. Das Wissen selbst ist Leben, und deshalb kann man nicht sagen, dass das Wissen dem Leben utilitär dienstbar sein soll. Wir brauchen die geistige Befreiung vom russischen Utilitarismus, der unser Denken knechtet, sei er nun religiös oder materialistisch. Die Knechtung des Denkens führte in breiten Kreisen der russischen Intelligencija zu Ideenarmut und geistiger Rückständigkeit. Ideen, die vielen weiterhin noch als „fortschrittlich" erscheinen, sind im Grunde sehr rückständige Ideen, die nicht mehr auf der Höhe des zeitgenössischen europäischen Denkens stehen. Die Vertreter der „wissenschaftlichen" Weltanschauung hinken ein halbes Jahrhundert hinter der Wissenschaft her. Die intellektuelle und halbintellektuelle Masse lebt noch von dem alten Ideenplunder, der schon längst im Archiv gelandet ist. Unsere „fortschrittliche" Intelligencija bleibt hoffnungslos hinter der Bewegung des europäischen Denkens, hinter dem immer komplexeren und verfeinerten philosophischen und wissenschaftlichen Schaffen zurück. Sie glaubt an Ideen, die vor mehr als fünfzig Jahren im Westen herrschten, sie ist immer noch allen Ernstes fähig, die positivistische Weltanschauung, die alte Theorie des sozialen Milieus u.ä. zu propagieren. Aber das ist der endgültige Abbruch und die Verknöcherung des Denkens. Der traditionelle Positivismus ist nicht nur in der Philosophie, sondern auch in der Wissenschaft schon längst erledigt. Wenn man niemals ernsthaft vom Materialismus als einer halbwegs gebildeten Richtung sprechen konnte, dann kann man auch nicht ernsthaft vom Positivismus und bald auch nicht vom Kritizismus des Kantischen Typus sprechen. Ebenfalls unmöglich ist es, jenen radikalen „Soziologismus" des Weltempfindens und der Weltanschauung zu unterstützen, an den sich die Masse der Intellektuellen in Russland noch hält. Neue Perspektiven eines „kosmischen" Weltgefühls und der Weltanschauung tun sich auf. Die Gesellschaft kann nicht vom kosmischen Leben abgetrennt und isoliert werden, von den Energien, die aus allen Dimensionen des Kosmos in sie einströmen. Daher schon ist Sozialutopismus unmöglich, der immer auf einem vereinfachten Denken über das gesellschaftliche Leben beruht, auf seiner Rationalisierung, die von den irrationalen kosmischen Kräften nichts wissen will. Nicht nur im kreativen russischen Denken, welches in einem kleinen Kreis einen Aufschwung erlebt, sondern auch im westeuropäischen Denken hat es einen radikalen Wandel gegeben, und „fortschrittlich" im Denken und Bewusstsein ist durchaus nicht das, was bei uns allzu viele, geistig träge und unbewegliche Leute, immer noch glauben.

Die führenden Geister der Menschheit sind schon in die Nacht eines neuen Mittelalters eingetreten, da die Sonne uns von innen erleuchten und einen neuen Tag heraufführen muss. Das äußere Licht verlischt. Das Scheitern des Rationalismus, das Wiedererstehen der Mystik ist dieser nächtliche Moment. Aber wenn das alte rationalistische Denken scheitert, muss man vor allem zu kreativem Denken aufrufen und Ideen des Geistes hervorheben. Der Kampf spielt sich unter den führenden Geistern der Menschheit ab, da entscheidet sich das Schicksal des menschlichen Bewusstseins, da ist das wirkliche Leben des Geistes, das Leben der Ideen. In der Mitte aber herrscht die alte Denkträgheit, da gibt es keine Initiative für kreative Ideen, die Fetzen der alten Welt des Denkens führen ein jämmerliches Leben. Das durchschnittliche Denken, das sich selbst für intellektuell hält, führt zu einem Zustand vollkommener Sinnlosigkeit. Wir stoßen ständig auf ein statisches Denken, eine Dynamik des Denkens ist nicht zu sehen. Doch das Denken ist naturgemäß dynamisch, ist eine ständige Bewegung des Geistes, es steht immer vor neuen Aufgaben, ständig werden neue Welten entdeckt, und es muss ständig neue Lösungen bieten. Wenn das Denken statisch wird, verknöchert es und stirbt. Bei vielen unserer fortschrittlichen Westler ist das Denken in den 1860er Jahren stehen geblieben, sie sind Bewahrer des alten Denkens, sind auf der Stufe der elementaren Aufklärung stehen geblieben, die vor dem 18. Jahrhundert im Westen aufkam. Im Denken sind diese Leute weder Progressive noch Revolutionäre, sondern Konservative und Reaktionäre; sie streben zurück zur rationalen Aufklärung, sie wärmen längst erkaltete Ideen ein wenig auf, die jedem glühenden Denken zuwider laufen.

IV

Das kreative Spiel der Ideen ruft in breiten Kreisen der russischen Intelligencija kein großes Interesse hervor. Bei uns bildete sich sogar die Überzeugung, dass die gesellschaftlich aktiven Leute überhaupt keine Ideen brauchten oder doch ein minimaler Bestand genüge, den man immer im traditionellen, längst überholten und erstarrten Denken finden kann. Unsere ganze Bewegung des Jahres 1905 war nicht von lebendigen kreativen Ideen inspiriert, sie lebte von lauen Ideen, war aber durch hitzige Leidenschaften und Interessen zerrissen. Und diese Ideenarmut war verhängnisvoll. In den letzten fünfzehn Jahren wurden viele schöpferische Ideen geäußert, und nicht nur abstrakte, sondern lebensvolle und konkrete. Doch um diese Ideen bildete sich immer noch keine kulturelle Atmosphäre, entstand keinerlei gesellschaftliche Bewegung. Diese Ideen blieben im Kreis von wenigen. Die Welt der Ideen und die Welt des Gesellschaftlichen blieben ohne Verbindung. Die gesellschaftlich aktiven Leute hatten kein Interesse an Ideen, ideelles Schaffen war nicht gefragt, man war mit den dürftigen Resten der alten Ideen zufrieden. Die ganze Unnormalität und Kränklichkeit der geistigen Verfassung unserer Gesellschaft wurde besonders fühlbar, als der Weltkrieg begann, der die Anspannung aller Kräfte, nicht nur der materiellen, sondern auch der geistigen erforderte. Man konnte einer globalen Tragödie nicht mit einem Vorrat alter Aufklärungsideen, alter rationalistisch-soziologischer Schemata begegnen. Ein Mensch, der nur mit diesen veralteten ideellen Mitteln ausgestattet war, musste sich hilflos und wie aus der Geschichte geworfen fühlen. Die immer elementare und vereinfachte humanistisch-pazifistische Stimmung ist angesichts des historischen Schicksals, der historischen Tragödie kraftlos. Wenn wir materiell nicht ausreichend auf den Krieg vorbereitet waren, so waren wir auch geistig nicht genügend vorbereitet. Die traditionellen Ideen, die jahrzehntelang bei uns herrschten, waren dem Ausmaß der sich global abspielenden Ereignisse nicht gewachsen. Alles hatte sich von seinem gewohnten Platz entfernt, alles verlangt eine völlig neue kreative Gedankenarbeit, neue Inspiration. Unsere Gesellschaft ist während der unerhörten Weltkatastrophe arm an Ideen und ohne Begeisterung. Jetzt zahlen wir den Preis für eine lange Periode der Gleichgültigkeit gegenüber den Ideen. Keine Kraft kann sie wiederbeleben. Da helfen keinerlei giftige mystische Rechtfertigungen, die man aus der Mottenkiste geholt hat. Aber die Ideen der russischen Gesellschaft, die dazu berufen ist, das russische Leben umzugestalten und die Macht zu erneuern, erstarrten und verschwanden, bevor die Stunde ihrer Realisierung im Leben begann. Es bleibt, sich den schöpferischen Ideen zuzuwenden, die in der Welt unmerklich herangereift sind. Die ideologischen Grundlagen des russischen Konservatismus und des russischen Radikalismus sind erschüttert. Wir müssen zu anderen Ideen übergehen.

Im globalen Kampf der Völker muss das russische Volk seine Idee haben und seine geistige Widerstandskraft einsetzen. Die Russen dürfen sich nicht mit der negativen Idee der Abwehr des deutschen Militarismus und der Überwindung der finsteren Reaktion im Inneren zufrieden geben. Die Russen müssen sich in diesem Kampf nicht nur staatlich und gesellschaftlich, sondern auch ideell und geistig umorientieren. Die schändliche Gleichgültigkeit gegenüber den Ideen, die die Rückständigkeit und Erstarrung des Denkens bewirkt, muss von einem neuen begeisternden Ideenaufschwung abgelöst werden. Der Boden ist bereitet, und die Zeit ist günstig für die Verbreitung der Ideen, von der unsere ganze Zukunft abhängt. In der schwersten und gefährlichsten Stunde unserer Geschichte befinden wir uns im Zustand geistiger Anarchie und Verwirrung, in unserem Geist geschieht ein Fäulnisprozess, aufgrund des Sterbens des konservativen und revolutionären Denkens, der rechten und linken Ideen. Aber im Innersten des russischen Volkes ist noch lebendiger Geist, sind große Möglichkeiten verborgen. Auf den vorbereiteten Boden muss der Samen neuen Denkens und neuen Lebens fallen. Das Hineinwachsen Russlands in die globale Rolle setzt seine geistige Wiedergeburt voraus.

II Das Problem der Nationalität

Osten und Westen

Nationalität und Menschheit

I

Unsere Nationalisten und unsere Kosmopoliten sind in ziemlich dürftigen Begriffen von Nationalität befangen, in gleicher Weise trennen sie das Nationale vom Ganzen der Menschheit. Die Leidenschaften, die gewöhnlich nationale Probleme verursachen, behindern ein klares Bewusstsein. Die Denkarbeit am Problem der Nationalität muss vor allem konstatieren, dass es unmöglich und unsinnig ist, Nationalität und Menschheit, nationale Vielfalt und allmenschliche Einheit einander entgegenzusetzen. Übrigens geht diese falsche Entgegensetzung von beiden Seiten aus, vom Nationalismus und vom Kosmopolitismus. Es wäre prinzipiell unzulässig, ein Teil dem Ganzen oder ein Organ dem Organismus entgegenzusetzen und die Vollkommenheit des ganzen Organismus als Beseitigung und Überwindung der Vielfalt seiner Teile und Organe zu denken. Die Nationalität und der Kampf für ihre Existenz und ihre Entwicklung bedeutet keine Zwietracht in der Menschheit und mit der Menschheit und kann prinzipiell nicht mit dem unvollkommenen, uneinigen Zustand der Menschheit in Verbindung gebracht werden, der mit dem Anbruch vollkommener Einheit verschwinden wird. Ein falscher Nationalismus nährt solche Begriffe der Nationalität. Nationalität ist ein individuelles Sein, ohne das die Existenz der Menschheit nicht möglich ist, sie gehört zutiefst zum Leben, und Nationalität ist ein in der Geschichte zu schaffender Wert, eine dynamische Aufgabe. Die Existenz der Menschheit in den Formen nationalen Seins ihrer Teile bedeutet keineswegs notwendig einen zoologischen und niederen Zustand gegenseitiger Feindschaft und Ausrottung, der mit wachsender Humanität und Einheit verschwinden werde. Die Nationalität hat eine ewige ontologische Grundlage und einen ewigen wichtigen Zweck. Nationalität ist eine ontologische, eine hierarchische Seinsstufe, eine andere Stufe, ein anderer Kreis als die Individualität der Menschheit als einer gleichsam integralen Person. Die Vollendung der Brüderlichkeit unter den Menschen wird nicht zum Verschwinden der menschlichen Individualitäten führen, sondern deren volle Bestätigung sein. Und die Vollendung der allmenschlichen Brüderlichkeit der Völker würde nicht die Beseitigung, sondern die Bestätigung der nationalen Individualitäten bedeuten. Die Menschheit ist eine bestimmte positive All-Einheit, und sie würde sich in ein leeres Abstraktum verkehren, wenn sie durch ihr Sein das Sein aller in sie mündenden Stufen der Realität, der nationalen Individualitäten und der personalen Individualitäten auslöschen und beseitigen würde. Auch im Reich Gottes müssen wir uns eine vollkommene und schöne Existenz der Individualitäten von Personen und Nationen vorstellen. Jedes Sein ist individuell. Abstraktion ist nicht Sein. In einem abstrakten, von jeder konkreten Vielfalt freien Humanismus gibt es keinen Geist, sondern nur Leere. Die Menschheit selbst ist eine konkrete Individualität auf höchster hierarchischer Stufe, eine integrale Person, aber keine Abstraktion, keine mechanische Summe. So ist auch Gott nicht das Erlöschen aller individuellen Stufen des vielgestaltigen Seins, sondern deren Fülle und Vollendung. Die Mannigfaltigkeit der individuellen Stufen, die ganze komplexe Hierarchie der Welt lässt sich nicht durch die Einheit einer höchsten Stufe, durch die Individualität des Einen ersetzen. Die vollkommene Einheit (der Nationen, der Menschheit, des Kosmos oder Gottes) ist die höchste und vollkommenste Form des Seins der ganzen Mannigfaltigkeit der individuellen Existenzen in der Welt. Jede Nationalität ist ein Reichtum der einen und brüderlich vereinten Menschheit, aber kein Hindernis auf ihrem Weg. Nationalität ist ein historisches und kein soziales Problem, ein Problem konkreter Kultur und nicht abstrakter Gesellschaft.

Der Kosmopolitismus ist philosophisch und praktisch nicht zu halten, er ist nur Abstraktion und Utopie, nur die Anwendung abstrakter Kategorien auf Bereiche, wo alles konkret ist. Der Kosmopolitismus verdient nicht diesen seinen Namen, in ihm gibt es nichts Kosmisches, denn auch der Kosmos, die Welt, ist eine konkrete Individualität, eine der hierarchischen Stufen. Das Bild des Kosmos wie auch das Bild der Nationen existiert im kosmopolitischen Bewusstsein gar nicht. Sich als Weltbürger zu fühlen, bedeutet durchaus nicht den Verlust des Nationalgefühls und der nationalen Bürgerschaft. Am kosmischen, universalen Leben hat der Mensch Anteil, indem er alle individuellen hierarchischen Stufen und die Nationalität durchlebt. Kosmopolitismus ist der widernatürliche und undurchführbare Traum von der einen, brüderlichen und vollkommenen Menschheit, die Ersetzung der konkret lebendigen Menschheit durch eine abstrakte Utopie. Wer nicht sein Volk liebt und wem dessen konkrete Gestalt nicht gefällt, der kann auch nicht die Menschheit lieben, dem gefällt auch die konkrete Gestalt der Menschheit nicht. Abstraktionen bringen Abstraktionen hervor. Abstrakte Gefühle ergreifen die Menschheit, und alles Lebendige aus Fleisch und Blut verschwindet aus dem Gesichtsfeld des Menschen. Kosmopolitismus ist also die Leugnung und Beseitigung des Wertes des Individuellen, jeder Gestalt und jedes Charakters, die Propagierung des abstrakten Menschen und der abstrakten Menschheit.

II

Der Mensch gehört über die nationale Individualität, als Mensch einer Nation und nicht als abstrakter Mensch, zur Menschheit, als Russe, Franzose, Deutscher oder Engländer. Der Mensch kann nicht eine ganze Seinsstufe überspringen, was ihn arm und leer machen würde. Der nationale Mensch ist mehr und nicht weniger als einfach Mensch, er trägt die gattungsmäßigen Merkmale eines Menschen und auch die individuell-nationalen Merkmale. Man kann wohl die Brüderlichkeit und Einheit von Russen, Franzosen, Engländern, Deutschen und aller Völker der Erde wünschen, aber nicht, dass die Ausdrucksformen der nationalen Gesichter, der nationalen geistigen Typen und Kulturen von der Erde verschwinden. Ein derartiges, von allem Nationalen abgelöstes Wunschbild vom Menschen und von der Menschheit wäre der Wille zum Erlöschen der ganzen Welt der Werte und der Mannigfaltigkeit. Kultur war nie und wird niemals abstrakt-menschlich sein, sie ist immer konkret-menschlich, das heißt national, individuell-völkisch und erhebt sich nur in dieser ihrer Qualität zur Allmenschheit. Die am wenigsten kreative, äußerlich technische Seite der Kultur ist gar nicht national, abstrakt-menschlich und leicht von Volk zu Volk übertragbar. Alles Kreative in der Kultur ist vom nationalen Genius geprägt. Selbst die großen technischen Erfindungen sind national, und nicht national sind lediglich die technischen Anwendungen großer Erfindungen, die leicht von allen Völkern übernommen werden. Sogar das initiative, erfinderische wissenschaftliche Genie ist national. Darwin konnte nur Engländer sein, und von Helmholtz[49] war ein typischer Deutscher. Nationales und Menschheitliches in der Kultur kann man nicht einander entgegensetzen. Gerade die kreativen Spitzenleistungen haben menschheitliche Bedeutung. Im nationalen Genie zeigt sich das Allmenschliche, durch seine Individualität gelangt es zur Universalität. Dostoevskij ist ein russisches Genie, die nationale Gestalt ist seinem ganzen Werk aufgeprägt. Er hat der Welt die Tiefe des russischen Geistes offenbart. Aber der Russischste der Russen war auch der allmenschlichste, der universalste Russe. Durch die Tiefe des russischen Geistes offenbart er die universale, allmenschliche Tiefe des Geistes. Das kann man auch über jedes Genie sagen. Immer führt es das Nationale empor zu menschheitlicher Bedeutung. Goethe war ein universaler Mensch nicht als abstrakter Mensch, sondern als Angehöriger der deutschen Nation.

Die Einigung der Menschheit, ihre Entwicklung zur universalen Einheit vollzieht sich durch einen quälenden, schmerzhaften Prozess und den Kampf nationaler Individualitäten und Kulturen. Es gibt keinen anderen historischen Weg, der andere Weg wäre Abstraktion, Leere oder ein rein individueller Weggang in geistige Tiefe, in eine andere Welt. Das Schicksal der Nationen und nationalen Kulturen muss sich gänzlich erfüllen. Die Akzeptanz der Geschichte ist auch die Akzeptanz des Kampfes für die nationalen Individualitäten, für die Kulturtypen. Die griechische Kultur, die italienische Kultur der Renaissance, die französische und deutsche Kultur der Blütezeit sind Wege der globalen Kultur der einen Menschheit, aber sie alle sind zutiefst national und in ihrer Besonderheit individuell. Alle großen nationalen Kulturen haben allmenschliche Bedeutung. Eine nivellierende Kultur ist hässlich. Eine Esperantokultur kann keine Bedeutung haben, sie enthält nichts universal Menschliches. Der ganze Gang des Seins in der Welt ist eine komplexe Wechselwirkung verschiedener Stufen der globalen Hierarchien von Individualitäten, des kreativen Hineinwachsens einer Hierarchie in die andere, der Person in die Nation, der Nation in die Menschheit, der Menschheit in den Kosmos, des Kosmos in Gott. Man kann wohl das Verschwinden der Klassen und der gewaltsamen Staaten in einer vollkommenen Menschheit wünschen, aber das Verschwinden der Nationalitäten kann man sich nicht vorstellen. Die Nation ist eine dynamische Substanz, aber keine vorü-

[49] Hermann von Helmholtz (1821-1894), Physiker und Physiologe.

bergehende historische Funktion, sie reicht mit ihren Wurzeln in die geheimnisvolle Tiefe des Lebens. Die Nationalität bereichert das Sein, und man muss für sie wie für einen Wert kämpfen. Die nationale Einheit ist tiefer als die Einheit von Klassen, Parteien und aller anderen historischen Formationen im Leben der Völker. Jede Nation kämpft für ihre Kultur und für ein höheres Leben in der Atmosphäre wechselseitiger Bürgschaft der Nationen. Und es ist eine große Selbsttäuschung, wenn man außerhalb der Nationalität wirken will. Selbst das Tolstojsche Nichtwiderstreben, das alles meidet, was mit der Nationalität zusammenhängt, erweist sich als tief national und russisch. Der Exodus aus dem nationalen Leben, das Pilgertum, ist ein rein russisches Phänomen und vom russischen Nationalgeist geprägt. Selbst die formale Leugnung der Nationalität kann national sein. Nationale Kreativität bedeutet nicht bewusste, absichtliche Nationalisierung, sie ist frei und elementar-national.

III

Alle Versuche, die Nationalität rational zu definieren, müssen scheitern. Die Natur der Nationalität ist durch keinerlei rational erfassbare Merkmale definierbar. Weder Rasse noch Territorium noch Sprache noch Religion sind Merkmale, die die Nationalität definieren, obwohl sie alle die eine oder andere Rolle bei ihrer Bestimmung spielen. Nationalität ist eine komplexe historische Formation, sie bildet sich als Ergebnis blutsmäßiger Mischung von Rassen und Stämmen, häufigen Neuverteilungen der Länder, an die sie schicksalsmäßig gebunden ist, und des geistig-kulturellen Prozesses, der ihren unwiederholbaren Charakter geschaffen hat. Und nach allen historischen und psychologischen Untersuchungen bleibt ein unauflösbarer und ungreifbarer Rest, in dem das ganze Geheimnis der nationalen Individualität beschlossen ist. Die Nationalität ist geheimnisvoll, mystisch, irrational wie jegliches individuelle Sein. Man muss in der Nationalität bleiben, an ihrem schöpferischen Lebensprozess teilnehmen, um ihr Geheimnis letztlich zu kennen. Das Geheimnis der Nationalität bleibt nach allen Schwankungen der historischen Kräfte, nach allen Schicksalswendungen, nach allen Bewegungen, die das Vergangene zerstört und das nicht Existente schafft, erhalten. Selbst das Frankreich des Mittelalters und das Frankreich des 20. Jahrhunderts sind die eine nationale Seele, obwohl sich in der Geschichte alles bis zur Unkenntlichkeit verändert hat.

Die Kreativität nationaler Kulturen und Lebensformen duldet keine äußere, zwanghafte Reglementierung, sie ist nicht die Erfüllung eines verordneten Gesetzes, sie ist frei, sie besitzt einen kreativen Eigenwillen. Ein legalistischer, offizieller, äußerlich verordneter Nationalismus stört nur die nationale Berufung und leugnet das irrationale Geheimnis des nationalen Seins. Nationaler Legalismus und Humanismus unterdrücken in gleicher Weise den kreativen Aufbruch, verhindern in gleicher Weise das Verstehen des nationalen Seins als einer kreativen Aufgabe. Es gibt einen alttestamentlichen Nationalismus. Der alttestamentliche, abwehrende Nationalismus fürchtet sehr, was man die „Europäisierung" Russlands nennt. Man klammert sich an jene Merkmale des nationalen Seins, die mit der historischen Rückständigkeit Russlands zusammenhängen. Man fürchtet, dass die europäische Technik, die Maschine, die Entwicklung der Industrie, die neuen gesellschaftlichen Formen, die den europäischen formal ähneln, die Eigenart des russischen Geistes zerstören, Russland gesichtslos machen könnten. Aber das ist ein feiger und kleingläubiger Nationalismus, fehlender Glaube an die Kraft des russischen Geistes, das ist Materialismus, der unser geistiges Sein in eine sklavische Abhängigkeit von äußeren materiellen Lebensbedingungen bringt. Was als „Europäisierung" Russlands verstanden wird, bedeutet keineswegs eine Entnationalisierung Russlands. Deutschland war wirtschaftlich und politisch im Vergleich zu Frankreich und England ein rückständiges Land, war der Osten im Vergleich mit dem Westen. Doch es kam die Stunde, da übernahm es diese fortschrittlichere westliche Zivilisation. Wurde es dadurch etwa weniger national, verlor es etwa seinen angestammten Geist? Natürlich nicht. Die Maschine, an und für sich mechanisch gestaltlos und hässlich und international, fasst in Deutschland besonders Fuß und wurde zum Werkzeug nationalen Willens. Das Böse und Gewaltsame in der deutschen Maschine ist sehr national, sehr deutsch. In Russland kann die Maschine eine völlig andere Rolle spielen, kann Werkzeug des russischen Geistes sein. Und so ist es in allem. Was man die europäische oder internationale Zivilisation nennt, ist im Grunde ein Phantom. Wachstum und Entwicklung jedes nationalen Seins ist nicht sein Übergang von nationaler Eigenart zu irgendeiner internationalen europäischen Zivilisation, die ja überhaupt nicht existiert. Ein nivellierender Europäismus, eine internationale Zivilisation sind reine Abstraktion, in der keine Spur konkreten Seins enthalten ist. Alle Völker, alle Länder durchlaufen ein bestimmtes Stadium der Entwicklung und des Wachstums, sie statten sich aus mit den Mitteln wissenschaftlicher und sozialer Technik, in der es an sich nichts Individuelles und Nationales gibt, denn letztlich ist nur der Geist des Lebens individuell und national. Doch dieser Wachstums- und Entwicklungsprozess ist keine Bewegung zur Seite, zu irgend einem „internationalen Europa", das man nirgends in Europa findet, es ist eine Bewegung nach oben, eine allmenschliche Bewegung in ihrer nationalen Besonderheit. Es gibt nur einen historischen Weg zur Erlangung der höchsten Allmenschlichkeit, zur Einheit der Menschheit, das ist der Weg nationalen Wachstums und nationaler Entwicklung, nationaler Kreativität. Die Allmenschheit zeigt sich nur in Form der Nationalitäten. Die Entnationalisierung, die von der Idee eines internationalen Europas, einer internationalen Zivilisation, einer internationalen Menschheit durchdrungen ist, ist völlig leer und ohne Sein. Kein einziges Volk kann sich zur Seite hin entwickeln, auf fremdem Weg und fremdem Wachstum. Zwischen meiner Nationalität und meiner Menschheit liegt kein „internationales Europa", keine „internationale Zivilisation". Der kreative nationale Weg ist eben dieser Weg zur Allmenschheit, ist die Manifestation der Allmenschheit in meiner Nationalität, wie sie sich in jeder Nationalität manifestiert.

IV

Was man gewöhnlich die „Europäisierung" Russlands nennt, ist unvermeidlich und gut. In diesem Prozess gibt es viel Schweres und Schmerzhaftes, weil der Übergang von der alten Ganzheit durch Spaltung und Auflösung der organischen Einheit zu neuem, noch ungeahntem Leben nicht leicht ist. Aber der Prozess der „Europäisierung" bedeutet am allerwenigsten, dass wir den Deutschen, Engländern oder Franzosen gleich werden. Völlig unsinnig ist die Entgegensetzung von allmenschlicher und nationaler Lebenseinstellung. Der Appell, Russland und das Nationale zu vergessen und der Menschheit zu dienen, sich nur vom Allmenschlichen inspirieren zu lassen, bedeutet nichts, ist ein leerer Appell. Die Realität der Allmenschheit hängt von der Realität Russlands und der anderen Nationalitäten ab. Russland ist eine große Realität und führt zu einer anderen Realität, namens Menschheit, und bereichert sie, erfüllt sie mit seinen Werten und Reichtümern. Die kosmopolitische Leugnung Russlands im Namen der Menschheit ist eine Beraubung der Menschheit. Russland ist ein ontologisches Faktum, durch das wir alle zur Menschheit gehören. Und Russland muss zu allmenschlicher Bedeutung empor geführt werden. Russland ist eine schöpferische Aufgabe, die der Allmenschheit gestellt ist, ein Wert, der die Welt bereichert. Menschheit und Welt erwarten das Licht aus Russland, sein Wort, seine einmalige Tat. Die Allmenschheit braucht Russland dringend. Für die Allmenschheit wäre die Verkehrung des russischen Menschen in einen internationalen, kosmopolitischen Menschen unerträglich. Für die Allmenschheit unerlässlich ist die Erhebung des russischen Menschen zu allmenschlicher Bedeutung, aber nicht seine Verkehrung in einen abstrakten, leeren Menschen. Allmenschlichkeit hat nichts zu tun mit Internationalismus, Allmenschheit ist die höchste Vollendung alles Nationalen. Und wir müssen die unvergleichliche konkrete russische Wirklichkeit schaffen, aber keine abstrakten sozialen und moralischen Kategorien. Unser ganzes Leben muss sich nach konkreten Ideen der Nation und der Person richten und nicht nach abstrakten Ideen der Klasse und der Menschheit. Russlands Schicksal ist unendlich teurer als das Schicksal von Klassen und Parteien, Doktrinen und Theorien. Das primitive Nationalgefühl, das die humanistischen Kosmopoliten so erschreckt, ist ein elementarer und noch dunkler Urzustand, der in ein schöpferisches Nationalgefühl und nationalen Instinkt verwandelt werden muss. Ohne eine ursprüngliche und elementare Liebe zu Russland ist überhaupt kein schöpferischer historischer Weg möglich. Unsere Liebe zu Russland ist wie jede Liebe spontan, sie ist keine Liebe wegen Qualitäten oder Würden, sondern diese Liebe muss Quelle der kreativen Schaffung von Qualitäten und Würden Russlands sein. Die Liebe zum eigenen Volk muss eine kreative Liebe sein, ein kreativer Instinkt. Und am wenigsten bedeutet sie Feindschaft und Hass gegen andere Völker. Der Weg zur Allmenschheit führt für uns alle durch Russland. Und in Wahrheit trennt uns jede Entnationalisierung von der Allmenschheit. Das Antlitz Russlands wird noch einer himmlischen Menschheit aufgeprägt sein. In der einen Menschheit können sich nur Individualitäten und nicht leere Abstraktionen vereinigen. Die Wahrheit über die positive Verbindung von Nationalität und Menschheit kann auch von der anderen, entgegengesetzten Seite formuliert werden. Wenn es unzulässig ist, die Idee der Menschheit der Idee der Nationalität entgegenzusetzen, dann ist auch die umgekehrte Entgegensetzung unzulässig. Man kann nicht als Nationalist im Namen der Nationalität ein Feind der Einheit der Menschheit sein. Eine derartige Wendung der Nationalität gegen die Menschheit ist zugleich der Untergang der Nationalität. Diese Art von falschem, abtrünnigem Nationalismus muss das Schicksal des leeren Internationalismus teilen. Die kreative Bejahung der Nationalität bestätigt auch die Menschheit. Nationalität und Menschheit sind eines.

Nationalismus und Messianismus

I

Nationalismus und Messianismus berühren einander und werden vermischt. Der Nationalismus in seiner positiven Form geht in Momenten eines außergewöhnlichen geistigen Aufschwungs in Messianismus über. So überschritt in Deutschland mit Fichte zu Anfang des 19. Jahrhunderts der nationale Aufbruch seine Grenzen und verwandelte sich in den deutschen Messianismus. Auch der Nationalismus der Slawophilen ging unmerklich in Messianismus über. Aber Nationalismus und Messianismus sind ihrer Natur, ihrer Herkunft und ihren Aufgaben nach zutiefst gegensätzlich. Der Gegensatz der nationalistischen und messianischen Bestrebungen war in Russland immer sehr fühlbar. Man wird kaum eine messianische Idee im Nationalismus der „Neuen Zeit"[50] oder unserer Duma-Nationalisten entdecken. Solchen Nationalisten muss jeglicher Messianismus mit seinem Wahnsinn und seiner Opferbereitschaft nicht nur feindlich, sondern auch gefährlich erscheinen. Die Nationalisten sind nüchterne, praktische Leute, die mit beiden Beinen auf der Erde stehen. Der Nationalismus kann auf günstigstem Boden erstarken, und man kann ihn biologisch begründen. Messianismus ist nur auf religiösem Boden zu denken, und nur mystisch kann man ihn begründen. Die Existenz vieler Nationalismen ist möglich. Der Nationalismus tendiert in der Idee nicht zu Universalität, Einzigartigkeit und Ausschließlichkeit, obwohl er in der Praxis leicht zur Leugnung und Vernichtung anderer Nationalitäten kommen kann. Aber seiner Natur nach ist der Nationalismus partikularistisch, er ist immer partiell, selbst seine Ablehnungen und Vernichtungen tendieren als biologischer Kampf der Individualitäten in der tierischen Welt nur wenig zur Universalität. Der Messianismus duldet keine Koexistenz, er ist einzigartig, seinem Anspruch nach immer universal. Aber der Messianismus leugnet niemals andere Nationalitäten und vernichtet sie nicht biologisch, er rettet sie, ordnet sie seiner universalen Idee unter.

---

[50] Die anfänglich liberale, später erzkonservative Zeitschrift „Novoe Vremja" erschien von 1868 bis 1917 in St. Petersburg.

Die religiösen Wurzeln des Messianismus liegen im messianischen Bewusstsein des jüdischen Volkes, das sich für das auserwählte Gottesvolk hielt, in dem der Messias geboren werden sollte, der Erlöser von allem Bösen, der das glückselige Reich Israel aufrichtet. Der altjüdische Messianismus ist ein exklusiver, an eine Nationalität gebundener, alle anderen Nationalitäten ausschließender Messianismus. Im jüdischen Messianismus gibt es die Idee der Allmenschlichkeit noch nicht. Für das Christentum besteht schon kein Unterschied mehr zwischen Griechen und Juden. Der jüdische Messianismus ist in der christlichen Welt nicht möglich. Mit dem Erscheinen des Christus-Messias hat die religiöse Mission des jüdischen Volkes und damit der jüdische Messianismus geendet. In der christlichen Welt ist der verbissene religiös-nationale Hass schon nicht mehr erlaubt. Er ist nur als biologische, nicht als religiöse Tatsache möglich. Das Reich Israel ist in der christlichen Welt ein Reich der ganzen Menschheit. Das Christentum negiert in keiner Weise Rassen und Nationalitäten als natürliche, geistig-biologische Individualitäten. Aber das Christentum ist die Religion der Rettung und Erlösung der ganzen Menschheit und der ganzen Welt, Christus ist für alle und alles gekommen. Und obwohl in der christlichen Menschheit ein exklusiver nationaler Messianismus, der alttestamentliche Messianismus, der die Idee der Menschheit leugnet, nicht möglich ist, ist ein verwandelter neutestamentlicher Messianismus möglich, der ausgeht vom Erscheinen des Messias für die ganze Menschheit und die ganze Welt. In der christlichen Menschheit kann das messianische Bewusstsein nur vorwärts gerichtet sein, nur auf den kommenden Christus, denn dieses Bewusstsein ist wesentlich prophetisch. Und der rein religiöse, rein christliche Messianismus nimmt immer eine apokalyptische Färbung an. Ein christliches Volk kann sich als Gottesträgervolk verstehen, als christliches Messias-Volk unter den Völkern, es kann seine besondere religiöse Berufung für die Lösung des weltgeschichtlichen Schicksals spüren, ohne dadurch andere christliche Völker zu leugnen. Der russische Messianismus in seinem rein messianischen Element ist vorwiegend apokalyptisch, dem Erscheinen des kommenden Christus zugewandt, und sein Antipode ist der Antichrist. So war es in unserem Schisma, im mystischen Sektierertum und bei unserem nationalen Genie Dostoevskij, und unser religiös-philosophisches Ringen ist so gestimmt. Das messianische Bewusstsein in der christlichen Welt ist antinomisch wie alles im Christentum. In der geistigen Verfassung des russischen Volkes gibt es

Merkmale, die es in den höchsten Manifestierungen seines Geistes zu einem apokalyptischen Volk machen. Auch der polnische Messianismus ist apokalyptisch geprägt, und das zeigt die geistige Natur der slawischen Rasse. Aber die messianische Idee kann sich von ihrem religiös-christlichen Boden lösen und von Völkern als besondere geistig-kulturelle Berufung erlebt werden. So ist der deutsche Messianismus vorwiegend rassisch, mit einer starken biologischen Färbung. Das deutsche Volk begreift sich in seinen geistigen Höhen nicht als Träger des Geistes Christi, sondern als Träger der höchsten und einzigartigen geistigen Kultur. Die germanische Rasse sei die auserwählte höchste Rasse. Die apokalyptische Gestimmtheit ist dem deutschen Geist völlig fremd, es gab sie auch nicht in der alten deutschen Mystik. Darin liegt ein grundlegender Unterschied zwischen Slawen und Germanen. Aber das deutsche Bewusstsein bei Fichte, bei den alten Idealisten und Romantikern, bei Richard Wagner und in unserer Zeit bei Drews[51] und Chamberlain[52] vertritt mit derartiger Ausschließlichkeit und Vehemenz die Auserwähltheit der germanischen Rasse und ihre Berufung zu Trägern der höchsten und universalen geistigen Kultur, dass dies Züge eines allerdings verzerrten Messianismus einschließt. Drews hält es sogar für möglich, von der Schaffung einer germanischen Religion, der Religion des rein arischen, nicht christlichen und antichristlichen Germanentums, zu sprechen.

II

Im 19. Und 20. Jahrhundert überschnitten und vermischten sich messianische und nationalistische Strömungen und gingen unmerklich ineinander über. Es ist zu beachten, dass der Nationalismus ein neues Phänomen ist, es entwickelte sich erst im 19. Jahrhundert, löste den mittelalterlichen und altrömischen Universalismus ab. Ein Nationalismus, der in seiner Anmaßung bis zur Negation der Seelen und Körper anderer Nationen, bis zur Unmöglichkeit jeglichen positiven Umgangs mit ihnen geht, ist egoistische, bornierte Selbstbehauptung auf elementar-biologischer Basis. Und je mehr ein solcher Nationalismus nach

[51] Gemeint ist zweifellos der Philosoph Artur Drews (1865-1935), Vertreter einer pantheistischen Metaphysik.

[52] Houston Steward Chamberlain (1855-1927), Geschichts- und Kulturphilosoph, Schwiegersohn Richard Wagners.

Grenzenlosigkeit strebt, desto begrenzter wird er. Die grenzenlose Anmaßung des Nationalismus macht ihn negativ, eng, trennt ihn vom Universalen, nimmt ihm den schöpferischen Geist. So ist der Nationalismus Katkovs und Danilevskijs[53]. Der nationale Organismus, der immer partikularistisch und nicht universal ist, nimmt keinen universalen, allmenschlichen Geist an, maßt sich aber an, alles zu sein und alles zu verschlingen. Jede Vermischung von Nationalismus und Messianismus, jede Auffassung des Nationalismus als Messianismus führt zu einer Verdunkelung des Bewusstseins und bringt das Böse in die Welt. Begriffsverwirrung bringt immer Unheil. Man muss doch streng unterscheiden. Denn das Partielle darf man nicht als das Allgemeine betrachten. Der Nationalismus ist ein positiver Wert als schöpferische Position, als Manifestation und Entwicklung der Individualität eines Volkes. Aber in dieser individuellen Gestalt des Volkes muss sich von innen her Allmenschlichkeit entwickeln. Es ist unheilvoll, wenn der Nationalismus in grenzenloser Selbstüberschätzung und egozentrischer Selbstbehauptung sich für das Universale hält und niemanden und nichts neben sich duldet. So ist die Tendenz des deutschen Nationalismus. Aber fruchtbar ist es, wenn der Nationalismus in schöpferischer Anstrengung das Universale in sich entwickelt, ohne dabei seine individuelle und unwiederholbare Gestalt zu verlieren, und wenn er diese zu allmenschlicher Bedeutung steigert. Der Nationalismus kann nicht Ausschließlichkeit und Universalität beanspruchen, er lässt andere nationale Individualitäten zu und tritt mit ihnen in Kontakt. Die Nationalität führt zur Hierarchie der Seinsstufen und muss ihren bestimmten Platz einnehmen, sie ist der Menschheit und dem Kosmos hierarchisch eingefügt. Also gilt es, Nationalismus und Messianismus streng zu unterscheiden.

Der Messianismus gehört einer völlig anderen geistigen Ordnung an. Der Messianismus verhält sich zum Nationalismus wie die zweite Geburt der Mystiker zur ersten, der natürlichen Geburt. Das nationale Sein ist ein natürliches Sein, für das man kämpfen muss, das erkannt und entwickelt werden muss. Aber die messianische Berufung liegt bereits außerhalb des natürlichen Entwicklungsprozesses, sie ist ein Blitzstrahl vom Himmel, ein göttliches Feuer, in dem die ganze irdische Ordnung verbrennt. Ein rationaler Messianismus, der die irdi-

[53] Nikolaj Ja. Danilevskij (1822-1895), Naturwissenschaftler und Schriftsteller. Verfasser des bekannten Buches „Russland und Europa".

schen Dinge gut organisiert, ist nicht möglich. Im messianischen Bewusstsein ist immer eine verzückte Hinwendung zum Wunderbaren, zum katastrophischen Bruch in der natürlichen Ordnung, zum Absoluten und Endgültigen. Der Nationalismus bleibt im Natürlich-Relativen und entwickelt sich historisch. Nationalismus und Messianismus negieren einander nicht im geringsten, da sie verschiedenen Ordnungen angehören. Der Nationalismus kann lediglich das natürliche historische Sein eines Volkes behaupten und entwickeln, in dessen Tiefe die messianische Idee als ein Blitz aufleuchten kann, der vom Himmel des Geistes herkommt. Unzulässig aber ist es, den Messianismus mit dem Nationalismus zu vertauschen, die Phänomene dieser Welt als Phänomene jener anderen Welt anzusehen. Eine läuternde und schöpferische nationale Arbeit vermag nur einen Platz für die messianische Idee zu bereiten. Doch die messianische Idee selbst kommt aus einer anderen Welt und ihr Element ist das Feuer und nicht die Erde.

III

Innerhalb des messianischen Bewusstseins kommt es zu einer Vermischung von christlichem und jüdischem Messianismus. Und wenn die Vertauschung von Messianismus und Nationalismus, von Universalismus und Partikularismus unheilvoll ist, so ist die Vertauschung des christlichen und des jüdischen Messianismus nicht weniger unheilvoll. Jüdischer Messianismus ist nach Christus auf immer unmöglich. Innerhalb des Judentums spielt er nun eine negative Rolle, denn er kann nur im Widerspruch zu Christus die Erwartung eines neuen Messias sein, der die Herrschaft und das irdische Glück Israels aufrichtet. Aber der jüdische Messianismus dringt in die christliche Welt ein und vertauscht dort Dienst mit Anspruch, Opferbereitschaft mit dem Streben nach bevorzugtem irdischem Glück. Aber das christliche messianische Bewusstsein des Volkes kann nur ein ausschließlich opferbereites Bewusstsein sein, das Bewusstsein der Berufung des Volkes, der Welt und allen Völkern der Welt zu dienen beim Werk ihrer Erlösung vom Bösen und vom Leiden. Der Messias ist seiner mystischen Natur nach opferbereit, und das Messias-Volk kann nur ein opferbereites Volk sein. Die messianische Erwartung ist die Erwartung der Erlösung durch das Opfer. Der jüdische Chiliasmus, der das irdische Glück ohne Opfer, ohne Golgatha erwartet, steht in tiefem Widerspruch zur messianischen Idee des Christentums. Und die Erwartung des kommenden

Christus setzt den Weg nach Golgatha, die Annahme des gekreuzigten und heldenhaften Christus, den kreativen Aufstieg voraus. Bei den polnischen Messianisten, bei Mickiewicz[54], Towiański[55], Cieszkowski[56] gab es eine sehr reine Opferbereitschaft, die im Herzen des Volkes aus großem Leiden entbrannt war. Aber allzu schnell wird in Polen aus dem opferbereiten Messianismus äußerster Nationalismus. Das messianische Bewusstsein des Volkes kann nur eine Frucht großer Leiden des Volkes sein. Und die messianische Idee, die in das Herz des russischen Volkes gelegt ist, ist die Frucht des Pilgerschicksals des russischen Volkes, seiner Suche nach der zukünftigen Stadt. Aber im russischen Bewusstsein vermischte sich der christliche Messianismus mit dem jüdischen Messianismus und mit einem Nationalismus, der über seine Grenzen trat. Bei uns gab es kein gesundes Nationalbewusstsein und Nationalgefühl, immer war da irgendein störender Affekt, immer gab es Exzesse der Selbstüberhebung oder Selbstverleugnung. Unser Nationalismus beanspruchte allzu oft, ein Messianismus des altjüdischen, eifernden, exklusiven und anmaßenden Typs zu sein. Sein Gegenteil war die völlige Negation der Nationalität, ein abstrakter und utopischer Internationalismus.

Wir müssen unser nationales Selbstbewusstsein klären und reinigen. Der Nationalismus behauptet die geistig-biologische Grundlage des individuell-historischen Seins des Volkes, ohne die überhaupt keine Mission erfüllt werden kann. Das Volk muss *sein,* muss seine Gestalt bewahren, seine Energie entwickeln, muss seine Werte schaffen können. Aber der reinste, positivste Nationalismus ist noch kein Messianismus. Die messianische Idee ist eine universale Idee. Sie ist bestimmt durch die Kraft des opferbereiten Geistes des Volkes, durch seine außergewöhnliche Inspiration vom Reich, das nicht von dieser Welt ist, und sie kann keine äußere Macht über die Welt beanspruchen und nicht danach streben, dem Volk irdisches Glück zu bringen. Und ich meine, dass es in Russland, im russischen Volk, einen exklusiven, ausufernden Nationalismus und einen eifernden exklusiven jüdischen Messianismus gibt, aber es gibt auch den wahrhaft christlichen, opferbereiten Messianismus. Russlands Gestalt ist doppeldeutig, es mischen

---

[54] A. Mickiewicz (1798-1855), bedeutendster polnischer Dichter, Schöpfer des Nationalepos „Pan Tadeusz".

[55] A. Towiański (1799-1878), polnischer Philosoph.

[56] August Graf Cieszkowski (1814-1894), polnischer Philosoph.

sich in ihr die größten Gegensätze. Die äußerste Behauptung des Nationalismus verbindet sich bei uns nicht selten mit der Negation des russischen Messianismus, mit einem absoluten Unverständnis für die messianische Idee und einer Abkehr von ihr. Der Nationalismus kann reines Westlertum, die Europäisierung Russlands sein, seinem Geiste nach ein partikularistisches Phänomen, ohne irgendeine große Idee von Russland, ohne ein Wissen um Russland als eines großen Osten. Und umgekehrt kann die völlige Negation des Nationalismus ein tief russisches Phänomen sein, das der westlichen Welt unbekannt ist, inspiriert von der universalen Idee von Russland, von seiner opfervollen messianischen Berufung. Der in die Negation eines jeden Nationalismus übergehende Messianismus will, dass sich das russische Volk opferbereit dem Dienst am Werk der Erlösung aller Völker hingibt, dass der russische Mensch zum Bild des Allmenschen werde. Die russische Seele negiert den Nationalismus nicht aus einem „internationalen", sondern aus einem religiösen Motiv. Und dieses Phänomen ist russisch, bezeichnend national, hinter ihm steht das Antlitz des Allmenschen, das man ganz entschieden vom Antlitz des Kosmopoliten unterscheiden muss.

IV

Der russischen Seele fehlt das männliche Bewusstsein, sie erkennt nicht, sie klärt nicht ihr eigenes Wesen, sie ist in vielem unklar. Die russische Apokalyptik wird passiv erlebt, sie geht wie ein mystischer Strom durch die russische Seele, wie ein Vibrieren in ihrem feinsten Gewebe. Diese passive, rezeptive, weibliche apokalyptische Gestimmtheit der russischen Seele muss mit einem männlichen, aktiven, schöpferischen Geist vereinigt werden. Russland braucht ein männliches Nationalgefühl. Eine schöpferische Denkarbeit ist vonnöten, die Strukturen schafft, Licht in das russische Dunkel bringt. Im Leben des russischen Volkes führten die tief gründenden apokalyptischen Erlebnisse bis zu Selbstverbrennungen und zur Vernichtung des ganzen Daseins. Diese Tendenz ist in der russischen Sehnsucht nach dem Absoluten, in der russischen Negation jedes Relativen, alles Historischen immer vorhanden. Ebenso tief im Dunkeln ist das Bewusstsein der russischen revolutionären Intelligencija, die so oft die Nationalität und Russland leugnete und dabei sehr national, in ihrem Wesen sehr russisch ist. Das russische Element bleibt dunkel, von männlichem

Bewusstsein nicht geformt. Die russische Seele durchlebt nicht selten einen unbewussten, dunklen Messianismus. So war es bei Bakunin, der einen slawischen Messianismus eigener Art propagierte. So war es bei einigen russischen Anarchisten und Revolutionären, die an einen Weltenbrand glaubten, aus dem auf wunderbare Weise neues Leben erwachsen werde, und die im russischen Volk den Messias sahen, der diesen Brand entzünden und der Welt das neue Leben bringen werde. Bei unseren neuen offiziellen Nationalisten, sowohl der alten wie der neuesten westlerischen Form, gibt es jedenfalls schon weniger russischen messianischen Geist als bei anderen Sektierern oder anderen Anarchisten, den Leuten, die ein verdunkeltes Bewusstsein haben, ihrem Wesen nach aber wahrhaft russisch sind. In den sonderbarsten und unterschiedlichsten Formen drückt die russische Seele ihre geheimste Idee von der Erlösung der Welt von allem Bösen und allem Leid aus, vom Werden des neuen Lebens für die ganze Menschheit. Von dieser wahrhaft messianischen Idee waren gleichermaßen Bakunin und N. F. Fedorov[57] besessen, die russischen Sozialisten und Dostoevskij, die russischen Sektierer und Vladimir Solov'ev. Aber dieses russische messianische Bewusstsein ist nicht erleuchtet, nicht von männlichem Willen geformt. Wir müssen erkennen, dass der russische Messianismus nicht Anspruch und nicht Selbstbehauptung sein kann, sondern nur ein opferwilliges Brennen des Geistes, nur ein großer geistiger Aufbruch zu einem neuen Leben für die ganze Welt. Messianismus bedeutet nicht, dass wir besser als die anderen sind und mehr beanspruchen können, sondern bedeutet, dass wir mehr tun und zu größerem Verzicht bereit sein müssen. Aber jedem messianischen Dienst muss positive nationale Arbeit vorausgehen, eine geistige und materielle Läuterung, eine Festigung und Entwicklung unseres nationalen Seins. Messianismus kann kein Programm sein, ein Programm soll schöpferisch-national sein. Messianismus jedoch ist die esoterische Tiefe eines reinen, gesunden und positiven Nationalismus, ist ein gewaltiger geistig-schöpferischer Aufbruch.

---

[57] Nikolaj F. Fedorov (1829-1903), religiöser Denker und einer der Begründer des russischen Kosmismus. Man nannte ihn den „russischen Sokrates". Seine phantastische Idee eines „Projekts" der Wiedererweckung der Menschen fand Zustimmung bei maßgeblichen Zeitgenossen wie Dostoevskij und Tolstoj.

Nationalismus und Imperialismus

I

Das Problem von Nationalismus und Imperialismus verschärfte sich durch den globalen Kampf der Völker sehr. In philosophischer Hinsicht wird die Philosophie des Nationalismus und des Imperialismus eine Frucht des jetzigen Krieges sein. Aber die Erkenntnisarbeit in dieser Richtung muss auch den praktischen Aufgaben, der gesamten Richtung unserer Welt- und Innenpolitik förderlich sein. Unser Nationalismus befindet sich bis jetzt auf einem sehr niedrigen Erkenntnisstand. Die nationalen Willensanstrengungen waren bei uns nicht geklärt. Und der russische Imperialismus als welthistorisches Faktum ist noch nicht hinreichend verstanden und nicht mit der sogenannten nationalistischen Politik in Einklang gebracht worden. In weiten Kreisen der russischen Intelligencija interessierte man sich kaum für diese Probleme und hielt sie sogar für ein wenig „reaktionär". Erst der Krieg weckte das Nationalgefühl und nötigte in elementarer Weise zur Ausarbeitung eines Nationalbewusstseins. Noch frei von der äußersten Notwendigkeit waren wir in dieser Hinsicht sehr sorglos.

Den Weltkrieg kann man von verschiedenen Standpunkten aus betrachten. Unter einem seiner Aspekte muss man ihn als unabweisbaren und schicksalhaften Moment in der Entwicklung und Dialektik des Imperialismus ansehen. Er ist das Ergebnis des Zusammenpralls der imperialistischen Bestrebungen zur Weltmacht und Weltherrschaft. Das Vorhandensein einiger globaler Ansprüche konnte nur zum Weltkrieg führen. Der globale imperialistische Anspruch Deutschlands trat zu spät in der Geschichte auf, als die Erde bereits in erheblichem Maß aufgeteilt war, als England schon die überragende Seemacht und Russland die überragende Landmacht geworden war. Aber der Weltkrieg hängt nicht nur mit der Verschärfung der imperialistischen Politik der Großmächte zusammen, er wirft auch sehr deutlich die Frage des Schicksals aller Nationalitäten, bis hin zu den kleinsten, auf. Alle nationalen Organismen wollen sich in der Welt einrichten, wollen ihre natürlichen Grenzen einnehmen. Der Krieg begünstigt und beseitigt die schwachen Nationalitäten und weckt in ihnen zugleich den Willen zu autonomer Existenz. Gewaltige imperialistische Organismen breiten sich aus und streben zur Weltherrschaft. Und parallel dazu streben die kleinsten nationalen Organismen zur Selbständigkeit, indem sie sich auf den Schutz durch die großen Mächte stützen. Imperialismus und Nationalismus sind unterschiedliche Prinzipien, hinter denen unterschiedliche Motive stehen, die man klar unterscheiden muss.

In der Geschichte der neuzeitlichen Menschheit vollzieht sich ein doppeldeutiger Prozess, ein Prozess der Universalisierung und ein Prozess der Individualisierung, der Vereinigung in große und der Differenzierung in kleine Körperschaften. Der Nationalismus ist das Prinzip der Individualisierung, der Imperialismus das Prinzip der Universalisierung. Während der Nationalismus zur Vereinzelung neigt, will der Imperialismus in die Weite der Welt ausgreifen. Diese Prinzipien sind von unterschiedlicher Qualität, aber sie schließen einander nicht aus, sie existieren gleichzeitig. Der Imperialismus überschreitet seiner Natur nach die Grenzen der engen nationalen Existenz, der Imperialismus ist immer Wille zur globalen Präsenz. Durch Kampf, durch Auseinandersetzung begünstigt der Imperialismus dennoch die Vereinigung der Menschheit. Der imperialistische Machtwille hat in der Weltgeschichte viel Blut vergossen, aber hinter ihm war die Idee der globalen Einheit der Menschheit verborgen, die jede nationale Vereinzelung und jeden Provinzialismus überwindet. In der Antike war das Römische Reich schon keine Nationalität mehr, es strebte nach Universalität. Die Idee des universalen Reiches zieht sich durch die ganze Geschichte bis zum 20. Jahrhundert, als sie ihren sakralen Charakter verliert (das Heilige Römische Reich) und eine weitgehend handelsmäßige und industrielle Basis erhält. Der Ökonomismus unseres Jahrhunderts hat auch der Idee des Weltreichs seinen Stempel aufgedrückt. England war das erste mächtige Beispiel des neuen Imperialismus. Und man muss sagen, dass ihm in der imperialistischen Politik viel Erfolg beschieden war und es unblutig Herrscherin der Meere und Ozeane geworden ist. Alle Großmächte streben nach imperialistischer Erweiterung und betreiben imperialistische Politik. Das ist das Schicksal jeder Großmacht. Als der in der ganzen Geschichte nie dagewesene Weltkrieg ausbrach, zeigte sich, dass es drei überragende Mächte gibt, die die Weltherrschaft beanspruchen können, England, Russland und Deutschland. Die Koexistenz dieser drei globalen imperialistischen Mächte ist unmöglich. Ein Zusammenstoß und eine Entscheidung sind unvermeidlich. Und jene Geschichtsphilosophie ist sehr naiv, die glaubt, man könne die Bewegung hin zum globalen imperialistischen Kampf verhindern, die in ihr kein tragisches Schicksal der ganzen Menschheit sehen will, sondern nur den bösen Willen dieser oder jener Klassen, dieser oder jener Regierungen.

II

Das Problem des Imperialismus darf man nicht von unserer Zustimmung oder Ablehnung der imperialistischen Politik abhängig machen. Man muss durchaus kein imperialistisches Pathos haben und sich sogar abweisend zu vielen unschönen Seiten der imperialistischen Politik verhalten und kann trotzdem die objektive Unvermeidlichkeit und die objektive Bedeutung des Imperialismus einsehen. Man mag sich über einige Seiten der kolonialen Politik empören und dennoch einsehen, dass sie die globale Vereinigung der Kultur befördert. Der Imperialismus zertrennt und führt zum Weltkrieg. Aber er vereinigt die Menschheit, führt sie zur Einheit. Die Bildung großer imperialistischer Gebilde ist ganz unvermeidlich, die Menschheit muss sie durchlaufen. Das ist eine der unabweisbaren Tendenzen des historischen Prozesses. Die Menschheit schreitet durch Kampf, Entzweiung und Krieg zur Einheit. Das ist traurig, kann unsere Empörung hervorrufen, es zeigt die große Dunkelheit, in die die Wurzeln des menschlichen Lebens hinabreichen, aber es ist so. Der humanitäre Pazifismus verkündet edle sittliche Wahrheiten, aber er begreift die Wege nicht, auf denen sich das historische Schicksal der Menschheit erfüllt. Dieses Schicksal erfüllt sich durch sehr tragische Widersprüche, und nicht auf geraden, sittlich reinen Wegen. Die historischen Wege der Menschheit sind voller Widersprüche, sie bergen große Gefahren, Möglichkeiten des Absturzes und des Rückfalls in bestialische Instinkte, aber wir müssen sie tapfer durchstehen und ein höheres Menschenbild bewahren. Die objektive Bedeutung des Imperialismus ist tiefer und weiter als das, was man oberflächlich imperialistische Politik nennt. So niedrig seine Motive und so übel seine Aktionen auch oft sein mögen, so führt er doch über die Grenzen der engen nationalen Existenz, er führt über die Grenzen Europas in die Weite der Welt, über Meere und Ozeane, er vereinigt Osten und Westen. Das universale Pathos lebt auch im Imperialismus des Handels und der Industrie.

Der Imperialismus mit seinem globalen Anspruch bedeutet überhaupt nicht unbedingt die Unterdrückung und Vernichtung kleiner Nationalitäten. Imperialismus ist nicht unbedingt das Anschwellen irgendeiner Nationalität, die jede andere Nationalität vernichtet. Der Typus des deutschen Imperialismus ist nicht der einzige imperialistische Typus. Es gibt sogar viel Grund anzunehmen, dass Deutschland keine imperialistische Bestimmung hat und sein Imperialismus lediglich ein maßlos überheblicher Nationalismus ist. Bezeichnenderweise dachte der überragende Staatsmann Deutschlands, Bismarck, nicht imperialistisch, und seine Politik war rein national. Der überhebliche und sich zu sehr aufblähende Nationalismus bringt allen nationalen Individualitäten Unterdrückung. Der Nationalismus muss seine Grenzen kennen. Jenseits dieser Grenzen fängt schon der Imperialismus an. Das hat England erkannt. Hier berühren wir die für Russland sehr wichtige Frage nach dem Verhältnis von Imperialismus und Nationalismus. Russland ist die größte Landmacht der Erde, eine ganze gewaltige Welt von grenzenloser Vielfalt, ein großer Ost-Westen, der den engen Begriff der Individualität überschreitet. Und da Russland vor globalen imperialistischen Aufgaben steht, gehen diese über rein nationale Aufgaben hinaus. So war es in der Antike im Römischen Reich, so verhält es sich in der Neuzeit mit Groß Britannien. Ein großes Imperium muss ein großer Einiger sein, sein Universalismus soll jede Individualität umfassen können. Jedes große Imperium, das historisch lebensfähig ist, muss einen dauerhaften nationalen Kern haben, aus dem heraus und um den herum seine welthistorische Arbeit geschieht. Der großrussische Stamm bildet einen solchen Kern des russischen Imperialismus, er schuf das gewaltige Russland. Das russische Imperium umfasst einen sehr komplexen nationalen Bestand, es einigt eine Vielzahl von Völkerschaften. Aber es kann nicht als mechanisches Völkergemisch angesehen werden, es ist russisch in Bezug auf seine Grundlage und seine Aufgabe in der Welt. Russland ist ein bestimmter Organismus in der Welt, der seine spezifische Bestimmung, sein einzigartiges Gesicht hat.

III

Der russische Imperialismus, dem die Natur so viel gegeben hat, gleicht nicht dem englischen oder deutschen Imperialismus, er ist ganz eigentümlich, seiner Natur nach widersprüchlicher. Der russische

Nationalismus hat eine nationale Grundlage, aber im Hinblick auf seine Aufgaben überschreitet er alle rein nationalen Grenzen, er steht vor den Aufgaben umfangreicher Vereinigungen, vielleicht noch nie gesehener Vereinigungen von West und Ost, Europas und Asiens. Sind wir der Größe dieser uns zugefallenen Aufgaben gewachsen? Das führt uns zur Frage unserer nationalistischen Politik. Russland wird nur dann den globalen imperialistischen Aufgaben gewachsen sein, wenn es seine alte nationalistische Politik überwindet, die im Grunde nicht zum Geist des russischen Volkes passt, und wenn es einen neuen Weg beschreitet. Wenn der Weltkrieg Russland schließlich in den globalen Raum führen wird, auf den Weg der Erfüllung seiner globalen Bestimmung, so muss sich vor allem die Politik gegenüber allen seinen Völkerschaften ändern. Der allmenschheitliche und großzügige Geist des russischen Volkes wird den Geist provinzieller Ausschließlichkeit und Selbstbestätigung überwinden. Unsere Politik wird zuerst wirklich national sein, wenn sie aufhört, gewaltsam und ausschließlich nationalistisch zu sein. Eine solche nationalistische Politik widerspricht der Idee eines großen Weltreichs vollkommen. Ein solcher Nationalismus ist ein Zeichen der Schwäche und nicht des Kraftgefühls. Er ist möglich entweder bei Völkern, die sich aus der Sklaverei befreien, oder bei kleinen und schwachen Völkern, die befürchten, versklavt zu werden. Eine große, im Kern kraftvolle Weltmacht, kann keine nationalistische Politik machen, die jene Völkerschaften erzürnt, die sie umfasst und bei ihnen allen Widerwillen gegen sich und die Sehnsucht nach Befreiung hervorruft. Eine solche Politik ist letzten Endes antistaatlich und führt zur Spaltung und Minderung des großen Russland. Die russische Politik kann nur imperialistisch sein und nicht nationalistisch, und unser Imperialismus muss gemäß unserer Stellung in der Welt großzügig gebend und nicht räuberisch nehmend sein. Der nationale Kern eines großen Reiches, das zahlreiche Völkerschaften umfasst, muss Liebe zu sich erwecken können, muss eine anziehende und sympathische Ausstrahlung haben und seinen Völkern Licht und Freiheit bringen. Und man kann sagen, dass das Volk Russlands eine solche Liebe hervorruft und auf alle anziehend wirkt. Die Fremdstämmigen unter uns fühlen sich wohl in der positiven russischen Kultur. Das offizielle Russland aber stößt ab und will diese Liebe und Anziehung vergiften. Es will innerlich trennen, so viel wie möglich abstoßen und durch Unfreiheit und Zwang fesseln. Aber der russische Imperialismus wird nur dann ein Existenzrecht haben, wenn er aus seinem Überfluss freigebig ist; darin allein zeigt sich seine Macht. Russland ist providentiell imperialistisch, aber es fehlt ihm das imperialistische Pathos, darin liegt seine Besonderheit. Die alte nationalistische Politik war feige und schwach, gewaltsam aus Furcht und glaubte nicht an den großrussischen Stamm. Aber wenn der großrussische Stamm keine wirkliche Kraft und keinen wirklichen Geist hat, kann er keine Weltgeltung beanspruchen. Gewalt kann Kraft nicht ersetzen. Fehlendes Talent kann durch keine Einschüchterung kompensiert werden. Es ist erstaunlich, wie wenig unsere Nationalisten an Russland glaubten. Ihre Gesten drückten Kraftlosigkeit aus.

Gerade im russischen Imperialismus sollte doch allmenschliche Weite sein und die Individualität eines Volkes akzeptiert werden, behutsam und großzügig die Einstellung zu jedem Volk sein. Der Sinn für die Seelen der Völkerschaften ist der Stolz des russischen Genius. Die russische Idee gründet darin, dass man den russischen Menschen als Allmenschen begreift. Und wenn der russische Imperialismus nicht Ausdruck dieses russischen Volksgeistes wird, dann wird er sich zersetzen und zu Russlands Zerfall führen. Ein großes Reich, das an seine Kraft und seine Bestimmung glaubt, kann seine Bürger nicht in rechtlose Parias verwandeln, wie das bei uns mit den Juden geschah. Das führt zur Auflösung der imperialen Einheit. Nur freie Bürger können das Reich tragen. Eine große Zahl Rechtloser, Verfolgter und vielfach Erzürnter stellt eine Gefahr dar. Bei uns hat man offiziell das schlechteste Mittel zur Bewahrung des nationalen Gesichts gewählt, ein Mittel, das dieses Gesicht verzerrt aber nicht bewahrt. Der russische Imperialismus ist räumlich saturiert, er darf keine räuberischen Gelüste haben.

Ein äußeres Ziel des russischen Imperialismus ist lediglich die Beherrschung der Meerengen, der Zugang zu den Meeren. Eine zweite Aufgabe ist die Befreiung der unterdrückten Völkerschaften. Aber diese edle Mission kann nur erfüllt werden, wenn Russland niemals in seinem Inneren unterdrückt und auch da die Befreierin unterdrückter Völker sein wird. Vor allem muss Russland die polnische Frage, als eine globale Frage, freiheitlich lösen. In anderer Weise aber ebenfalls in freiheitlichem Geist muss die jüdische, finnische, armenische und viele andere Fragen gelöst werden. Unsere galizische Politik konnte Russlands Größe und sein Prestige nicht fördern. Erreicht wurde lediglich die Stärkung der ukrainischen Separatistenbewegung. Wenn Russland nicht Liebe zu sich erwecken kann, dann wird es die Grundlage für seine bedeutende Stellung in der Welt verlieren. Sein Imperialismus kann nicht aggressiv sein. Sein Nationalismus muss den allmenschheitlichen Charakter des russischen Volkes zum Ausdruck bringen.

Das Ende Europas

I

Der Traum von der globalen Vereinigung und globalen Herrschaft ist ein ewiger Traum der Menschheit. Das Römische Reich war der überragende Versuch einer solchen Vereinigung und einer solchen Herrschaft. Und jeder Universalismus bleibt als geistiger und nicht als geographischer Begriff bis heute mit Rom verbunden. Der jetzige Weltkrieg, der sich immer mehr ausweitet und alle Länder und Völker zu erfassen droht, scheint diesem alten Traum von der globalen Vereinigung, von einem einzigen globalen Staat, radikal zu widersprechen. Ein solcher schrecklicher Krieg, so scheint es, zerstört die Einheit der Menschheit. Aber so ist es nur bei einem oberflächlichen Blick. Wenn man tiefer blickt, verschärft der Weltkrieg die Frage der globalen Organisation der Erde, der Verbreitung der Kultur auf dem Globus. Die heutige Zeit gleicht der Epoche der großen Völkerwanderung. Man spürt, dass die Menschheit in eine neue historische, ja kosmische Periode eintritt, in eine große Unbekanntheit, die wissenschaftliche Prognosen nicht voraussehen und die alle Doktrinen und Theorien über den Haufen wirft. Vor allem hat sich gezeigt, dass die alten, irrationalen, kriegerischen und rassischen Instinkte stärker sind als alle neuesten sozialen Interessen und humanitären Gefühle. Diese Instinkte, die aus den dunklen Ursprüngen des Lebens stammen, sind stärker als das Gefühl bürgerlicher Selbsterhaltung. Was dem Bewusstsein der zweiten Hälfte des 19. Jahrhunderts als einzig wesentlich im Leben der Menschheit erschien, erwies sich nur als die Oberfläche des Lebens. Der Weltkrieg reißt diese dünne Haut der Zivilisation des 19. Und 20. Jahrhunderts weg und legt tiefere Schichten des menschlichen Daseins frei, bringt Chaotisch-Irrationales in der menschlichen Natur, das nur äußerlich verdeckt war und nicht in einen neuen Menschen verwandelt worden ist, ans Tageslicht. Die soziale Frage, der Klassenkampf, der humanitär-kosmopolitische Sozialismus usw., alles, was kürzlich noch einzig wichtig erschien, worin man die Zukunft sah, gelangt in den Hintergrund und räumt den Platz für tiefere Interessen und Instinkte. Nationale und rassische Fragen, der Kampf um die Herrschaft der verschiedenen Imperialismen, alles was vom Kosmopolitismus, vom Pazifismus, von humanitären und sozialistischen Lehren überwunden schien, rückt in den Vordergrund. Der ewige bürgerliche und sozialistische Frieden wurde illusionär und abstrakt. Im Feuer dieses schrecklichen Krieges verbrannte alles Doktrinäre, schmolzen alle Ketten, die Lehren und Theorien dem Leben angelegt hatten. Rassische und nationale Instinkte erwiesen sich im 20. Jahrhundert mächtiger als soziale und Klasseninstinkte. In den bürgerlichen und wohlorganisierten Kulturen zeigte sich das Irrationale stärker als das Rationale. Der Kampf der Rassen, der Kampf um die nationale Würde, der Kampf der großen Imperien um Macht und Vorherrschaft ist wesentlich supranational. Dabei besiegt ein dunkler Wille zur Erweiterung des überindividuellen Lebens alle individuellen Interessen und Pläne, zerstört alle individuellen Lebensperspektiven. Wie viele durch nichts belohnte Opfer, die von Individuen gebracht werden, fordert die imperialistische Politik oder der Kampf um die nationale Würde! In unserer Epoche der Auflösung der Instinkte gibt es dennoch starke Instinkte, auf die sich der imperialistische und nationale Kampf stützt. Die Interessen des privaten, egoistischen spießbürgerlichen Familienlebens werden von nationalen, historischen, globalen Interessen, von Instinkten des Ruhms der Völker und Staaten verdrängt.

II

Nationalbewusstsein und Nationalismus sind ein Phänomen des 19. Jahrhunderts. Nach den napoleonischen Kriegen, die von der Idee des Weltreichs inspiriert waren, begannen die nationalen Freiheitskriege. Das nationale Selbstbewusstsein wuchs. Die Nationalstaaten kristallisierten sich heraus. Kleinste Völker wollen ihren Nationalcharakter betonen und Selbständigkeit gewinnen. Die nationalen Bewegungen des 19. Jahrhunderts stehen in tiefem Widerspruch zum universalen Geist des Mittelalters, das die Ideen der universalen Theokratie und des Weltreichs beherrschten, die keinen Nationalismus kannten. Intensive nationale Energien wirken im 19. und 20. Jahrhundert neben kosmopolitischen, sozialistischen und humanitär-pazifistischen. Das 19. Jahrhundert war das kosmopolitischste und nationalistischste Jahrhundert. Das bürgerliche Leben in Europa war sowohl sehr kosmopolitisch als auch sehr nationalistisch. Aber universalen Geist hätte man in ihm kaum gefunden. Die Nationalisierung des menschlichen Lebens war seine Individualisierung. Und die Tendenz zur allgemeinen Individualisierung ist ein neues Phänomen. Die Nationalstaaten, die nationalen Individualitäten, bilden sich erst im 19. Jahrhundert vollständig heraus. Und ganz parallel zum Anwachsen der nationalen Vielfalt verringerte sich die Isolierung von Staaten und Nationen, nahm die provinzielle Enge ab. Man kann sagen, dass die Menschheit über die nationale Individualisierung zur Einheit kommt. Parallel zur Individualisierung in der nationalen Existenz verläuft der Universalismus, die Entwicklung in die Weite. Und man kann ebenso sagen, dass die Menschheit jetzt durch die globale kriegerische Auseinandersetzung, durch eine lange schwere Zeit, die wir erleben, zu Einheit und Vereinigung gelangt. Die Geschichte ist paradox und antinomisch, ihre Prozesse sind doppeldeutig. In der Geschichte geschieht nichts auf geradem Weg, durch friedliches Wachsen, nichts ohne Entzweiung und ohne Opfer, ohne Böses, das mit dem Guten einhergeht, ohne Licht und Schatten. Rassen und Völker verbrüdern sich in blutigem Kampf. Der Krieg bringt den Ausgang aus dem partikularistischen und selbstbezogenen Sein der Völker.

Die allerstärkste Empfindung, die der Weltkrieg auslöst, lässt sich so ausdrücken: das Ende Europas als Monopolist der Kultur, als enge Provinz der Erde, die Universalität beansprucht. Der Weltkrieg reißt alle Rassen, alle Erdteile in den globalen Strudel. Er bringt Osten und Westen in eine so nahe Berührung, wie sie die Geschichte noch nicht kannte. Der Weltkrieg stellt die Frage nach dem Ausgreifen in die globalen Räume, nach der Verbreitung der Kultur auf die ganze Erde. Er verschärft aufs Äußerste alle Fragen, die mit der imperialistischen und kolonialistischen Politik, mit den Beziehungen der europäischen Staaten zu den anderen Erdteilen, zu Asien und Afrika verbunden sind. Hinzu kommt, dass der jetzige Krieg mit fataler Unausweichlichkeit die Frage nach der Existenz der Türkei, der Aufteilung ihres Erbes stellt und über den europäischen Horizont hinausführt. Das halb illusionäre Dasein der Türkei, das lange Zeit durch die europäische Diplomatie künstlich gestützt wurde, hat Europa in seiner begrenzten Existenz gehalten und es vor überaus scharfen und katastrophalen Fragestellungen bewahrt, die mit der Bewegung nach Osten zusammenhängen. In der Türkei wurde der Knoten geknüpft, von dessen Lösung in erheblichem Maße Europas Existenzform abhängt, denn das Ende der Türkei ist das Ausgreifen der Kultur nach Osten, über die Grenzen Europas hinaus. Aber außer der Türkeifrage wirft der Krieg noch viele andere Fragen auf, die mit dem universal-historischen Thema Ost und West zu tun haben. Der Weltkrieg erfordert die Lösung aller dieser Fragen.

III

Die Großmächte treiben Weltpolitik, sie erheben den Anspruch, ihren zivilisatorischen Einfluss über die Grenzen Europas auf alle Erdteile und alle Völker, über den ganzen Globus auszudehnen. Das ist imperialistische Politik, die immer einen universalistischen Anspruch einschließt und von nationalistischer Politik unterscheidbar sein soll. Nationalismus ist Partikularismus; Imperialismus ist Universalismus. Kraft eines gleichsam fast biologischen Gesetzes, eines Gesetzes der biologischen Soziologie, streben große, oder nach einem Ausdruck von P. B. Struve[58], die gewaltigsten Mächte nach grenzenloser und unersättlicher Erweiterung, nach der Verschlingung alles Schwachen und Kleinen, nach der Weltmacht und wollen auf ihre Weise die gesamte Erde zivilisieren.

Der begabte und eigenartige englische Vertreter des Imperialismus Cramb[59] sieht die Bedeutung des englischen Imperialismus darin, „allen Menschen, die im Englischen Imperium leben, die englische Weltanschauung einzuflößen."[60] Darin sieht er das Streben der Rasse nach Unvergänglichkeit. Der Imperialismus mit seiner Kolonialpolitik ist das moderne, bürgerliche Mittel zur Universalisierung der Kultur, zur Ausbreitung der Zivilisation über die Grenzen Europas, über Meere und Ozeane. Der moderne Imperialismus ist ein rein europäisches Phänomen, aber er birgt eine Energie, die schließlich das Ende Europas bewirken kann. In der Dialektik des Imperialismus liegt ein Moment der Selbstnegation. Die grenzenlose Erweiterung und Macht des Englischen Imperiums bedeutet das Ende Englands als Nationalstaat, als individuell-partikularistische Existenz. Denn das Englische Imperium ist wie jedes Imperium in seiner äußersten Form die ganze Welt, die Erde. Im modernen Imperialismus, den ich im Unterschied zum „hei-

---

[58] Gemeint ist zweifellos der Politiker und Ökonom Petr B. Struve (1870-1944). Struve lebte nach der Revolution als Emigrant im Westen.

[59] J. A. Cramb war Professor für Neue Geschichte am Queen's College in London.

[60] Siehe J. A. Cramb, Germany and England. N.Y. 1914. (Anm. Berdjaevs)

ligen" Imperialismus früherer Jahrhunderte „bürgerlich" nenne[61], gibt es dasselbe Streben nach Weltherrschaft wie im Römischen Reich, das man nicht als ein nationales Gebilde ansehen darf. Das ist die Tantalusqual der großen, unersättlichen Reiche. Nur kleine Völker und Staaten sind mit einer rein nationalen Existenz zufrieden und beanspruchen keine Weltgeltung. Aber welch ein Unterschied zwischen dem modernen bürgerlichen Imperialismus und dem alten heiligen Imperialismus! Ideologie und Praxis sind völlig verschieden. Jetzt hat alles vor allem einen ökonomischen Bezug. Die modernen Imperialisten sprechen weder von einer universalen Theokratie, noch von einem heiligen Weltreich. Koloniale Politik, der Kampf um die Herrschaft auf den Meeren, der Kampf um die Märkte – das beschäftigt den modernen Imperialismus, das sind die Maßnahmen und Methoden universaler Macht. Die imperialistische Politik führt wirklich über die Grenzen der engen Existenz Europas hinaus und dient wirklich der Universalisierung der Kultur. Aber das geschieht auf indirekten und negativen Wegen. An einen Imperialismus als direkten Kulturträger kann man nicht glauben. Wir wissen nur zu gut, wie die europäischen Großmächte ihre Kultur in alle Erdteile brachten, wie grob und hässlich sie den Rassen anderer Weltteile begegneten, wie sie die alten Kulturen und die Eingeborenen zivilisierten. Die kulturelle Rolle der Engländer in Indien, einem alten Land großer religiöser Weisheit, die auch heute den europäischen Völkern helfen kann, ihr religiöses Bewusstsein zu vertiefen, ist allzu bekannt, als dass man die Lüge der kulturellen Ideologie des Imperialismus glauben könnte. Die Weltanschauung der modernen Engländer ist oberflächlicher als die Weltanschauung der Hindus, und sie können nur die äußere Zivilisation nach Indien bringen. Das England des 19. Jahrhunderts ist nicht fähig, einen Ramakrishna[62] hervorzubringen, wie es Indien vermochte. In der Berührung der modernen europäischen Zivilisation mit den alten Rassen und Kulturen gibt es immer so etwas wie eine Entweihung. Und die Überheblichkeit des europäischen, bürgerlichen und wissenschaftlichen zivilisatorischen Bewusstseins ist so bedauerlich und gemein, dass man darin nur ein Symptom vom bevorstehenden Ende Europas, dieses Monopolisten der globalen Zivilisation, sehen kann. Die Euro-

---

[61] Siehe meinen Aufsatz „Heiliger Imperialismus und bürgerlicher Imperialismus". (Anm. Berdjaevs)

[62] Ramakrishna Paramahamsa (1836-1886), hinduistischer Mystiker.

padämmerung, das ist das Gefühl, welches man nicht los wird. Europa droht eine partielle Barbarei. Und dennoch ist die Bedeutung des Imperialismus, als das Ausgreifen über Europas Grenzen und die rein europäische Zivilisation, nicht zu leugnen und ebenso wenig seine äußere, materielle, geographische Mission. Die gesamte Erde muss zwangsläufig zivilisiert werden, alle Erdteile, alle Rassen müssen in den Strom der Weltgeschichte hereingezogen werden. Diese globale Aufgabe stellt sich der Menschheit nun drängender als die inneren Aufgaben der auskristallisierten Staaten und Kulturen Europas.

IV

Das englische Weltreich stellt den ersten Typus des modernen Imperialismus dar. Der letzte Versuch eines heiligen Imperiums war das Weltreich Napoleons, das noch unter dem Reiz der römischen Idee entstand. In der Epoche Napoleons schwand schließlich das illusionär gewordene Heilige Römische Reich. Seitdem wird ein Imperium, das immer noch die Weltherrschaft beansprucht, auf anderen Grundlagen erbaut werden und eine andere Ideologie haben. Der Imperialismus verbindet sich eng mit dem Ökonomismus der kapitalistischen Epoche. England ist das klassische Land für den Aufbau eines Imperiums. Die Instinkte der angelsächsischen Rasse passen genau zur Schaffung eines Weltreichs der neuen Form. Das englische Weltreich ist in allen Erdteilen präsent und ihm gehört ein Fünftel der Erdkugel. Die Engländer sind dazu bestimmt, ihre Macht über die Meere auszubreiten. Der englische Imperialismus ist friedlich, nicht militärisch, ist kulturell-ökonomisch, vom Handel auf den Meeren bestimmt. Die imperialistische Begabung und Berufung des englischen Volkes ist nicht zu leugnen. Man kann sagen, dass England eine geographisch-imperialistische Mission hat. Diese Mission liegt nicht auf einem höheren geistigen Niveau, sie ist aber notwendig für die Erfüllung des historischen Schicksals der Menschheit. Und gemäß ihrer geographischen Lage und den angestammten Eigenschaften ihrer Rasse sind die Engländer vielleicht das einzige imperialistische Volk im modernen Sinn des Wortes. Die Engländer haben großes Glück mit der imperialistischen Politik. Das kann man von den Deutschen nicht sagen. Sowohl die ungünstige geographische Lage als auch die kriegerisch-gewalttätigen Instinkte der germanischen Rasse machen den deutschen Imperialismus schwer und forciert und auf andere Länder und Völker nicht übertragbar. Der deutsche Imperialismus muss aggressiv und gewaltsam-erobernd sein. Im deutschen Imperialismus verbindet sich der Kapitalismus neuester Form eng mit dem Militarismus. Dieser Imperialismus ist rein militaristisch und der Militarismus kapitalistisch und futuristisch modernisiert. Das Deutsche Reich strebt durch Gewalt zur Weltherrschaft, es macht immer den Eindruck eines von unerträglicher Arroganz besessenen Parvenus[63]. Bezeichnenderweise war Bismarck kein Imperialist: mehr als vorsichtig verhielt er sich zur Kolonialpolitik. Er schuf das nationale Reich, vollendete die Einheit des deutschen Volkes. Der Imperialismus ist das Lieblingskind der neuesten Generation des deutschen Bürgertums und des deutschen Junkertums. Seine bürgerlichen Fühler streckt das moderne Deutschland nach Russland, Italien und nach anderen Ländern aus und versucht, sie alle zu germanisieren. Aber Deutschland ist seiner Bestimmung nach kein imperialistisches Land. Sein Imperialismus ist für es selbst und für ganz Europa verhängnisvoll. Gerade dem deutschen Imperialismus war es beschieden zu zeigen, dass der Imperialismus unvermeidlich nicht nur zum Krieg, sondern zum Weltkrieg führt. Der Weltkrieg ist das imperialistische Verhängnis der Politik. Der Samen des Krieges ist in die Ursprünge des friedlichen Imperialismus gelegt. Keinem Volk ist es beschieden, durch friedliche imperialistische Politik seine Macht über die ganze Erde auszudehnen. Jeder Imperialismus gerät auf verhängnisvolle Weise mit dem heftigen Strom eines anderen Imperialismus in Konflikt. Die gleichzeitige Existenz mehrerer globaler Ansprüche führt zum Weltkrieg. Der Zusammenstoß des älteren englischen Imperialismus mit dem jüngeren deutschen ist schicksalhaft vorbestimmt. Darüber hat einige Jahre vor dem Krieg Cramb in seinen Vorlesungen über „Deutschland und England" mit großem Enthusiasmus geschrieben, wenngleich man mit seiner Idealisierung des deutschen Imperialismus nicht einverstanden sein kann. Der Imperialismus hat nicht die Ausbreitung der Zivilisation und die Vergrößerung der Weltgemeinschaft zum Ziel, sondern die globale Auseinandersetzung und Krieg. Im materialistischen Imperialismus tritt Europas Abenddämmerung ein. Aber die Dämmerung nach dieser Nacht kann nur eine globale Morgendämmerung sein.

Der Weltkrieg stellt das 20. Jahrhundert vor die Aufgabe, die Kultur aus Europa in alle Erdteile ausgreifen zu lassen. Nach den Schre-

---

[63] Nach franz. parvenu ‚Emporkömmling'. (Anm. Berdjaevs)

cken des Krieges und dem Übel der Kolonialpolitik, nach dem Kampf der Rassen und Nationalitäten wird sich die Vereinigung der Menschheit und die Zivilisierung der ganzen Erde vollziehen. Vor dieser globalen Aufgabe werden für einige Zeit die provinziellen Fragen Europas in den Hintergrund treten. Früher oder später muss doch die Rückbewegung der Kultur zu ihren Ursprüngen beginnen, zu den alten Rassen, nach Osten, nach Asien und Afrika, die wieder in den Strom der Weltgeschichte einbezogen werden müssen. Ägypten, Indien, Palästina sind nicht für immer aus der Weltgeschichte gefallen. Und die Lösung des quälenden Problems Chinas steht noch aus. Der Untergang der rein europäischen Kultur wird der Sonnenaufgang im Osten sein. Der rätselhafte Ausdruck der Gesichter der alten Völker des Ostens, der uns Europäer so überrascht, muss irgendwann in einem Umbruch der Geschichte enträtselt werden. Von diesem rätselhaften Blick der alten Rassen kann Europa sich nicht abwenden und irgendwohin entkommen. Europa soll nicht nur seine Kultur nach Asien und Afrika bringen, sondern auch etwas aus der alten Wiege der Kultur empfangen. Der Imperialismus mit seiner Kolonialpolitik war nur der äußere, bürgerliche Ausdruck jenes unvermeidlichen historischen Prozesses, den wir voraussehen. Im Inneren wurde dieser historische Umschwung durch die geistige Krise der europäischen Kultur, durch den Zusammenbruch des Positivismus und Materialismus des neuesten europäischen Bewusstseins, durch die Lebensenttäuschung, durch die Sehnsucht nach einem neuen Glauben und neuer Weisheit vorbereitet. Der Schwerpunkt Westeuropas verlagert sich sehr wahrscheinlich weiter nach Westen, nach Amerika, dessen Macht nach Kriegsende sehr wachsen wird. Und auch der Amerikanismus der neuesten Zivilisation zieht Europa nach Amerika. Der Osten ist die eine Grenzüberschreitung der europäischen Kultur, Amerika die andere. Europa wird nicht mehr Zentrum der Weltgeschichte, nicht mehr einzige Trägerin der Hochkultur sein. Wenn Europa Monopolist bleiben und in seiner europäischen Überheblichkeit hätte verharren wollen, musste es auf den Weltkrieg verzichten. Aber längst hat sich Europa in einen feuerspeienden Berg verwandelt. Jetzt ist Europa unmittelbar vor das Hauptthema der Weltgeschichte, die Vereinigung von Ost und West, gestellt. Und die Aufgabe besteht darin, dass die Menschheit das Ende Europas und den Umbruch der Geschichte in geistiger Vertiefung und in religiösem Licht durchlebt.

V

Eine große Rolle in dieser globalen Verlagerung der Kultur muss Russland und England zufallen. Englands Mission ist eine mehr äußerliche, die Mission Russlands innerlicher. Russland liegt im Zentrum von Ost und West, ist ein Ost-Westen. Russland ist ein gewaltiges Imperium. Und gerade deshalb ist ihm der Imperialismus englischer oder deutscher Prägung fremd. Wir Russen haben keine Großmachtambitionen, weil das große Imperium seit langem besteht und keine Aufgabe mehr ist. Russland ist zu groß, um das Pathos der Erweiterung und Vorherrschaft zu besitzen. Und das Temperament der slawischen Rasse ist auch nicht imperialistisch. Russland strebt keinen Kolonialbesitz an, da es selbst gewaltige asiatische Kolonien besitzt, mit denen es noch viel zu tun hat. Russlands Mission ist der Schutz und die Befreiung kleiner Völker. Russland obliegt es auch, ein Bollwerk gegen die Gefahr aus dem mongolischen Osten zu sein. Und dafür muss es sich in erster Linie von allem eigenen Mongolisch-Östlichen befreien. Der einzige natürliche Anspruch Russlands betrifft Konstantinopel und den Zugang zum Meer durch die Meerengen. Ein russisches Konstantinopel muss eines der Zentren der Vereinigung von Ost und West sein. Die materielle Kraft und Größe Russlands ist unsere Ausgangslage. Wir brauchen uns nicht mit Mühe jedes Fleckchen Erde zu erobern, um groß zu sein. Und wir haben allen Grund, die globale Mission Russlands in seinem Geist, seinem geistigen und nicht materiellen Universalismus, in seinen prophetischen Visionen eines neuen Lebens zu sehen, von denen die große russische Literatur, das russische Denken und die Religiosität des russischen Volkes erfüllt sind. Und wenn das Ende des eng-provinziellen Europas naht, so naht umso mehr das Ende des eng-provinziellen Russlands. Russland muss in die Welt ausgreifen. Das Ende Europas wird der Eintritt Russlands und der slawischen Rasse als bestimmende geistige Kraft in die Arena der Weltgeschichte sein. Ein kräftiger kosmischer Wind durchschüttelt alle Länder, Völker und Kulturen. Um diesem Wind standzuhalten, bedarf es großer geistiger Konzentration und Ernsthaftigkeit und religiösen Erleben der historischen Katastrophen.

Aufgaben eines schöpferischen historischen Denkens

I

Eine der traurigsten Erscheinungen, die während des Krieges deutlich wurden, erregt eigentlich kaum Aufmerksamkeit. Ich denke an das fast völlige Fehlen eines schöpferischen historischen Denkens bei uns. Der traditionelle Charakter unseres Denkens eignet sich sehr schlecht für den Entwurf schöpferischer historischer Aufgaben und globaler Perspektiven. Unser nationales Denken leidet immer noch unter dem Provinzialismus und ist vor allem mit der Begleichung negativer Rechnungen beschäftigt. Russland war innerlich zu sehr zerstritten und von kleinlichen politischen Auseinandersetzungen, parteilichen Abrechnungen und sozialen Gruppenantagonismen, die große globale, historische Perspektiven ausschlossen, in Anspruch genommen. Die machtlose russische Gesellschaft konnte sich nicht für die Lösung von Russlands globalen Schicksalsfragen verantwortlich fühlen. Der Weltkrieg hätte natürlich das nationale Denken auf die globalen Aufgaben lenken können. Es hätte doch, so schien es, den Versuch geben müssen, den Krieg zu verstehen, den Platz Russlands in der Welt zu bestimmen und seine Berufung zu erkennen. Ein positives Nationalgefühl sieht das Sein der Nation in weltgeschichtlicher Perspektive, es überwindet den Provinzialismus des nationalen Lebens und der nationalen Interessen. Ein reifes Nationalbewusstsein ist auch ein weltgeschichtliches Bewusstsein. Der nackte und unaufgeklärte Egoismus des Nationalismus oder Imperialismus ist keine Rechtfertigung und auf ihn kann man die geistige Existenz des Volkes nicht gründen.

Existiert Russland als eine gewisse Einheit, die tiefer ist als alle die trennenden Interessen seiner Bevölkerung, gibt es ein einheitliches Gesicht Russlands in der Welt, und was bedeutet der Ausdruck dieses Gesichts für die Welt? Hat Russland eine besondere Bestimmung in der Welt, muss es sein Wort in der Weltgeschichte sagen? Welche konkreten Aufgaben stellt der Weltkrieg Russland? Alle diese Fragen, die ein neuer Tag der Weltgeschichte mit sich bringt, verlangen gewaltige Anstrengungen des schöpferischen Denkens. Keine fertigen, traditionellen Kategorien des Denkens taugen für die Lösung dieser Fragen. Notwendig ist eine völlig selbständige und neue Denkarbeit, eine Anstrengung schöpferischen Geistes. Aber unser nationales Denken sieht das kaum oder es denkt in alten Schablonen, in gewohnten Kategorien. Die Aufgaben, die der Krieg stellt, sind bei uns noch immer nicht richtig erkannt. Die vorherrschenden Rechtfertigungen des Krieges sind ziemlich banal. Denn man darf nicht damit zufrieden sein, dass Russland das Übel des deutschen Militarismus abwehrt. Das Problem, das der Krieg aufwirft, ist viel tiefer. Man kann sich auch nicht auf dem alten slawophilen Eigenlob ausruhen; das ist Ausdruck der Denkträgheit und der Neigung, geistig im Altbekannten zu bleiben. Denn das slawophile Denken hält immer noch an dem selbstzufriedenen, provinziellen und nicht weltbezogenen Zustand Russlands fest. Das Slawophilentum hat große Verdienste um das nationale Selbstbewusstsein, aber es war das ursprüngliche, kindliche Stadium dieses Selbstbewusstseins, das dem jetzigen historischen Erwachsenenalter nicht entspricht.

Weder in unserem „rechten" noch in unserem „linken" Lager gibt es ein schöpferisches historisches Denken. Sie sind allzu sehr von ihren „rechten" oder „linken", d.h. nationalen und nicht globalen Aufgaben in Anspruch genommen. Historisches Denken ist bei uns fast nicht vorhanden. Wir sind gewohnt, mit ausschließlich moralischen oder soziologischen, nicht konkreten, sondern abstrakten Kategorien zu operieren. Unser Bewusstsein ist vorwiegend negativ und nicht schöpferisch bestimmt. Die „Rechten" sind völlig in Anspruch genommen von der Jagd auf die Nationalitäten, auf die Intellicencija, und von der Ermittlung „linker" Gefahren und sind mit der Beseitigung aller Äußerungen einer freien Gesellschaft beschäftigt. Die „Linken" sind allzu konzentriert auf die Entlarvung der „Bourgeoisie", auf die Verwendung negativer Fakten für Agitationszwecke, sie teilen Russland zu sehr in zwei Lager. Und Russland kann sich immer noch nicht einig fühlen und seine welthistorischen Aufgaben nicht schöpferisch bestimmen. Die Anwendung abstrakter soziologischer Kategorien trennt und vereinigt nicht, der Missbrauch moralischer Verdächtigungen und des moralischen Urteils entfremdet schließlich und führt gleichsam zum Auseinanderfallen in zwei Rassen. Nur die entschiedene Hinwendung unseres Bewusstseins auf das Wesen unserer nationalen Existenz und auf die Weite der welthistorischen Existenz eröffnet uns faszinierende schöpferische Aufgaben. Ein schöpferisches historisches

Denken muss schließlich unseren negativen Nationalismus und negativen Kosmopolitismus überwinden.

II

Für den, der aus geschichtsphilosophischer Sicht auf den Weltkrieg blickt, muss klar sein, dass sich jetzt ein Akt des welthistorischen Dramas von Ost und West abspielt. Der Weltkrieg führt zu der außerordentlichen Berührung der Welt des Westens mit der Welt des Ostens, er vereinigt durch Streit, er führt über die Grenzen der europäischen Kultur und der europäischen Geschichte hinaus. Das Problem von Ost und West war im Grunde immer ein Hauptthema der Weltgeschichte, war ihre Achse. Das europäische Gleichgewicht war immer nur eine bedingte Konstruktion. Hinter den Grenzen der eng begrenzten Welt Europas lag die sich weit nach Osten ausdehnende Welt. Die globalen, unerforschten und nicht erlebten Räume des Ostens und Südens haben die Staaten und Kulturen der Völker Europas immer beunruhigt. Die imperialistische Politik der europäischen Großmächte reizte zur Erweiterung der imperialistischen Macht und des kulturellen Einflusses auf Meere und Ozeane, zur Überwindung der Selbstbezogenheit des rein europäischen Daseins. Die unbekannten Weiten der Erde üben große Anziehungskraft aus. Die Blicke richten sich nach Asien und Afrika, den alten Wiegen der Kultur. Die umgekehrte Bewegung von Westen nach Osten ist offenbar eine innerlich unvermeidliche Dialektik der europäischen Kulturen. In der engen und selbstzufriedenen europäischen Kultur gibt es eine verhängnisvolle Tendenz zur Übersättigung, zum Erlöschen, zum Niedergang. Und sie muss unweigerlich über ihre Grenzen hinaus in die Weite und die Ferne zu streben suchen. Der Imperialismus mit seiner Kolonialpolitik ist ein äußerer Ausdruck dieser unumkehrbaren Bewegung der Geschichte. Aber noch tiefgründiger ist die kulturelle und geistige Aufgabe der Wiedervereinigung von Ost und West. Europas Abenddämmerung beginnt.

Nicht zufällig hat der Weltbrand des Krieges auf dem Balkan begonnen. Und von dort ist immer eine Bedrohung des europäischen Friedens ausgegangen. Nicht zufällig ist auch jetzt das zentrale Interesse des Krieges erneut auf den Balkan übergegangen. Die Balkanländer sind der Weg von Westen nach Osten. Konstantinopel ist das Tor, durch das die Kultur Westeuropas nach Osten, nach Asien und Afrika, gelangen kann. In Konstantinopel kreuzen sich Osten und Westen. Die Bildung des Osmanischen Reiches war der Gang von Osten nach Westen. Die Zerstörung des Osmanischen Reiches wird der Rückweg vom Westen nach dem Osten sein. Diese Bewegung fürchteten die europäischen Völker, weil sie sich dafür gleichsam nicht vorbereitet fühlten, und die Tatsache der Existenz des Osmanischen Reiches mit Konstantinopel am Eingang vom Westen zum Osten war Ausdruck der geistigen Unreife der europäischen Völker. Wie wenig gleicht das neue Europa darin dem mittelalterlichen Europa, das sich dem schwärmerischen Aufbruch der Kreuzzüge hingab! Jetzt schützt sich Europa durch die Türkei gleichsam vor sich selbst. Aber mehr als alles andere fürchtet Europa das gewaltige und rätselhafte Russland, das ihm immer so fremd und unannehmbar erschien. Die europäische Politik des 18. Und 19. Jahrhunderts war in erheblichem Maße darauf gerichtet, Russland nicht nach Konstantinopel, zu den Meerengen, zu Meeren und Ozeanen zu lassen. Europa war daran interessiert, Russland gewaltsam einzudämmen, ihm den Zugang zur Welt zu versperren und die globale Rolle Russlands zu erschweren. Und Russland selbst fühlte sich offensichtlich der globalen Rolle noch nicht gewachsen. Nationale russische Ideologien wie das Slawophilentum rechtfertigten die engprovinzielle, nicht globale Existenz Russlands. Russland setzte sich selbst ganz von Europa als einer bestimmten Einheit ab. Sowohl das slawophile als auch das westlerische Bewusstsein glaubte gleichermaßen an Europa als geistige Einheit und einheitlichen Kulturtypus. Das Slawophilentum setzte Russland als den höheren geistigen Typus Europa entgegen, und das Westlertum träumte von Europa als einzigem Typus globaler Kultur und als Ideal für Russland. Aber der Weltkrieg brach aus und zerstörte die Illusion von einem einheitlichen Europa, einer einheitlichen europäischen Kultur, einem einheitlichen europäischen Typus des Geistes. Europa kann nicht mehr Monopolist der Kultur sein. Europa ist ein labiles Gebilde. Europa birgt die gegensätzlichsten Prinzipien, die feindlichsten Elemente, birgt geistige Typen, die einander in äußerstem Maße ausschließen. Vielen Völkern Europas erschien Deutschland schrecklicher als Russland, fremder als der Osten. Der Krieg wird Europa einerseits nach Osten, andererseits nach dem äußersten Westen ziehen. Letzten Endes kann der Krieg Amerika nur stärken, und die Frage nach der historischen Bestimmung der slawischen Rasse wird sich mit Sicherheit stellen. Europa strebt schon lange über sich selbst und seine Grenzen hinaus. Europa an sich ist provinziell. In Europa gibt es schon lange einen heimlichen, inneren Drang nach Osten, der sich an der geschichtlichen Oberfläche unterschiedlich ausdrückte. So unterschiedliche Phänomene wie der Imperialismus in der Politik und die Theosophie im geistigen Leben sind gleichermaßen symptomatisch für den Drang, die Grenzen der europäischen Kultur zu verlassen, von Westen nach Osten zu gehen. Und die großen Aufgaben der Kreuzzüge wendeten sich nach innen, blieben aber für Europa bestehen. Welche Position soll Russland in dieser welthistorischen Bewegung beziehen?

III

Russland kann sich seiner Bestimmung in der Welt nur im Licht des Problems von Ost und West bewusst werden. Es steht zwischen östlicher und westlicher Welt und kann als Ost-Westen bezeichnet werden. Nicht umsonst und nicht zufällig drehte sich das russische Denken des gesamten 19. Jahrhunderts um die Streitigkeiten der Slawophilen und Westler. Hier liegt die Wahrheit des russischen Denkens, gemäß der das Thema Osten und Westen für das russische Bewusstsein grundlegend ist, ebenso wie die Frage, ob die westliche Kultur einzigartig und universal ist, und ob es nicht eine andere und höhere Kultur geben könne. In den Ideologien des Slawophilentums und des Westlertums gab es Beschränktheit und Unreife. Aber dieses Thema der russischen Überlegungen selbst war tiefgründig und für Russland wesentlich. Dieses Thema blieb noch immer ideologisch und mit praktischen Perspektiven kaum verbunden. Die denkende russische Gesellschaft hatte überhaupt kein Verantwortungsgefühl, und ihr Denken konnte auch völlig verantwortungslos bleiben. Aber der Weltkrieg zwingt Russland, sich dem existentiellen Thema Ost und West zu stellen. Jetzt kann das Nachdenken über dieses Thema schon nicht mehr so abstrakt und verantwortungslos sein. Aber es ist nun so, dass in diesem verantwortungsvollen Moment unserer Geschichte das Niveau unseres nationalen Denkens gesunken, die Dauerthemen unserer Intelligencija verflacht sind. Und wir stehen vor der Aufgabe, das Niveau des nationalen Denkens zu heben und es mit den lebenswichtigen Aufgaben zu verbinden, die von den globalen Ereignissen gestellt werden. Russland ist so tief in das dichte Geflecht dieses Geschehens hineingezogen, dass keine russische Trägheit und Unbeweglichkeit es von der Lösung der Grundfragen seiner Geschichte mehr ablenken kann. Wie auch der

Krieg ausgehen wird, wie auch seine unmittelbaren politischen Folgen aussehen werden, die geistigen Folgen dieses Krieges kann man voraussehen.

Der Weltkrieg muss Russland aus der engen provinziellen Existenz in die globale Weite führen. Die potentiellen Kräfte Russlands müssen zum Vorschein kommen, sein wahres Gesicht, das bisher immer noch doppeldeutig war, muss der Welt offenbar werden. Dieses muss auf jeden Fall geschehen, wenn nicht auf dem Wege sieghafter Stärke und direkten Machtzuwachses, dann auf dem Wege opferbereiten Leidens, ja selbst der Erniedrigung. Es gibt viele Wege, und im Völkerschicksal liegt ein Geheimnis, das wir niemals rational lösen werden. Die furchtbarsten Opfer können einem Volk auferlegt sein, und durch große Opfer sind Erfolge möglich, die einem selbstzufriedenen und wohlhabenden Dahinleben nicht möglich sind. Das geistige Ergebnis des Weltkrieges wird zugleich die Überwindung der Einseitigkeit und Enge der sogenannten europäischen Kultur sein, ihr Ausgang in die globale Weite. Und dies bedeutet auch, dass der Weltkrieg das jahrhundertealte Thema Ost und West in neuer konkreter Form Russland und Europa unmittelbar vor Augen stellt. Europa und Russland werden mit nie gekannter Schärfe und Konkretheit nicht nur vor den äußeren, sondern auch den inneren geistigen Fragen über die Türkei und den Panslawismus, über Ägypten, über Indien und den Buddhismus, über China und den Panmongolismus stehen. Europa war zu sehr in seiner Selbstzufriedenheit gefangen. Der alte Osten und der Süden interessierten es vor allem wegen der Kolonialpolitik und der Eroberung von Märkten. Russland hat sich noch nicht mit den globalen Fragen befasst, mit denen seine Stellung in der Welt zusammenhängt. Russland war innerlich allzu unorganisiert, zu viele elementare Fragen waren in ihm zu lösen. Vl. Solov'ev versuchte, nicht immer glücklich, unser Bewusstsein auf diese welthistorischen Fragen zu lenken. Auf jeden Fall hat er im Vergleich zu den Slawophilen und Westlern einen großen Schritt vorwärts getan.

IV

Russland muss den ost-westlichen Kulturtypus darstellen, die Einseitigkeit der westeuropäischen Kultur mit ihrem Positivismus und Materialismus, die Selbstzufriedenheit ihrer begrenzten Horizonte überwinden. Unseren russischen Provinzialismus und unsere Enge kann man nicht durch europäischen Provinzialismus und europäische Enge überwinden. Wir müssen in die globale Weite hinausgehen. Und in dieser Weite sollen die alten religiösen Quellen der Kultur sichtbar werden. Der Osten muss dem Westen aufs Neue ebenbürtig werden. In gewissem Sinn ist die Europäisierung Russlands notwendig und unumkehrbar. Russland muss für Europa zu innerer und nicht äußerer Kraft werden, zu einer kreativ verwandelnden Kraft. Dafür muss Russland in kultureller Hinsicht europäisch verwandelt werden. Russlands Rückständigkeit ist nicht seine Besonderheit. Seine Besonderheit muss sich in den höchsten und nicht in den niedrigsten Entwicklungsstufen zeigen. Den dunklen Osten, der es auf den elementaren Stufen festhält, muss Russland in sich überwinden. Aber das Westlertum ist der Irrtum des Kindesalters, und es befindet sich im Widerspruch zu den globalen Aufgaben Russlands. Die Schablonen des westlerischen Denkens sind ebenso untauglich für das Verstehen der globalen Ereignisse wie die Schablonen des altslawischen Denkens. Die historische Epoche, in die wir eintreten, verlangt eine organische Verbindung des Nationalbewusstseins mit dem universalen Bewusstsein, das heißt eine Definition der globalen Bestimmung der Nationalitäten. Vor unserem Denken steht ganz konkret die Aufgabe, die globale Rolle Russlands, Englands und Deutschlands und ihre gegenseitigen Beziehungen zu erkennen. Darüber muss ein andermal gesprochen werden, aber ich denke, dass entweder Russland und England oder Deutschland die führende Position in der Welt zukommt. Die Vorherrschaft Russlands und Englands muss Osten und Westen einander annähern und zur Lösung des Ost-West-Problems führen. Die Vorherrschaft Deutschlands würde den Versuch darstellen, ein neues globales Imperium mit dem Anspruch auf Weltherrschaft zu gründen, das im Grunde nichts einander annähern und nichts vereinigen würde, weil Deutschland unfähig wäre, irgendetwas als eigenen Wert gelten zu lassen.

Die Hinwendung zu schöpferischen historischen Aufgaben würde uns von inneren provinziellen Streitigkeiten, von kleinlicher Feindschaft heilen. Schändlich ist es nur, sich vom Willen des Feindes negativ bestimmen zu lassen. Russland hat seine eigenen Aufgaben, die vom bösen Willen Deutschlands unabhängig sind. Russland verteidigt sich nicht nur, es löst auch seine eigenen Aufgaben selbständig. An diesen unseren eigenen Aufgaben arbeitet unser Denken allzu wenig. Man muss unbedingt zu einem selbständigen kreativen nationalen Denken aufrufen, das uns in die freie Luft und Weite hinausführen soll. Aber das schöpferische historische Denken setzt die Anerkennung der Geschichte als selbständige Wirklichkeit, als besondere metaphysische Realität voraus. Eine derartige Hinwendung zur Geschichte hat es bei uns bis jetzt fast nicht gegeben, und es fehlten uns die entsprechenden Kategorien für eine Reflexion über die Geschichte und ihre Aufgaben. Ein solcher Bewusstseinswandel wird für uns etwas Befreiendes haben.

Das Slawophilentum und die slawische Idee

I

Der Krieg konfrontierte das russische Bewusstsein eindrücklich mit allen schmerzlichen slawischen Fragen – der polnischen, tschechischen, serbischen Frage –, er brachte die Dinge in Bewegung und zwang die gesamte slawische Welt des Balkans und Österreich-Ungarns dazu, angestrengt über ihr Schicksal nachzudenken. Im Slawentum schmerzt jetzt alles. Und bisweilen scheint es fast unmöglich, die alten Streitereien der Slawen unter sich zu befrieden. Der globale Zusammenstoß der slawischen mit der germanischen Rasse, zu dem die ganze Geschichte hinführte und der nicht vorherzusehen war, kann gar nicht anders als zum slawischen Selbstbewusstsein führen. Die slawische Idee musste angesichts der drohenden deutschen Gefahr erkannt werden. Aber die slawischen Familienstreitigkeiten gehen immer weiter. Die Balkanhalbinsel ist durch die slawischen Auseinandersetzungen demoralisiert. Polen ist zerstritten, Brüder sind gezwungen, einander zu bekämpfen. Das gegenseitige Misstrauen und die Verdächtigungen sind wahrhaft schrecklich. Und ist denn unser russisches gesellschaftliches Bewusstsein bereit, die slawische Idee zu vertreten und zu formulieren? Ist diese Idee herangereift? Ist sie so populär, dass sie die Kraft hat, das Leben zu verändern? Die slawische Idee befindet sich bei uns in einem bedauerlichen Zustand, sie ist unterdrückt und kann nicht frei zum Ausdruck kommen. Ich glaube, dass die slawische Idee tief in der Seele des russischen Volkes unbewusst vorhanden ist, dass sie als Instinkt noch dunkel existiert und noch keinen wirklichen Ausdruck gefunden hat. Aber ein wirkliches slawisches Bewusstsein, eine wirkliche slawische Idee, gibt es bei uns nicht.

Das russische Nationalbewusstsein und das panslawische Nationalbewusstsein wurde bei uns in dem Streit zwischen Slawophilen und Westlern geboren. Die slawische Idee kann man nur im Slawophilentum suchen, im Westlertum gibt es keine Spur von dieser Idee. Aber in unserem klassischen Slawophilentum, bei Kireevskij[64], Chom-

[64] I. V. Kireevskij (1806-1856), Philosoph, Literaturkritiker und Publizist.

jakov[65], Aksakov[66], Samarin[67] findet man schwerlich einen reinen Ausdruck der slawischen Idee. Das Slawophilentum würde man besser Russophilentum nennen. Das Slawophilentum betonte vor allem den besonderen Typus der russischen Kultur auf der Grundlage der Orthodoxie des Ostens und setzte ihn dem westlichen Kulturtypus und dem Katholizismus entgegen. Im Slawophilentum gab es noch viel provinzielle Enge. Die Slawophilen waren immer gutmütige russische Gutsherren, sie waren klug, talentiert, gebildet, sie liebten ihre Heimat und waren von deren eigentümlicher Seele fasziniert. Aber globale Perspektiven kamen in ihrem Bewusstsein noch nicht vor. Die slawophile Ideologie war eher trennend als vereinigend. Das war noch das kindliche Bewusstsein des russischen Volkes, ein erstes nationales Erwachen vom Schlaf, ein erster Versuch der Selbstbestimmung. Aber die slawophile Ideologie kann nicht der reifen historischen Existenz des russischen Volkes entsprechen. Die slawophilen Einstellungen bildeten sich in Unfreiheit, man fühlt die Gedrücktheit in ihnen, sie sind kaum geeignet für ein freies, offenes historisches Dasein. Die alten slawophilen Ideale waren vor allem Ideale eines privaten, familiären und alltäglichen Lebens des russischen Menschen, der nicht in den weiten Raum der historischen Existenz hinausgehen durfte, der zu solcher Existenz noch nicht reif war.[68] Die Unfreiheit machte die Slawophilen frei von Verantwortung. Man forderte sie nicht zur Realisierung ihrer Ideen auf, und ihre Ideen waren oft schöngeistige Vorstellungen des russischen Menschen. Die schwachen Seiten der slawophilen Ideologie, ihre Lebensfremdheit, ihre altgutsherrliche Treibhausatmospäre waren im Grunde deshalb kaum zu sehen, weil das Slawophilentum keine wirkliche Macht besaß und in die Opposition gedrängt wurde. Kraft besaß nur der staatliche, offizielle Nationalismus, und der brauchte nicht die verdächtigen Verdienste der Slawophilen und überhaupt keine Ideologien. Die Slawophilen ahnten

[65] A. S. Chomjakov (1804-1860), Theologe, Philosoph, Dichter, Publizist.

[66] Berdjaev lässt offen, welchen der Brüder Aksakov er hier meint. Beide sind slawophile Denker und Ideologen des Slawophilentums: K. S. Aksakov (1817-1860) und I. S. Aksakov (1823-1886). Über die Slawophilen siehe ausführlich N. Berdjaev, Die russische Idee, Kapitel II.

[67] Samarin, s.o. Anm. 40.

[68] Ich gehe hier nicht auf die kirchlichen Ideen Chomjakovs ein, die sehr tiefgründig sind und ihre zeitlose Bedeutung behalten. (Anm. Berdjaevs)

etwas von der russischen Volksseele, sie brachten als erste dieses eigene russische Empfinden zum Ausdruck, und darin liegt ihr großes Verdienst. Doch jeder Versuch, das Programm der slawophilen Ideen zu verwirklichen, zeigte entweder seine Utopie und Lebensferne oder seine Übereinstimmung mit der offiziellen Regierungspolitik. Und bei ihren Epigonen wurde das Slawophilentum bis zur Identität mit dem staatlichen Nationalismus auf verhängnisvolle Weise entstellt. Es bildete sich das staatlich-offizielle Slawophilentum, bei dem sich die slawische Idee und die slawische Politik in rhetorische Terminologie verwandelten und dem weder in Russland noch außerhalb seiner Grenzen irgendeiner glaubt. Das Slawophilentum zeigte sich unfähig, im Sinne einer kreativen slawischen Politik auf die Regierungsmacht einzuwirken. Vorherrschend blieb nicht der slawische, sondern der deutsche inspirierende Einfluss und von ihm wurden die Nachkommen der Slawophilen angesteckt.

II

Nur bei den Slawophilen gab es die nationale Idee, nur sie erkannten die Realität der Volksseele an. Unser westlerisches Denken wirkte nicht auf das Nationalbewusstsein. Aber die Einstellung der Slawophilen zur schmerzlichsten und für uns Russen wichtigsten Frage, der polnischen Frage, war im Grunde falsch und nicht slawisch. Niemals empfanden die Slawophilen gegenüber dem polnischen Volk die slawische Einheit, die slawische Bruderschaft. Für die Slawophilen musste die ihrem Geist treu ergebene slawische Welt vor allem orthodox sein. Einen nicht orthodoxen Slawen hielten sie für einen Verräter an der slawischen Sache. Und sie konnten dem polnischen Volk seinen Katholizismus nicht verzeihen. Sie konnten die polnische Seele deshalb nicht verstehen und lieb gewinnen, weil sie die katholische Seele nicht verstehen und lieb gewinnen konnten. Aber die ganze Eigenart der polnischen Kultur war ja dadurch bestimmt, dass sich ihr Katholizismus in der slawischen Seele veränderte. So formte sich der polnische Nationalcharakter, dieses ganz besondere slawisch-katholische Antlitz, das sich vom Antlitz der romanischen katholischen Völker und der slawischen orthodoxen Völker unterscheidet. Für die Slawophilen war Polen derselbe Westen innerhalb der slawischen Welt, dem sie immer den russischen orthodoxen Osten entgegensetzten, den Träger des höchsten spirituellen Typus und der ganzen Fülle der religiösen

Wahrheit. Die Polen erschienen vor allem als Lateiner und man hatte fast vergessen, dass sie Slawen sind. Das Polentum sah man als die katholische Gefahr an. In ihrer Abneigung gegenüber dem Katholizismus gingen die Slawophilen so weit, dass sie das protestantische Deutschland den katholischen Ländern und Völkern vorzogen. Die Lutheraner nahmen im Vergleich zu den Katholiken eine privilegierte Stellung ein, oft lenkten sie die Regierung. Das ideenreiche Slawophilentum und die vollkommen ideenlose Regierung stimmten darin überein. Bei Dostoevskij äußerte sich die Feindschaft gegenüber dem Katholizismus und gegenüber Polen in noch extremerer Form. Im Katholizismus sah er den Geist des Antichristen und wollte den Katholizismus zusammen mit dem protestantischen Deutschland zerstören. Es bildete sich eine ziemlich starke slawophil-konservative Tradition, die unsere Regierung übernahm und die in der Praxis dazu führte, dass unsere Politik immer von Deutschland abhängig war. Die Feindschaft gegenüber Polen und die Freundschaft mit Deutschland sind bei uns zwei Seiten einer Medaille. Aber nicht nur die Polen sind Katholiken in der slawischen Welt. Und die altslawophile Einstellung zum Katholizismus machte eine ehrliche slawische Einigung unmöglich. Die Feindschaft gegen das polnische Volk, vor dem wir unsere historische Schuld wiedergutmachen müssten, machte unser Slawophilentum heuchlerisch. Man hat mit Recht darauf hingewiesen, dass die Russen zuerst die unterdrückten Slawen bei sich selbst befreien sollten, und dann erst andere Slawen. Die slawische Idee und die slawische Einigung sind unmöglich, wenn der russische und orthodoxe Typus des Slawentums als die ganze und ausschließliche Wahrheit angesehen wird, die keinerlei Ergänzung und keine anderen slawischen Kulturtypen brauche. Dann bliebe nur die Politik des Russifizierung und des Zwangs zur Orthodoxie. Aber diese Politik ist mit der slawischen Idee nicht vereinbar. Die russische Seele bleibt für alle Zeit eine slawische Seele, die die Orthodoxie in sich aufgenommen hat. Diese orthodoxe Prägung spürt man auch im sittlichen Charakter der atheistischen Intelligencija und bei L. Tolstoj, der die Orthodoxie beschimpfte. Aber die russische Seele kann mit anderen slawischen Seelen brüderlich zusammenleben, die eine andere geistige Prägung erhalten haben und einen anderen Kulturtypus darstellen. Russlands Seele kann die Seele Polens, des anderen großen slawischen Volkes, liebgewinnen und wird dadurch noch mehr es selbst sein. Von einer solchen Vereinigung unterschiedlicher Seelen im Slawentum wird die slawische Welt nur reicher. Das Verhältnis zu den Balkanslawen war bei den Slawophilen anders und besser als zu den Polen. Aber auch hier waren die Slawophilen zu ausschließlich russophil, um eine brüderliche und ebenbürtige Beziehung zuzulassen. Natürlich kann das kleine Serbien nicht dieselbe Bedeutung wie Russland beanspruchen. Und ohne Zweifel muss Russland die führende Rolle in der slawischen Welt spielen. Das ist aber nicht die Frage. Es geht darum, dass Russland endlich auf die furchterregende und abstoßende Idee verzichten soll, dass die „slawischen Ströme im russischen Meer zusammenfließen", d. h. dass es das ewige Recht auf jede nationale Individualität anerkennt und sie als Eigenwert gelten lässt. Und eine solche Einstellung wird mit der großherzigen, uneigennützigen und geduldigen, gebenden und nicht nehmenden Seele des russischen Volkes vollkommen in Einklang sein, die die Slawen noch nicht kennen, weil sie ihnen durch unsere volksfremde staatliche Politik verschlossen ist.

Das Slawophilentum schreckt die Polen, die Slawen und die progressiven Schichten der russischen Gesellschaft ab. Im Slawophilentum war der wahre Kern der slawischen Idee vorhanden, aber umgeben von einer veralteten und verdorbenen Hülle, die allzu sehr mit dem russischen Staat verbunden war. Vl. Solov'ev bedeutet im Vergleich zu den alten Slawophilen schon einen großen Schritt nach vorn. Er überwindet den provinziellen Nationalismus der Slawophilen. Das messianische Denken bei Vl. Solov'ev wie bei Dostoevskij ist global. Der Horizont weitet sich. Bei Vl. Solov'ev findet sich schon eine völlig andere Einstellung zum Katholizismus. Er sieht im Katholizismus eine Wahrheit, mit der sich die orthodoxe Welt vereinigen soll. Deshalb hat er auch ein anderes Verhältnis zur polnischen Frage als die alten Slawophilen. In brüderlicher Liebe wandte er seinen Blick auf das polnische Volk und maß ihm große positive Bedeutung für das Schicksal des russischen Volkes bei. Aber ein slawisches Empfinden, ein slawisches Bewusstsein kommt bei Vl. Solov'ev nur schwach zum Ausdruck und einen Herold der slawischen Idee darf man ihn nicht nennen. Dostoevskij und Vl. Solov'ev kann man hinsichtlich des universalen Charakters ihres messianischen Denkens mit den großen polnischen Messianisten Mickiewicz, Slowacki[69] Krasiński[70], Towiański,

---

[69] J. Slowacki (1809-1849), polnischer romantischer Dichter, Dramatiker.

[70] Z. Krasiński (1812-1858), polnischer Dichter.

Cieszkowski und Wronski[71] vergleichen. Beschämend wenig wissen wir von den polnischen Messianisten und sollten uns jetzt ihrem Studium zuwenden. Der polnische Messianismus ist reiner und opferbereiter als der russische Messianismus, der nicht frei ist von der Idealisierung unserer Staatsmacht. Im messianischen Denken Dostoevskijs kann man die reine Opferbereitschaft, die das messianische Denken der Polen beseelt hat, nicht finden. Dostoevskij verband sich zu sehr mit der Aggressivität der russischen Staatsmacht. Die Slawophilen kann man im strengen Wortsinne nicht einmal Messianisten nennen, sie sind eher Nationalisten und stehen in ihrem Denken weit unter den polnischen Messianisten, die man als erste Verkünder der slawischen Idee ansehen muss. Leider führte das weitere tragische Schicksal Polens zur Verdrängung des slawischen Messianismus durch den ausschließlichen polnischen Nationalismus. Unter den polnischen Messianisten ist einer überaus wenig bekannt, nämlich Wronski, der einen russischen und keinen polnischen Messianismus verkündete. Wronski hat den Weltkrieg so, wie er jetzt abläuft, den Zusammenstoß der slawischen und germanischen Welt und die notwendige Einigung Polens und Russlands in ihrem Kampf mit Deutschland lange vorausgesagt.[72] Wronski hielt das russische Volk für ein Gottesträgervolk. Aber von Wronski hat bei uns kaum jemand gehört.

III

Das Westlertum erkannte den Wert der Nationalität überhaupt nicht an, und die slawische Idee war den russischen Liberalen und den russischen Revolutionären fremd. Im linken Lager der Westler ließ man Nationalität nur negativ gelten, nur soweit sie verfolgt war und befreit werden sollte. Unterdrückte Nationalitäten meinte man beschützen zu müssen, aber inspirierend war immer die kosmopolitische Idee, und schöpferische nationale Aufgaben erkannte man nicht an. Unsere linken Strömungen waren bereit, das Existenzrecht der polnischen und grusinischen Nationalität anzuerkennen, da sie unterdrückt sind, aber die russische Nationalität anzuerkennen waren sie nicht bereit, weil diese staatlich herrscht. Aber eine fremde nationale Seele kann nur

[71] J. Hoené-Wronski (1776-1853), polnischer Philosoph und Mathematiker.

[72] Siehe Wronskij: Le destin de la France, de l'Allemagne et de la Russie comme Prolégomènes du Messianisme". (Anm. Berdjaevs)

empfinden und verstehen, wer seine eigene nationale Seele empfindet und versteht. Erst während des Krieges begann in den liberalen und radikalen russischen Kreisen ein Nationalbewusstsein zu erwachen. Man beginnt, über die nationale Selbstbestimmung und über die nationale Bestimmung Russlands nachzudenken und kommt mit der slawischen Idee in Berührung. Ein wenig Slawophilentum muss auch jener Teil der Gesellschaft annehmen, der sich immer westlerisch verstanden hat. Das tragische Schicksal des zerrissenen Polen und Serbien lenkt unseren Willen und unser Denken auf die Slawen und die slawische Idee. Aber wir müssen erkennen, dass die slawische Einigung auf der Basis des traditionellen Slawophilentums und des traditionellen Westlertum nicht möglich ist und ein neues Bewusstsein, neue Ideen voraussetzt. Unmöglich ist es, die panslawische Idee zu behaupten, wenn man die Orthodoxie des Ostens als einzigen und vollen Ursprung der höchsten geistigen Kultur ansieht, weil die Polen und alle katholischen Slawen in ihrer Religiosität nicht mehr angesprochen werden. Es ist klar, dass die geistige Basis der slawischen Idee breiter sein und mehrere religiöse Formen aufnehmen muss. Und das setzt die Überwindung des religiösen russischen Nationalismus voraus.

Der slawischen Idee wie überhaupt der russischen messianischen Idee zugrunde legen kann man nur den Universalismus des russischen Geistes, die russische Allmenschlichkeit, die russische Suche der Gottesstadt, nicht aber die russische nationale Beschränktheit und Selbstzufriedenheit, nicht den russischen Provinzialismus. Man muss die Seele Russlands lieb gewinnen und intim kennen, um den russischen Transnationalismus und die russische Uneigennützigkeit zu sehen, die andere Völker nicht kennen. Ich denke, dass auch die Slawophilen diese Tiefe der russischen Seele nicht zum Ausdruck brachten. Sie sind noch nicht zur Allmenschlichkeit gelangt, haben die eigennützige nationale Selbstbehauptung noch nicht überwunden. Notwendig sind eine neue slawische und eine neue russische Idee, eine vorwärts und nicht rückwärts gerichtete kreative Idee. Wir treten jetzt in eine neue Periode der russischen und der Weltgeschichte ein, und die alten, traditionellen Ideen sind ungeeignet für die neuen globalen Aufgaben, die uns das Leben stellt. Wir haben zu viel erlebt, zu vieles überschätzt und können nicht zu den alten Ideologien zurück. Wir sind keine Slawophilen und keine Westler mehr, denn wir erleben nie geahnte globale Veränderungen, und von uns wird unvergleichlich mehr verlangt als von unseren Vätern und Großvätern. Alle schlummernden Kräfte des russischen Volkes müssen aktiviert werden, damit die vor uns liegenden Aufgaben gelöst werden können. Wir müssen an uns glauben, an die Kraft unseres nationalen Willens, an die Reinheit unseres Nationalbewusstseins, müssen unsere „Idee“ sehen, die wir in die Welt tragen, müssen die historischen Sünden unserer Macht vergessen und verzeihen. Wir kannten unsere Tiefe nicht, aber allzu gut kannten wir die schwere Hand unseres Staatswesens. Und jede slawische Seele, die durch diese schwere Hand gestärkt wurde, schreckt ab und erweckt Widerwillen. Die slawische Einigung geschieht auf völlig neuem Weg. Unser nationales Denken muss schöpferisch an der neuen slawischen Idee arbeiten, denn die Stunde der Weltgeschichte hat geschlagen, da die slawische Rasse mit ihrem Wort in die Arena der Weltgeschichte eintreten soll. Sie wird die Herrschaft der germanischen Rasse ablösen und sie erkennt ihre Einheit und ihre Idee in blutigem Kampf mit dem Deutschtum. Die Idee der slawischen Einigung, vor allem der russisch-polnischen Einigung, soll nicht außenpolitisch, staatlich-utilitaristisch sein, sie muss vor allem geistig, dem inneren Leben zugewandt sein. Das Schicksal der slawischen Idee kann nicht in sklavischer Abhängigkeit von einer schwankenden Welt, vom Wechsel des Kriegsglücks, von der Schlauheit der internationalen Diplomatie und von den Berechnungen der Politiker bestehen. Wie jede große Idee, die mit den geistigen Grundlagen des Lebens der Völker verbunden ist, kann sie nicht durch äußere Misserfolge zugrunde gehen, sie ist auf weitere Perspektiven angelegt. Im Volk und in der Gesellschaft muss die geistig-kulturelle Bewegung aller Slawen beginnen, und schließlich wird diese Bewegung auch unsere Politik beeinflussen, die ein so schweres Erbe aus der Vergangenheit übernommen hat. Aber das alles darf nicht aus äußeren utilitär-politischen Vereinbarungen und Kombinationen heraus beginnen, sondern aus aufrichtigen, aus der Tiefe kommenden Vereinigungen. Wir sind die Lügen der Politiker satt und möchten die freie Luft der Wahrheit atmen. Eine solche Wahrheit liegt in der Natur des russischen Menschen. Solche Wahrheit erwarten wir auch von den anderen Slawen.

Kosmische und soziologische Weltwahrnehmung

I

Der Weltkrieg bringt der Menschheit eine tiefe geistige Krise, die man von verschiedenen Seiten betrachten kann. Die Folgen dieses unerhörten Krieges lassen sich nicht gänzlich voraussehen. Vieles spricht dafür, anzunehmen, dass wir in eine neue historische Ära eintreten. Und wenn die äußeren, internationalen, politischen und ökonomischen Veränderungen in die Augen springen, so kommen die inneren, geistigen Veränderungen unmerklich heran. Unsere Prognose muss gänzlich frei sein vom üblichen Optimismus oder Pessimismus und von Kriterien des Wohlergehens. Es wäre leichtsinnig, sich das Leben nach einem solchen erschöpfenden Krieg in besonders rosigen und angenehmen Farben vorzustellen. Es ist eher anzunehmen, dass die Welt in eine Periode eines langen Mangels eintritt und dass das Tempo seiner Entwicklung katastrophisch sein wird. Aber was die Menschheit in dem globalen Kampf an Werten gewinnt, bestimmt sich nicht durch vermehrten oder verminderten Wohlstand.

Über die ökonomischen und politischen Folgen des Krieges wird ziemlich viel gesprochen und geschrieben. Weniger denkt man an die geistigen Folgen, an seinen Einfluss auf unsere ganze Weltanschauung. Über eine dieser wenig beachteten Folgen möchte ich sprechen. Im 19. Jahrhundert war die Weltwahrnehmung und Weltanschauung der fortschrittlichen Kreise der Menschheit deutlich sozial gefärbt. Nicht nur einmal hat man darauf hingewiesen, dass die Soziologie die Theologie abgelöst hat, dass das religiöse Gefühl der glaubenslos gewordenen Menschheit sich auf das Soziale gerichtet hat. Die Lebenseinstellung wurde primär sozial, alle anderen Werte wurden ihr untergeordnet. Alle Werte wurden in sozialer Perspektive gesehen. Die menschliche Gesellschaft löste sich aus dem kosmischen Zusammenhang, aus dem Ganzen der Welt und fühlte sich als enges und selbstzufriedenes Ganzes. Der Mensch wohnte schließlich in einem selbstbezogenen und engen Territorium, über das er Herr sein wollte und vergaß darüber die ganze übrige Welt und andere Welten, auf die sich seine Macht und Herrschaft nicht erstreckte. Die Gewinnung eines beschränkten, engen sozialen Territoriums wurde erkauft durch schwächer werdende Erinnerung und Ewigkeitsvergessen. Vielleicht musste der Mensch diese Periode beschränkter Weltwahrnehmung durchmachen, um seine soziale Energie zu stärken und zu festigen. Die verschiedensten Beschränkungen sind zu bestimmten Perioden der menschlichen Evolution praktisch notwendig. Die Beschränktheit dieser soziologischen Weltwahrnehmung durfte aber nicht zu lange dauern. Sie barg die Möglichkeit allzu unerwarteter Katastrophen. Der unendliche Ozean des Lebens schickt seine Wogen in die enge und schutzlose menschliche Gesellschaft, die auf einem kleinen Stückchen Erde wohnt. Der Weltkrieg ist eine solche große globale Woge, gleichsam die „neunte", die gewaltigste Welle. Sie zeigt allen und den maßlos Verblendeten, dass alle Sozialutopien, die auf der Trennung des Gesellschaftlichen vom kosmischen Leben beruhen, oberflächlich und nicht von langer Dauer sind. Unter dem Ansturm der globalen Wogen sind unsere Utopien des Humanismus, des Pazifismus, des internationalen Sozialismus, des internationalen Anarchismus usw. zusammengebrochen. Nicht die Theorie, sondern das Leben selbst zeigt uns, dass der soziale Humanismus eine allzu beschränkte und allzu oberflächliche Basis hat. Man hatte nicht beachtet, dass es eine Tiefendimension der Erde, eine grenzenlose Weite der Welt und Sternenwelten gibt. Viel dunkel Irrationales, das stets Unerwartetes bringt, liegt in diesen Tiefen und in der grenzenlosen Weite. Die enge und beschränkte menschliche Gesellschaft mit ihrem ausschließlich soziologischen Weltverständnis erinnert an den Vogel Strauß, der den Kopf in seinem Gefieder versteckt. Allzu vieles wird in den Sozialutopien nicht beachtet, die immer auf Vereinfachung und künstlicher Isolation beruhen. Das ist wie bei der kurzzeitigen und oberflächlichen Oase einer Gemeinschaft im Geist des Tolstojanertums oder des utopischen Sozialismus und der kurzzeitigen und oberflächlichen Existenz aller menschlichen Gesellschaft im komplexen und grenzenlosen kosmischen Leben. Der Sozialutopismus gründet immer in dieser Isolation des Gesellschaftlichen vom kosmischen Leben und von allen kosmischen Kräften, die gegenüber der gesellschaftlichen Vernunft irrational sind. Das ist immer eine Flucht vor der Komplexität mittels Beschränkung. Der Sozialutopismus ist ein Glaube an die endgültige und restlose Rationalisierung des Gesellschaftlichen, unabhängig davon, ob die ganze Natur rationalisierbar und eine kosmische Harmonie hergestellt werden kann. Der Utopismus will den Zusammenhang zwischen dem gesellschaftlichen

Bösen und dem kosmischen Bösen nicht wissen, er sieht nicht, dass das Gesellschaftliche mit dem ganzen Kreislauf der natürlichen Ordnung oder natürlichen Unordnung zusammenhängt. Und derartige Katastrophen wie der Weltkrieg zwingen uns, zur Besinnung zu kommen, nötigen uns, unseren Horizont zu erweitern. Es zeigt sich die Lebensuntauglichkeit solcher rationaler Utopien vom ewigen Frieden in dieser schlechten natürlichen Welt, der staatsleugnenden anarchistischen Freiheit in dieser Welt der Notwendigkeit, die Lebensuntauglichkeit der universalen sozialen Brüderlichkeit und Gleichheit in dieser Welt des Streits und der Feindschaft. O, natürlich bleibt der große Wert des Friedens, der Freiheit, der sozialen Brüderlichkeit unbestreitbar. Aber diese Werte sind unerreichbar in diesem oberflächlichen und beschränkten Gebiet, in dem man sie zu erreichen meinte. Die Erlangung dieser Werte setzt eine unendlich große Vertiefung und Erweiterung voraus, das heißt einen sehr komplexen und langwierigen katastrophischen Prozess im Menschenleben, setzt den Übergang von der ausschließlich soziologischen Weltwahrnehmung zur kosmischen Weltwahrnehmung voraus.

II

Ein vertieftes Denken muss zur Idee der kosmischen Gemeinschaft hinzukommen, d.h. einer Gesellschaft, die sich vereinigt mit dem Weltganzen, mit den Weltenergien. Immer hat eine Endosmose und Exosmose zwischen der menschlichen Gesellschaft und dem kosmischen Leben bestanden, aber das war dem Menschen nicht genügend bewusst, und er zog sich in sich zurück, um sich vor der Unendlichkeit in seine Begrenztheit zu retten. Tiefer begründet werden muss jene Wahrheit, dass die größten Errungenschaften der menschlichen Gemeinschaft mit der schöpferischen Macht des Menschen über die Natur zusammenhängen, d.h. mit der schöpferisch-aktiven Hinwendung zum kosmischen Leben im Erkennen ebenso wie im Handeln. Das aber setzt eine unvergleichlich größere Selbstdisziplin des Menschen voraus als er sie jetzt besitzt, ein hohes Maß an Herrschaft über sich selbst, über seine eigenen Elementarkräfte. Nur wer sich selbst beherrschen kann, kann auch über die Welt herrschen. Die Aufgaben der Gesellschaft sind vor allem kosmisch-produktive Aufgaben. Damit verbunden ist die Moral individueller und gesellschaftlicher Selbstdisziplin.

Dieses Denken ist dem direkt entgegengesetzt, auf dem unser Narodničestvo aller Schattierungen mit seiner Ausgleichsmoral beruhte.

Die schöpferische Arbeit an der Natur, die kosmisches Ausmaß angenommen hat, muss Priorität haben. Diese Arbeit soll nicht sklavisch an die Erde, an ihren begrenzten Raum gebunden sein, sie muss immer globale Perspektiven haben. Das 20. Jahrhundert fördert solche kosmischen Aufgaben im Bereich der schöpferischen Arbeit an der Natur, auf dem Gebiet von Produktion und Technik, von denen das 19. Jahrhundert mit allen seinen Entdeckungen nicht einmal träumen konnte. Es überrascht, dass dem Marxismus, der den Aspekt der Produktion, das Wachsen der Produktivkräfte in der Gesellschaft so betonte und ihnen den Vorrang gegenüber dem Verteilungsaspekt gab, das kosmische Weltempfinden völlig fehlte und ein extremes Beispiel von soziologischem Utopismus bot, der den Menschen in beschränkter und oberflächlicher Gesellschaftlichkeit hielt. Der Marxismus glaubte, dass man das Leben der Gesellschaft gänzlich rationalisieren und es zu äußerer Perfektion bringen könne, ohne mit jenen Energien zu rechnen, die in der unendlichen Welt über dem Menschen und um ihn herum ist. Der Marxismus ist die äußerste Form des soziologischen Rationalismus und damit auch des soziologischen Utopismus. Allen Sozialtheorien des 19. Jahrhunderts fehlte das Bewusstsein, dass der Mensch ein kosmisches Wesen ist und nicht nur Mitglied einer oberflächlichen Gesellschaft auf der Oberfläche der Erde, dass er mit einer Welt der Tiefe und einer Welt der Höhe in Verbindung steht. Der Mensch ist keine Ameise und die menschliche Gesellschaft kein Ameisenhaufen. Das Ideal des endgültig organisierten Ameisenhaufens scheitert unweigerlich. Aber ein tieferes Bewusstsein ist nur auf religiöser Basis möglich. Die globale Katastrophe wird zur religiösen Vertiefung des Lebens beitragen.

Dieser geistige Umbruch, den ich als Übergang von der soziologischen zur kosmischen Weltauffassung charakterisiere, wird auch rein politische Konsequenzen haben. Der sozial-politische Provinzialismus wird überwunden sein. Das soziale und politische Bewusstsein steht vor der globalen Weite, vor dem Problem der Beherrschung und Organisation der gesamten Erde, dem Problem der Annäherung von Ost und West, der Begegnung aller Kulturtypen, der Vereinigung der Menschheit durch Kampf und vor dem Austausch und der Kommunikation aller Rassen. Die lebendige Aktualität aller dieser Probleme macht die Politik kosmischer, weniger abgeschlossen und erinnert an die kosmische Dimension des historischen Prozesses. In Wahrheit sind die Probleme, die mit Indien, mit China oder mit der muslimischen Welt, mit den Ozeanen und Kontinenten zusammenhängen, ihrer Natur nach kosmischer als die begrenzten Probleme des Streits der Parteien und Gruppen. Die äußerst verschärfte Frage nach dem Verhältnis jedes individuellen nationalen Seins zu der einen und vereinigten Menschheit muss als Frage kosmischen Ausmaßes gelöst werden. Die intensive Hinwendung zum nationalen Leben ist zugleich die Hinwendung zum universalen historischen Leben. In der imperialistischen Politik waren die kosmische Dimension und die kosmischen Aufgaben objektiv bereits vorhanden. Aber das Bewusstsein der Ideologen des Imperialismus war beschränkt. Diese Ideologie war eine bürgerliche Ideologie, selten reichte sie tiefer und weiter als bis zur Oberfläche rein ökonomischer und politischer Aufgaben. Und im Zuge der imperialistischen Politik gab es viel Böses, das durch die bornierte Unfähigkeit entstanden war, die Seelen jener Kulturen und Rassen zu durchdringen, auf die sich die imperialistische Ausdehnung erstreckte, gab es Blindheit gegenüber den höchsten Aufgaben der Menschheit. Aber die Bedeutung des Imperialismus als unvermeidlicher Phase der Entwicklung moderner Gesellschaften für die Vereinigung der Menschheit auf der ganzen Erde und für die Schaffung der kosmischen Gesellschaft kann unbedingt als positives Pathos des Imperialismus akzeptiert werden. Der Weltkrieg ist ein katastrophisches Moment in der Dialektik imperialistischer Ausdehnung.

III

Um Licht in die beginnende Finsternis der Welt zu bringen, bedarf es eines vertieften kosmischen Denkens. Wenn wir an der Oberfläche des Lebens bleiben, wird die Finsternis uns verschlingen. Die europäischen Völker und Kulturen treten in eine Periode der Erschöpfung ein. Diese engen Kulturen nähern sich dem Verfall und werden gebrechlich. Der langwierige und verheerende Weltkrieg überanstrengt die Kräfte Europas, und die Völker Europas werden mit Mühe neue Energiequellen für die größere Tiefe und Weite der globalen Räume suchen. Die alten rein soziologischen Orientierungen und Wertmaßstäbe des Lebens sind für das Ausmaß der Geschehnisse, für ihre Komplexität und Neuheit unbrauchbar. Der abstrakte Soziologismus als geschlossene Weltanschauung zeigt in jeder Hinsicht seine Unbrauchbarkeit, er nähert sich seinem Ende und muss tieferen und umfassenderen Gesichtspunkten Platz machen. Die Katastrophe dieses Krieges entzweit die Menschen sehr selten und schon gar nicht nach den Kriterien, nach denen sie sich gewöhnlich entzweien. Sie stehen dieser Katastrophe völlig unvorbereitet gegenüber, die wie ein gewaltiges unerwartetes Ereignis, das sie aus allen sicheren Positionen wirft, über sie hereinbricht. In dieser Situation zeigte ein großer Teil der Menschen eine rein soziologische Weltanschauung. Hastig wendeten sie ihre alten Ansichten auf die neuen Ereignisse an, aber sie empfanden die Trauer verstörter Menschen. Viele fühlten sich wie aus der Geschichte geworfen. Andere waren auf die globale Katastrophe vorbereitet, die für sie nichts Unerwartetes enthielt, das sie aus ihrer Lebenseinstellung geworfen hätte. Das waren Menschen, die auch früher ein mehr kosmisches Lebensgefühl und einen weiteren Horizont hatten. Sie wissen, dass der Krieg ein großes Übel und eine Strafe für die Sünden der Menschheit ist, aber sie sehen einen Sinn in den globalen Ereignissen und gehen in die neue historische Periode ohne ein Gefühl von Trauer und Verworfenheit, das die Menschen des ersten Typus empfinden, da sie nirgends einen inneren Sinn zu sehen vermögen. Die kosmische Weltwahrnehmung ist weniger bequem, weniger rationalistisch-optimistisch, weniger beunruhigend als die soziologische Weltauffassung, sie rechnet mit großen Überraschungen und ist bereit, das Reich des Unbekannten und Ungewohnten zu betreten. Das ist eine tiefe und weite Weltauffassung, und sie lässt die rationalen Illusionen nicht zu, für die die Zukunft der Welt lediglich von Kräften bestimmt wird, die auf der Oberfläche eines begrenzten Stückchens Erde liegen. Tiefere, noch unbekannte Kräfte wirken, Energien ferner Welten strömen heran. Man muss den Mut haben, dem unbekannten Tag entgegenzugehen, in der Finsternis zum neuen Morgenrot zu gehen. Der Weltkrieg ist völlig sinnlos für jeden rationalistischen Optimismus, für jeden soziologischen Utopismus. Für Menschen dieses Geistes kann der Krieg keinerlei Einsicht vermitteln, sie können nicht durch Sterben zum neuen Leben gelangen. Aber der Weltkrieg hat symbolische Bedeutung für diejenigen, die immer das Wirken verborgener, der Rationalisierung nicht zugänglicher kosmischer Kräfte voraussahen. Die Natur des Krieges ist nicht schöpferisch, sie ist negativ und zerstörerisch; aber der Krieg kann schöpferische Kräfte wecken, kann zum tieferen Erleben beitragen. Die Menschheit steht immer wieder vor neuen kreativen Aufgaben, Aufgaben kreativer Umwandlung der

Energien, die aus der dunklen, ursprünglichen Tiefe des Seins zu neuem Leben und neuem Bewusstsein führen. Die Entwicklung der Menschheit, der Aufstieg der Menschheit geschieht nie auf direktem Wege des Wachsens gleichförmiger positiver Elemente. Es ist ein in höchstem Maße antinomischer und tragischer Prozess. Die Einbrüche der Finsternis sind eine Barbarei des Seins, ohne die ein Versiegen der Energie und damit Erstarrung eintritt. Der Weltkrieg ist eine über die schuldhafte europäische Kultur hereingebrochene Barbarei und dunkle Kraft. In dieser Finsternis muss vieles zugrunde gehen und vieles geboren werden wie beim Einbruch der Barbaren in die antike Kultur. Aber diese barbarische Kraft ist eine innere und keine äußere Kraft. Wir können die Folgerungen daraus ziehen. Die Menschen der alten soziologischen Weltauffassung werden zurückgeworfen, auch wenn sie sich für fortschrittlich halten. Sie sind Konservative von gestern und vorgestern. Die Menschen der kosmischen Weltauffassung sind geistig bereit, in schöpferischem Aufschwung in die unbekannte Zukunft zu gehen.

III Die Seelen der Völker

Das Schicksal von Paris

I

Als die Deutschen sich Paris näherten und Paris sich fieberhaft auf die Verteidigung vorbereitete, waren viele Herzen auf der Welt furchtbar erregt und beunruhigt. Das war nicht nur ein Stoß in Frankreichs Herz, sondern auch in das Herz der neuen Menschheit. Und aus der Wunde, die Paris erlitt, blutete nicht nur Frankreich, sondern auch die ganze kultivierte Menschheit. Paris ist eine Weltstadt, die Weltstadt des neuen Europa und der gesamten neuen europäischen Menschheit. Dieselbe schreckliche Unruhe würde man erleben, wenn Rom Gefahr drohte. Rom ist die Weltstadt der alten Menschheit und ein geheiligtes Denkmal für die neue Menschheit. Eine Gefährdung und selbst der Untergang Berlins, Wiens, Londons und anderer Hauptstädte Europas könnte jede kultivierte Seele nicht so furchtbar erregen. Eine diesen Hauptstädten verschiedener Staaten zugefügte Wunde wäre vor allem ein nationaler Schmerz. Und nur eine Wunde, die Rom und Paris zugefügt wird, wäre ein Unglück für ganz Europa und die ganze Menschheit. Ich glaube, dass auch die Besten und Feinfühligsten unter den Deutschen Minuten der Angst um das Schicksal von Paris durchlebt haben. Wir Russen sind von dem großen und gerechten Krieg begeistert, haben aber noch keine unmittelbare Angst um das Schicksal der Heimat erlebt, nicht das Gefühl gehabt, dass das Vaterland in Gefahr ist. Niemand hatte für möglich gehalten, dass sich die Deutschen Moskau, dem Herzen Russlands, nähern würden. Russland fühlte sich in dieser schrecklichen Stunde der Weltgeschichte stark und nicht schwach, fühlte sich berufen, den anderen zu helfen. Vor Russland standen globale Aufgaben, eröffneten sich globale Perspektiven. Ganz anders wird dieser Krieg in Frankreich erlebt. Dort gab es wirklich Minuten, da dem Vaterland unmittelbare Gefahr drohte, und die Franzosen ängstigten sich um das Schicksal ihrer Heimat. Im gegenwärtigen Frankreich spürt man eine gewisse Zerbrechlichkeit, eine Ermattung nach seiner langen Geschichte, in der es so viel Großes und Heroisches gegeben hat, man spürt die Erschöpfung. Der moderne Franzose ist allzu verfeinert und allzu verdorben durch spießige Sattheit, geschwächt durch Genusssucht und durch die Liebe zu den Frauen. Frankreich ist überhaupt kein militaristisches Land. Der kriegerische Geist ist längst erloschen in ihm. Seine heroische kriegerische Periode hat es durchlebt, hat Europa beherrscht und stellt jetzt keine schreckliche Kriegsmacht dar. Und furchtbar war es für Paris, schrecklich für Frankreich. Viele Russen fühlten sich Frankreich verwandt und wünschten, ihm mit ihrer Kraft zu helfen, es zu unterstützen. Die Rettung Frankreichs ist eine der großen, globalen Aufgaben Russlands. Natürlich ist Frankreich nicht Belgien oder Serbien, Frankreich ist eine Großmacht und erweist uns als unser Verbündeter große Hilfe. Aber die größeren Kräfte sind auf unserer Seite. Und die unmittelbare Gefahr für Paris ging in erheblichem Maß dank unserer Siege vorüber. Das französisch-russische Bündnis in diplomatischer und staatlicher Hinsicht wird jetzt von uns als zutiefst herzlich, freundlich und populär erlebt. In unserem Bündnis mit Frankreich gibt es Tieferes als die Berechnungen der internationalen Politik.

II

Paris ist ein globaler Versuch der Menschheit, ein Ort großer Anfänge und kühner Experimente. Paris ist der freie Ausdruck menschlicher Kräfte, ihr freies Spiel. Das Leben der Weltstadt ist das Leben des Menschen in Freiheit, ein autonomes, von jeder geheiligten Autorität freies, säkularisiertes Leben. Mit Paris erlebte die neue Menschheit den Honigmond freien Lebens und freien Denkens, die große Revolution, den Sozialismus, den Ästhetizismus, die jüngsten Früchte des bürgerlichen Atheismus und des Spießertums. Das Antlitz von Paris ist für uns doppeldeutig und ruft widersprüchliche Gefühle hervor. Wir kennen den Zauber von Paris, die einzigartige Magie dieser Stadt, die einzigartige Schönheit dieser Verbindung von Ältestem und Neuestem.

Paris ist ein lebendiges Wesen, und dieses Wesen ist größer und schöner als die gegenwärtigen bürgerlichen Franzosen. Das Gesicht seiner Seele hat eine besondere Ausstrahlung, anders als die anderen großen Städte Europas. Es ist die einzige moderne, neue Stadt mit der Schönheit und dem Zauber des Neuen und Modernen. Wie unschön und störend ist alles Neue und Moderne in Rom, wie hässlich und abstoßend ist es in Berlin. Unsere Epoche ohne bildhauerische und architektonische Kunst macht nur hässliche Häuser und hässliche Kleidung, Straßen, die ästhetisch sensible Menschen abstoßen, und lässt uns bei der ästhetischen Nahrung der Antike zurück. Allein in der Stadt Paris ist heutige Schönheit, vielleicht eine zwiespältige, illusionäre und beunruhigende Schönheit, gleichwohl aber Schönheit. Paris ist eine magische Stadt, in ihr konzentriert sich die ganze Magie der modernen Großstadt, ihre ganze Faszination und all ihr Böses. Die Magie von Paris, der Stadt in konzentriertester und äußerster Bedeutung, ergreift jeden sensiblen und empfänglichen Menschen. Die anderen Großstädte Europas sind im Vergleich zu Paris zweitklassig oder drittklassig, sind keine reinen Verkörperungen der Idee der neuen Stadt, sondern durch den Provinzialismus gleichsam nur halb und verwässert. Nur Paris ist Hauptstadt, Weltstadt, die neue Stadt der neuen Menschheit. Berlin ist eine gut organisierte Kaserne, technisch perfektioniert, mit allen Vorzügen aber ohne Geschmack und bar jeder Magie einer Stadt, bar jeder Dämonie seiner Macht. Paris ist nicht einmal eine sehr gut organisierte Stadt, im Vergleich zu Berlin technisch rückständig, und seine Magie, sein Vorrecht, Stadt und Weltstadt zu sein, beruhen nicht auf dem äußeren technischen Fortschritt. Paris ist eine geheimnisvoll irrationale Stadt von magischer und nicht technischer Macht. Paris ist magnetisiert von Strömen, die vom freien Spiel der menschlichen Kräfte ausgehen. Hier ist schäumendes und funkelndes Leben, Leichtigkeit, die man in dem schwerfälligen bürgerlichen Leben der modernen Stadt nicht erreicht, Heiterkeit, die angesichts des qualvollen Existenzkampfes verwundert. Ganz Paris trägt den Stempel außergewöhnlichen Scharfsinns, des nationalen Genies des französischen Volkes, das mit einem Witz auf den Lippen zu sterben vermag. In Paris ist die letzte Raffinesse der Kultur, der großen und universalen lateinischen Kultur, der gegenüber Deutschlands Kultur Barbarentum ist, und in demselben Paris liegt das äußerste Böse der neuen Kultur, des neuen freien Lebens der Menschheit, die Herrschaft des Spießertums und des Bourgeoisen. Das von jeder Heiligung freie Spiel der menschlichen Kräfte hat zur knechtenden Herrschaft des Spießertums geführt. Die bürgerliche Knechtschaft des menschlichen Geistes ist eine der Folgen menschlicher Freiheit, womit er sich selbst verschlingt. So ist die Antinomie des Seins. Das Spießertum ist das andere Gesicht von Paris, ein erschreckendes und abstoßendes Gesicht. Paris ist das gewaltige Experiment der neuen Menschheit, alle Widersprüche sind in ihm verborgen.

Gerade im begabten, scharfsinnigen, heiteren, freien und kühnen Paris hat das Spießertum seine Vollendung, seinen letzten ästhetischen Ausdruck, sein Extrem gefunden. Die ganze Periode der dritten Republik war eine fortwährende Entwicklung des spießbürgerlichen Lebens, Frucht des areligiösen, atheistischen Geistes. Die Franzosen waren müde von den Katastrophen, den Revolutionen, den Kriegen, dem Suchen, sie wollten ein ruhiges, zufriedenes Leben, eine enge Bürgerlichkeit ohne jede geistige Bewegung. Paris nennt man gern das neue Babylon, die Stadt des Lasters. Und in der Tat gibt es in Paris das raffinierte und erfindungsreiche Laster. Das Laster ist das Schicksal der neuen Stadt. Aber dasselbe Paris ist die Stadt der engen spießbürgerlichen, stark und vollkommen verbarrikadierten Familie. Paris ist die Stadt spießiger Sitten und Tugenden, die nützlich sind für ein erfolgreiches Leben.

III

Die selbstzufriedene spießbürgerliche Familie, die enge Zelle, in der sich der individuelle Egoismus mit dem Familienegoismus multipliziert, gedeiht bei uns Russen nicht, nicht bei den Slawen, sondern gerade bei den Parisern, die der Welt irgendwie nur von ihrer lasterhaften Reputation her bekannt sind. Das Philistertum ist die andere Seite der unbändigen Genusssucht. Seine Normen sind die Frucht des Unglaubens an die edle Selbstbeschränkung des Menschen. Und die positive praktische Freiheit von verlogenen Konventionen und trügerischen Normen gibt es nur bei den Russen. Die Russen sind offenherzig. Nirgends gibt es solche Jagd nach Gewinn, nach Erfolg im Leben, einen solchen Kult des Reichtums und eine solche Verachtung der Armut wie bei den Parisern. Die Franzosen sind geizig, wirtschaften sparsam und sind von spießbürgerlicher Angst vor einer ungesicherten und ungeordneten Lage erfüllt. Das spießbürgerliche Frankreich hat den individuellen und familiären Egoismus zur Tugend erhoben. Dieses Frankreich ist durchaus nicht so leichtsinnig, wie es bei oberflächlicher Bekanntschaft mit ihm zu sein scheint. Leichtsinnig in irdischen Angelegenheiten sind eigentlich wir, die Russen. Herzen ahnte diesen Siegeszug des Philistertums und zitterte vor Abscheu, suchte

Rettung vor ihm in Russland, im russischen Bauerntum.[73] Nicht ohne Grund erschien in Frankreich ein großer Entlarver des Spießertums. Léon Bloy[74] der eine zornige Interpretation der „beiden Orte" der Philisterweisheit[75] schrieb, war ein Ritter der Armut im spießigen Paris. Das Spießertum ist eine metaphysische und keine soziale Kategorie. Auch der Sozialismus ist vom Geist des Spießertums durchdrungen. Die Natur des Spießertums ist atheistisch, areligiös. Das Spießerleben ist das Leben der äußeren Hüllen des Menschen, die für seinen Kern, für die Tiefe und das Wesen des Lebens genommen werden. Im Spießerleben begannen die Nationaltugenden des französischen Volkes, sein Heroismus und seine Großherzigkeit, seine Freiheitsliebe und sein Todesmut zugrunde zu gehen. Im spießigen, reichen, organisierten und selbstzufriedenen Frankreich konnte man das Land der Jeanne d'Arc und Napoleons, der großen Revolution und der großen Freiheitsbestrebungen nicht mehr erkennen. Die Sucht nach Reichtum ging in Ehrlosigkeit und Käuflichkeit über. Die politischen Formen erschöpften sich vollkommen. Alles ging bis zum Äußersten, hinter dem Zersetzung und Tod warten. Das Philistertum hat die Seele allmählich getötet. Und der christlichen Welt ist gesagt, dass man mehr fürchten soll, die die Seele töten, als die den Leib töten. Jetzt hat man begonnen, den Leib zu töten, die Hülle des Menschen, aber vielleicht wird die Seele, der Kern des Menschen, davon wiedergeboren. Denn für die Seele tödlicher ist es, im spießigen Leben zu knien, als im Wasser des Schützengrabens. Das spießige Leben in Paris ist so bedrückend geworden, so tödlich für die Seele, dass nur große Katastrophen und große Prüfungen den Menschen vom Spießertum reinigen und befreien können. Das selbstzufriedene und enge spießige Leben begann schon an seine irdische Unsterblichkeit, an seine schlechte Unendlichkeit zu denken. Aber den Menschen in diesem Glauben an die Unerschütterlichkeit der Spießerherrschaft zu lassen, würde bedeuten, den Untergang des Menschen, den Tod seiner Seele zuzulassen. Es gibt in der Welt höchste Kräfte, die das nicht zulassen können. Und man musste der Welt unbedingt zeigen, dass zutiefst im spießigen Leben

---

73 Herzen prophezeite die Herrschaft des preußischen Militarismus und die Unvermeidlichkeit des Zusammenstoßes mit ihm. (Anm. Berdjaevs)

74 Léon Marie Bloy (1846-1917), französischer Schriftsteller.

75 Die „beiden Orte der Philisterweisheit" konnte ich bei Bloy nicht finden (D.K.).

die Ursache des großen Krieges, der großen Katastrophe liegt. Nicht ewig kann man friedlich in spießiger Zufriedenheit leben; für die Zwecke des spießigen Lebens muss man unter großen Opfern und Leiden kämpfen. Darin liegt eine innere Dialektik, die die Lebenslüge entlarvt. Was das allzu friedliche bürgerliche Leben hervorbrachte, hat auch den Krieg verursacht. Diese rätselvolle Dialektik spürt man besonders in Paris, in Frankreich, einem durchaus nicht militärischen Land. Das bürgerliche und heitere Paris ist nun zum Heldentum aufgerufen und vollbringt Heldentaten. Es blutet. Durch große Versuchungen und Erschütterungen wird das Heldenhafte bei den Franzosen, die sich einem allzu selbstzufriedenen spießigen Leben überlassen hatten, wieder geweckt.

IV

Uns Menschen scheint ein friedliches, zufriedenes und glückliches Leben auf Dauer nicht gegeben zu sein. Das philisterhafte Frankreich brauchte das Gewitter; Unglück und Leiden waren notwendig. Und alles kam zur richtigen Zeit. Die globale Katastrophe, die Frankreich so unmittelbar bedroht, wird Krise und Ende der spießigen Lebensideale sein, die sich auf das irdische Wohlsein beschränken. Man lese die Briefe aus Paris. Paris ist ernst und opferbereit geworden, das spießige Wesen hat sich verflüchtigt. Die besten Seiten des französischen Volkes sind erwacht: Liebe zur Heimat, Bürgersinn, Enthusiasmus, Großherzigkeit und Todesmut. Noch einmal stand Frankreich vor einer globalen Herausforderung, die das Spießig-Private verdrängt hat. Durch den Willen des Schicksals hat die Liebe zur Heimat und zur globalen Gerechtigkeit im Herzen der Franzosen Frauenliebe, Genusssucht und spießige Zufriedenheit besiegt. Der Weltkrieg ist die große Entlarverin der Lüge des sorglosen spießigen Lebens. Es gibt Kriege, die die Vorsehung schickt, um die Völker zu zwingen, sich zu besinnen, in sich zu gehen und aufzustehen. Die Unvermeidlichkeit des jetzigen Krieges war schon in der inneren Krankheit der Menschheit, in seiner Bürgerlichkeit, angelegt, in jener spießigen Selbstzufriedenheit und Beschränktheit, die nur zum gegenseitigen Mord führen können. Die spießige Abgeschlossenheit löst sich in blutiger Kriegspolitik. Und in der feinnervigen, raffinierten Kultur Frankreichs wird das stärker empfunden als irgendwo anders. Und das Schicksal Frankreichs, als eines großen Landes, ist vor allem das Schicksal von Paris, Frankreichs

und Europas Herz. Das ist schrecklich für Paris, und man möchte ihm helfen. Doch die Weltstadt kann nicht untergehen, die Welt braucht sie, in ihr liegt der Nerv der neuen freien Menschheit mit ihrem Guten und Bösen, ihrer Wahrheit und Lüge, in ihr pulsiert das Blut Europas, und Europa blutet, wenn Paris von Schlägen getroffen wird. Unvermeidlich ist das Ende des philisterhaften
Atheismus, der bürgerlichen Religionsfeindschaft. Und Paris wird zu neuem Leben geboren werden. Anzeichen religiöser Wiedergeburt gab es schon vor dem Krieg. Das Schicksal von Paris ist das Schicksal des neuen Menschen und der neuen Stadt.

Die russische und die polnische Seele

I

Der alte slawische Familienstreit, der Streit der Russen mit den Polen, ist nicht nur aus den äußeren Kräften der Geschichte und den äußeren politischen Ursachen zu erklären. Der Ursprung des uralten, historischen Zwistes zwischen Russland und Polen liegt tiefer. Und jetzt ist es besonders wichtig für uns, die geistigen Ursachen dieser Feindschaft und Antipathie, die die slawische Welt trennt, zu erkennen. Es ist vor allem der Streit zweier durch Blut und Sprache, durch gemeinslawische rassische Eigenschaften verwandter slawischer Seelen, und sie sind so verschieden, fast gegensätzlich, mit Mühe nur zu einigen und unfähig, einander zu verstehen. Verwandte und nahe Völker sind weniger fähig, einander zu verstehen und stoßen sich eher gegenseitig ab als ferne und fremde. Die verwandte Sprache klingt merkwürdig und scheint eine schlechte Form der eigenen Sprache zu sein. Im Familienleben kann man diese Antipathie der nahen Verwandten und das Unvermögen, einander zu verstehen, beobachten. Fremden verzeiht man viel, doch den eigenen Verwandten will man nichts verzeihen. Und niemand scheint so fremd und unbegreiflich zu sein wie der eigene nahe Verwandte.

Russen und Polen stritten nicht nur um Land und über das unterschiedliche Lebensgefühl. Äußerlich, historisch gesehen, haben die Russen in diesem uralten Streit gesiegt, sie haben nicht nur die Gefahr der Polonisierung des russischen Volkes abgewehrt, sondern sind auch aggressiv über das polnische Volk hergefallen und versuchten, es zu russifizieren. Der polnische Staat wurde unterdrückt und zerrissen, aber die polnische Seele bewahrte sich, und in größter Anstrengung zeigte sich der polnische Nationalcharakter. Der große geistige Aufschwung, der sich im polnischen Messianismus manifestierte, ereignete sich nach dem Untergang des polnischen Staates. Das polnische Volk, das für die Organisation eines Staates kaum Befähigung zeigte und individualistische und anarchistische Züge aufweist, erwies sich als geistig stark und unzerstörbar. Und kein Volk der Welt verfügte über ein so intensives Nationalgefühl. Die Polen lassen sich absolut nicht assimilieren. Gerade bei den Polen erreichte die Idee des nationalen Messianismus außerordentliche Kraft und Intensität. Die Polen brachten die Idee des opferwilligen Messianismus in die Welt. Und der russische Messianismus musste den Polen immer opferunwillig, eigennützig und auf Landgewinn eingestellt erscheinen. Vieles muss sich im äußeren, staatlichen Schicksal Polens ändern, und unmöglich ist die Rückkehr zu seiner alten Unterdrückung. Die äußeren Verhältnisse Russlands und Polens ändern sich grundlegend. Russland erkennt, dass es seine historische Schuld gegenüber Polen wiedergutmachen muss. Aber die russische und die polnische Seele stehen sich immer noch gegenüber wie schrecklich Fremde, unendlich Verschiedene, die einander nicht verstehen. Eine innere Annäherung findet nicht statt. Die tiefe Notwendigkeit, einander zu verstehen, ist noch nicht eingetreten. Die polnisch-russische Frage wird von Polen und Russen gleichermaßen äußerlich gestellt, auf politischem Gebiet, und ihre Lösung schwankt je nach Abhängigkeit von den politischen Stimmungen und vom Kriegsglück. Die Befreiung Polens ermöglicht eine wirkliche Kommunikation zwischen Polen und Russland, eine wirkliche Annäherung zwischen Polen und Russen, die die Unterdrückung Polens bis jetzt verhinderte. Aber was wird innerlich für eine solche Kommunikation und Annäherung getan? Äußeren Versprechungen gegenüber verhalten sich die Polen misstrauisch. Jetzt ist dieses Misstrauen historisch unbegründet, psychologisch aber haben die Polen allzu viele Gründe dafür. Auf geistigem Gebiet wird zu wenig für die Annäherung an die Polen getan. Und man sollte besonders beachten, dass die polnisch-russischen Beziehungen eine tiefere, eine geistige Seite haben. Nur ein wirkliches Verstehen kann befreiend sein, es schützt vor belastenden negativen Gefühlen und nötigt Russen und Polen, einzusehen, warum es der russischen Seele immer so schwer fiel, die polnische Seele lieb zu gewinnen, warum die polnische Seele sich so ablehnend gegenüber der russischen Seele verhalten hat. Warum sind sich zwei slawische Seelen so fremd und verstehen sich so schlecht? Innerhalb des Slawentums sind Osten und Westen zusammengestoßen. Der slawische Westen hielt sich als Träger der einen europäischen Kultur für zivilisierter. Der slawische Osten setzte dem Westen seinen eigenen geistigen Typus der Kultur und des Lebens entgegen.

II

Ich habe immer gedacht, dass der Streit zwischen Russland und Polen vor allem ein Streit der orthodoxen Seele mit der katholischen Seele ist. Und innerhalb des Slawentums bekommt dieser Widerstreit der orthodoxen und katholischen Seele eine besondere Schärfe. Russland ist historisch daran gewöhnt, seine orthodoxe Seele und seinen besonderen geistigen Charakter vor dem Westen zu schützen. Früher wäre die Polonisierung und Latinisierung des russischen Volkes der Untergang seiner geistigen Selbständigkeit, seines Nationalcharakters gewesen. Polen drang in den russischen Osten mit dem Gefühl seiner kulturellen Überlegenheit ein. Der russische geistige Typus erschien den Polen nicht als anderer geistiger Typus, sondern einfach als minderer und kulturloser Zustand. Russlands historischer Kampf mit Polen hatte positive Bedeutung, und die geistige Eigenart des russischen Volkes festigte sich in ihm für alle Zeit. Die Erinnerung an diesen Kampf hinterließ in den Seelen beider Völker eine so tiefe Spur, dass man sich auch jetzt noch schwer von ihr befreien kann. Russland wuchs staatlich wie geistig zu einem Koloss heran, und längst schon war die Überschätzung der polnischen und der katholischen Gefahr beschämend und beleidigend für die Würde des russischen Volkes. Zu dem stärkeren Beleidiger passt es nicht, über die Gefahr von Seiten des Schwächeren und von ihm Unterdrückten zu klagen. Russland steht jetzt vor schöpferischen Aufgaben und muss sich nicht schützen und nicht unterdrücken. Die russische Politik gegenüber Polen hat sich schon längst historisch überlebt, hängt an der fernen Vergangenheit und lässt keine Möglichkeit, das Künftige zu schaffen. In dieser unbändigen Politik kann der Schuldige dem nicht verzeihen, an dem er schuldig geworden ist. Das gilt für die Außenpolitik. Auf geistig-seelischem Gebiet hindert immer noch ein Gefühl der Fremdheit und Feindschaft die russische Seele daran, auf die polnische Seele zuzugehen, was durch die lateinisch-katholische Prägung der slawischen Seele hervorgerufen wurde, die den polnischen Nationalcharakter geformt hat. Für die in sich selbst versunkene, von der Orthodoxie sehr geprägte russische Seele ist vieles an den Polen nicht nur fremd und unverständlich, sondern unangenehm, abstoßend und feindlich. Und sogar die von der Orthodoxie abgefallen russischen Menschen bleiben ihrem seelischen Typus nach orthodox, und am schwersten fällt es ihnen, die katholische Kultur zu begreifen und den Seelentypus, der auf ihr gedeiht. Der deutsche Protestantismus stößt den russischen Menschen weniger ab, und das war ein großes Unglück für Russlands Schicksal. In der typischen russischen Seele ist viel Einfachheit, Geradheit und Arglosigkeit, alle Affektiertheit ist ihr fremd, jedes übertriebene Pathos, jeder Adelsdünkel, alle Geziertheit. Es ist eine Seele, die sich leicht erniedrigt und sündigt, die bereut und ihre Nichtigkeit vor Gottes Antlitz fast krankhaft einsieht. In ihr ist ein ganz besonderer, nicht westlicher Demokratismus auf religiöser Grundlage, eine Sehnsucht nach Rettung des ganzen Volkes. Alles bleibt tief im Inneren des russischen Volkes, und es kann sich selbst nicht in schöner Gestalt sichtbar präsentieren. Im russischen Menschen ist so wenig Diszipliniertheit, Organisiertheit der Seele, Festigung der Person, er streckt sich nicht nach oben, in seiner Seelenstruktur gibt es nichts Gotisches. Der russische Mensch wartet darauf, dass Gott selbst seine Seele organisiert und sein Leben ordnet. In ihren höchsten Manifestierungen ist die russische Seele auf der Pilgerschaft, sie sucht die künftige Stadt, deren Kommen vom Himmel sie erwartet. Das russische Volk ist in seinen niederen Schichten in ein chaotisches, heidnisches, noch erdhaftes Element getaucht, und in seinen höchsten Formen lebt es in apokalyptischen Ahnungen, dürstet nach Absolutem und gibt sich mit keinem Relativen zufrieden. Ganz anders ist die polnische Seele. Die polnische Seele ist aristokratisch und individualistisch bis zur Krankhaftigkeit, in ihr ist nicht nur das Ehrgefühl so stark, das mit der in Russland nicht gekannten Ritterkultur zusammenhängt, sondern auch ein übler Dünkel. Das ist im Slawentum die äußerst verfeinerte und schöne Seele, berauscht von ihrem Leidensschicksal, pathetisch bis zur Affektiertheit. Die Russen überrascht im Wesen der polnischen Seele immer die gewisse Eleganz und Süße, der Mangel an Einfachheit und Geradheit, und das Überlegenheitsgefühl und die Missachtung, von denen die Polen nicht frei sind, stößt ab. Den Polen fehlte immer das Gefühl der Gleichheit der Seelen vor Gott, der Brüderlichkeit in Christus, das aus der Anerkennung des unendlichen Wertes jeder menschlichen Seele kommt. Ein besonderer aristokratischer Geist bestimmte das polnische Leben und spielte eine verhängnisvolle Rolle in ihrem staatlichen Schicksal. Der russische Mensch neigt wenig zur Verachtung, er möchte dem anderen Menschen nicht das Gefühl vermitteln, dass er niedriger sei. Der russische Mensch ist stolz auf seine Demut. Die polnische Seele streckt sich nach oben. Das ist der katholische geistige Typus. Die russische Seele liegt vor Gott im Staube. Das ist der orthodoxe geistige Typus. Der

Pole liebt die große Geste. Beim Russen gibt es die große Geste nicht. Die polnische Seele durchlebt Christi Leidensweg, das Opfer von Golgatha. In den höchsten Formen des polnischen Geistes erlebt man das Schicksal des polnischen Volkes wie das Schicksal des Opferlamms, das die Sünden der Welt trägt. So ist der polnische Messianismus, vor allem opferbereit, nicht an staatliche Kraft, nicht an Erfolg und Herrschaft in der Welt gebunden. Von daher entsteht in der polnischen Seele das Pathos des Leidens und Opfers. Ganz anders die russische Seele. Die russische Seele hält sich lieber an die Fürsprache der Gottesmutter als an Christi Leidensweg und seinen Opfertod auf Golgatha. In der russischen Seele ist wirkliche Demut aber wenig Opferbereitschaft. Die russische Seele überlässt sich ganz dem kirchlichen Kollektivismus, der für sie immer an die russische Erde gebunden ist. In der polnischen Seele spürt man einen krampfhaften Widerstand der Person, Opferbereitschaft und Unfähigkeit zur Demut. Die polnische Seele enthält immer das Gift der Leidenschaften. Das Dionysische der russischen Seele ist völlig anders, nicht so blutig. Die polnische Seele ist schrecklich abhängig von der Frau, eine nicht selten abstoßende, krampfartige Abhängigkeit. Diese Macht der Frau, eine Knechtschaft des Geschlechts, ist bei den modernen polnischen Schriftstellern sehr spürbar, bei Przybyszewski[76], Żeromski[77] und anderen. Die russische Seele kennt diese Knechtschaft unter der Frau nicht. Die Liebe spielt im russischen Leben und in der russischen Literatur eine geringere Rolle als bei den Polen. Und die russische Sinnlichkeit, die Dostoevskij so genial beschreibt, ist völlig anders als bei den Polen. Das Problem des Weiblichen stellt sich bei den Polen völlig anders dar als bei den Franzosen, es ist ein Problem des Leidens und nicht der Lust.

III

Jede Volksseele hat ihre eigenen starken und schwachen Seiten, ihre Vorzüge und ihre Mängel. Aber man muss die Vorzüge der Volksseelen gegenseitig lieb gewinnen und ihre Mängel verzeihen. Nur so ist

[76] S. Przybyszewski (1868-1927) lebte zeitweilig in Deutschland, schrieb anfänglich auf Deutsch und beeinflusste Richard Dehmel und August Strindberg.

[77] S. Żeromski (1864-1925), wurde wegen seines sozialen Engagements das „literarische Gewissen Polens" genannt, 1920 Vorsitzender des polnischen Schriftstellerverbandes.

eine echte Kommunikation möglich. In der großen slawischen Welt soll das russische Element ebenso wie das polnische Element vorhanden sein. Die historische Zwietracht hat sich überlebt und ist beendet, die Epoche der Versöhnung und der Einheit beginnt. Man könnte viele gegensätzliche Eigenschaften in der russischen und polnischen Volksseele zeigen. Aber man kann auch gemeinslawische Eigenschaften entdecken, die die Zugehörigkeit zu der einen Rasse erweisen. Dieses Gemeinsame und Verwandte spürt man in den höchsten geistigen Formen des russischen und polnischen Volkes, im messianischen Denken. Sowohl das russische als auch das polnische messianische Denken verbindet sich mit dem Christentum und ist gleichermaßen erfüllt von apokalyptischen Ahnungen und Erwartungen. Das Sehnen nach Christi Reich auf Erden, nach der Offenbarung des Heiligen Geistes ist ein slawisches, russisches und polnisches Sehnen. Mickiewicz und Dostoevskij, Towiański und Vl. Solov'ev stimmen darin überein. Und die Gerechtigkeit verlangt zuzugeben, dass der polnische Messianismus reiner und opferwilliger ist als der russische Messianismus. Im alten polnischen Adel gab es viele Sünden, aber diese Sünden wurden durch das opfervolle Schicksal des polnischen Volkes, durch sein Golgatha, gesühnt. Der polnische Messianismus, diese Blüte der polnischen Geisteskultur, wiegt die polnischen Mängel und Laster auf, er verbrennt sie im Opferfeuer. Das alte leichtsinnige Polen mit den Gelagen der Magnaten, mit der Mazurka und der Unterdrückung des einfachen Volkes wandelte sich zu einem leidenden Polen. Aber auch wenn das polnische messianische Denken über das russische gestellt werden kann, so glaube ich, dass es im russischen Volk ein gespannteres und reineres Sehnen nach der Wahrheit und dem Reich Christi auf Erden gibt als im polnischen Volk. Das Nationalgefühl ist bei uns durch unsere innere Knechtschaft, bei den Polen durch äußere Knechtschaft verdorben. Das russische Volk muss seine historische Schuld vor dem polnischen Volk sühnen, das ihm Fremde in der Seele Polens verstehen und das seinem eigenen geistigen Charakter Ungleiche nicht für schlecht ansehen. Und das polnische Volk soll die russische Seele empfinden und verstehen, sich von der falschen und schlechten Geringschätzung frei machen, in deren Augen ein anderer geistiger Charakter geringer und kulturlos erscheint. Die russische Seele wird ihrem seelischen Grundtypus entsprechend orthodox bleiben so, wie die polnische Seele katholisch bleiben wird. Das ist tiefer und weiter als das orthodoxe und katholische Glaubensbekenntnis, das ist ein besonderes Lebensgefühl und ein besonderer Seelentypus. Doch diese unterschiedlichen Volksseelen können einander nicht nur verstehen und lieb gewinnen, sondern auch ihre Zugehörigkeit zu der einen Seele ihrer Rasse fühlen und ihre slawische Mission in der Welt erkennen.

Die Religion des Deutschtums[78]

I

Wir stellen uns unseren Feind allzu einfach vor, seine Seele, sein Lebensgefühl, seine Weltanschauung, seinen Glauben kennen und verstehen wir schlecht. Und mit Recht sagt A. Belyj[79], dass die Seele des Volkes während des Krieges sein Hinterland ist, von dem vieles abhängt. Bei uns trennt man gewöhnlich Geist und Materie des Germanischen entweder ganz oder stellt sich deren Einheit falsch und vereinfacht vor. Für die einen besteht überhaupt keine Verbindung zwischen dem alten Deutschland, dem Deutschland der großen Denker, Mystiker, Dichter, Musiker, und dem neuen Deutschland, dem materialistischen, militaristischen, industriellen und imperialistischen Deutschland. Die Verbindung zwischen dem deutschen Romantiker und Träumer und dem deutschen Gewalttäter und Eroberer bleibt unverstanden. Für die anderen musste der deutsche Idealismus letzten Endes in der Praxis das Streben nach der Weltmacht und der Weltherrschaft hervorbringen, von Kant gehe eine direkte Linie zu Krupp. Die zweite Ansicht zieht einen erhellenden Schluss, der die Komplexität des Lebens nicht verhüllt, und schafft ein vereinfachtes polemisches Schema, ist aber im Prinzip richtiger. Man muss den Zusammenhang zwischen dem deutschen Geist und der deutschen Materie feststellen. Alles Materielle entsteht geistig, symbolisiert das Geistige und kann nicht als selbständige Realität angesehen werden. Der Materialismus ist nur eine Geistesrichtung. Was wir den Materialismus der Deutschen nennen, ihre Technik und Industrie, ihre militärische Macht, ihr imperialistisches Machtstreben, ist ein Phänomen des Geistes, des deutschen Geistes. Es ist der verkörperte deutsche Wille. Die Deut-

[78] Der Begriff германизм kann hier, abweichend von dem sprachwissenschaftlichen Begriff ‚Germanismus', nur mit ‚Germanentum' oder ‚Deutschtum' übersetzt werden. Ebenso kann die Übersetzung von германец, германский, d.h. ‚Germane' und ‚Deutscher', ‚germanisch' und ‚deutsch', nicht einheitlich sein. Je nach Kontext liegt das Gewicht mehr auf ‚deutsch' oder mehr auf ‚germanisch'.

[79] Siehe Belyjs Aufsatz „Die gegenwärtigen Deutschen". (Anm. Berdjaevs)

schen sind nichts weniger als Materialisten, wenn man unter Materialismus versteht, die Welt von außen, als in ihrer Verfassung materiell und objektiv-real seiend anzusehen. Die ganze deutsche Philosophie ist idealistisch ausgerichtet, und der Materialismus kann in ihr nur ein zufälliges und unbedeutendes Phänomen sein.

Der Deutsche ist kein Dogmatiker und kein Skeptiker, er ist Kritizist. Er beginnt damit, dass er die Welt verwirft, er nimmt das ihm von außen objektiv gegebene Sein als unkritische Realität an. Der Deutsche ist physisch und metaphysisch ein Nordländer, und ihm erscheint die objektive Welt nicht vom Sonnenlicht erleuchtet zu sein wie den Menschen des Südens, wie den romanischen Völkern. Die erste Seinserfahrung des Deutschen ist vor allem die Erfahrung seines Willens, seines Denkens. Er ist Voluntarist und Idealist. Er ist musikalisch begabt und unbegabt für das Plastische. Die Musik ist noch subjektiver Geist, ein innerer Zustand des Geistes. Die Plastik ist schon objektiver, verkörperter Geist. Aber im Bereich des objektiven, verkörperten Geistes sind die Deutschen nur fähig, ungewöhnliche Technik, Industrie, Waffen, aber keine Schönheit hervorzubringen. Die Geschmacklosigkeit der Deutschen, die sogar bei den Größten unter ihnen, selbst bei Goethe, überrascht, hängt mit der Verlagerung des Lebensschwerpunktes auf die innere Anspannung des Willens und Denkens zusammen. Im Bereich der Sinnlichkeit als ästhetischer Kategorie sind die Deutschen überhaupt unannehmbar und unerträglich. Im Gefühlsleben können sie nur sentimental sein.

Der echte, tiefgründige Deutsche will, nachdem er die Welt als etwas dogmatisch Aufgezwungenes und nicht kritisch Überprüftes verworfen hat, diese aus sich selbst heraus neu schaffen, aus seinem Geist, aus seinem Willen und Gefühl. Diese Tendenz des deutschen Geistes zeichnete sich bereits in der Mystik Meister Eckharts ab, es gibt sie bei Luther und dem Protestantismus, und stärker zeigt sie sich und wird grundlegend in dem großen deutschen Idealismus, bei Kant und Fichte, und auf andere Weise bei Hegel und Hartmann[80]. Es wäre falsch, diese Tendenz des deutschen Geistes Phänomenalismus zu nennen. Es ist ein eigentümlicher, deutlich voluntaristisch gefärbter Ontologismus. Der Deutsche ist seinem Wesen nach Metaphysiker, und seine physischen Werkzeuge schafft er mit metaphysischem Pa-

---

[80] Vermutlich Nikolai Hartmann (1882-1950), Philosoph, vertritt einen kritischen Realismus.

thos, niemals ist er naiv-realistisch. Und der deutsche Gnoseologismus ist eine besondere Art von Metaphysik. Der Deutsche ist schließlich so weit gegangen, dass er die idealen Denkwerkzeuge in reale Werkzeuge des Kampfes verwandelt hat.

Faust ist vom geistigen Ringen, von der Magie, von Metaphysik und Poesie zur realen irdischen Tat übergegangen. „Im Anfang war die Tat!" Am Anfang war der Willensakt, der Akt des Deutschen, der die ganze Welt aus der Tiefe seines Geistes in das Sein gerufen hat. Alles wird aus dem Dunkel, aus dem Chaos ungeformten Erlebens, durch einen Willensakt, durch einen Akt des Denkens, geboren. Und der Deutsche neigt nicht dazu, irgendetwas vor der von ihm vollendeten Tat gelten zu lassen. Er kennt keine passiv-weibliche Annahme der Welt, anderer Menschen, anderer Völker, keine brüderlichen und erotischen Gefühle gegenüber der kosmischen Hierarchie der Lebewesen. Alles muss durch die deutsche Aktivität und Organisation hindurchgehen. Der Deutsche ist seinem Wesen nach nicht erotisch und neigt nicht zur ehelichen Verbindung.

II

Der Deutsche sieht im Ursprung der Welt Chaos und Dunkelheit, er spürt das Irrationale in der Weltgegebenheit intensiv. Das zeigte sich in der deutschen Mystik. Aber nach seinem Willens- und Denkakt duldet er kein Chaos, kein Dunkel und keine Irrationalität. Wo die Hand des Deutschen das Sein berührt hat, da muss alles rationalisiert und organisiert sein. Die Welt erscheint dem Deutschen ursprünglich dunkel und chaotisch, er nimmt nichts als gegeben an, und für nichts und niemanden in der Welt zeigt er ein brüderliches Gefühl. Aber nach vollendeter Tat[81], nach dem Akt seines Denkens und Willens, ändert sich alles, jetzt erst erscheint die wirkliche Welt, die rationale und geordnete Welt, in der alles an seinem Platz ist, den ihm der deutsche Geist zugewiesen hat. Die Kehrseite dieses in der deutschen Mystik und Philosophie urtümlich deutschen reflektierten Urempfindens des Irrationalen, Unbewussten, Chaotischen ist die Forderung, dass alles organisiert, diszipliniert, geformt und rationalisiert sein müsse. Vor dem deutschen Bewusstsein steht der kategorische Imperativ, dass alles in Ordnung gebracht werden muss. Die Unordnung der Welt

[81] Deutsch im Original .

muss vom Deutschen beendet werden, und dem Deutschen scheint alles und jedes in Unordnung zu sein.

Das Chaos der Welt muss vom Deutschen geordnet werden, alles im Leben muss durch ihn von innen her diszipliniert werden. Von daher kommt der maßlose Anspruch, der von dem Deutschen als Pflicht, als formaler, kategorischer Imperativ erlebt wird. Die Deutschen vergewaltigen das Sein mit moralischem Pathos. Das deutsche Denken ist immer normativ. Der Deutsche hat keinen Kontakt zu den Geheimnissen des Seins, er stellt sich selbst die Aufgabe, das Sollen. Er beschämt die ganze Welt durch sein Pflichtgefühl und seine Fähigkeit, diesem gerecht zu werden. Andere Völker nimmt der Deutsche nie brüderlich als vor Gott gleiche wahr, nimmt ihre Seelen nicht an, denn er empfindet sie immer als Unordnung, Chaos, Dunkel, und nur sich selbst empfindet der Deutsche als einzigen Ursprung der Ordnung, der Organisiertheit, des Lichts und der Kultur für diese unglücklichen Völker. Daher kommt das bezeichnende Kulturträgertum der Deutschen. Die übrige Menschheit befindet sich in Unordnung, sie ist nicht fähig, jedem seinen Platz zuzuweisen.

Der Deutsche akzeptiert gern, dass dem Sein nicht Vernunft, sondern unbewusste, Göttliche Torheit (Pessimismus, Hartmann, Drews) zugrunde liegt. Aber durch den Deutschen kommt dieses Unbewusste zum Bewusstsein, das vernunftlose Sein wird aufgehoben, und es entsteht das bewusste Sein, das vernünftige Sein. Für Hegel erkennt sich Gott in der deutschen Philosophie und auf ihrem Höhepunkt, in Hegels Philosophie, schließlich selbst. Zu diesem Hegelschen Optimismus passt Hartmanns Pessimismus sehr gut, nach dem der Prozess des Selbstbewusstseins der Gottheit ebenfalls im deutschen Geist geschieht. Derselbe Prozess ereignet sich auch bei den Neukantianern, wenn auch in anderer Form. Auch für sie ordnet und organisiert das transzendentale, normative Bewusstsein das Chaos der Weltgegebenheit. Und vieles spricht dafür anzunehmen, dass dieses transzendentale Denken das deutsche Denken ist, dass der rein deutsche Wille hinter ihm steht. Gewöhnlich nennt man dieses Denken Immanentismus. Aber das ist selbstverständlich nicht die einzige mögliche Form des Immanentismus. Dieses ist ein sehr straffes, immer diszipliniertes und von innen her organisiertes Denken, wo der deutsche Wille, ein starker Wille, angelegt ist. Ein solches Denken ist imponierend, aber es hat keinen ästhetischen Reiz. Und man muss sagen, dass die Tragödie des Deutschtums vor allem die Tragödie des übersteigerten Willens ist, eines allzu anspruchsvollen, allzu angespannten Willens, der nichts außer sich gelten lässt, allzu ausschließlich männlich ist, die Tragödie des zölibatären deutschen Geistes. Das ist eine Tragödie, die der Tragödie der russischen Seele entgegengesetzt ist. Das deutsche Volk ist ein erstaunliches Volk, ein mächtiges Volk, aber ein Volk ohne jeden Liebreiz.

III

Das deutsche Volk hat lange seine Energie in sich angesammelt, sein Denken und seinen Willen angespannt, um dann der Welt auch seine materielle Kraft zu manifestieren. Der Deutsche fühlt sich als Organisator von innen her, der Ordnung und Disziplin in das Chaos der Welt bringt. So ist auf dem Gebiet des Denkens, in der Philosophie, so auch im praktischen Leben, im Staatswesen, in der Industrie, in der Militärtechnik der Deutsche immer inspiriert vom kategorischen Imperativ, und er hält sich allein für fähig, der Pflicht zu genügen. Er glaubt an den kategorischen Imperativ, an die Pflicht mehr als an das Sein, als an Gott. Dafür stehen Kant und Fichte und viele große Deutsche. Und das macht die so tugendhaften Deutschen so schwer erträglich. Uns Russen ist dieses deutsche formalistische Pathos, dieses Bedürfnis alles zu ordnen und zu organisieren, besonders zuwider.

Der Deutsche glaubt vor allem an seinen Willen, an sein Denken, und den kategorischen Imperativ hat er sich selbst innerlich in seiner geistigen und materiellen Organisationsmission verordnet. In der Erkenntnistheorie und Methodologie organisiert er ebenso wie in Technik und Industrie alles gut. Und so ist der Moment gekommen, da der deutsche Geist herangereift und innerlich vorbereitet ist, da das deutsche Denken und der deutsche Wille sich auf die äußere Welt richten, auf ihre Organisation und Ordnung, auf die ganze Welt, die dem Deutschen ungeordnet und chaotisch erscheint. Der Wille zur Macht über die Welt ist auf geistigem Boden entstanden, ist erschienen als Resultat der deutschen Einstellung, wonach die Welt sich in Unordnung befindet und der Deutsche Träger der Ordnung und Organisation ist. Kant baute geistige Kasernen. Die heutigen Deutschen bauen lieber materielle Kasernen. Die deutsche Erkenntnistheorie ist derselbe Drill wie der deutsche Imperialismus. Der Deutsche fühlt sich nur in der Kaserne frei. In freier Luft spürt er den Druck chaotischer Notwendigkeit. Über den Freiheitsbegriff werden wir uns niemals mit den

Deutschen verständigen. Der Deutsche ist auf der Basis seiner Geistigkeit in die Materie, in die materielle Organisation und die materielle Herrschaft eingetaucht. Aus dem Geist heraus wurde er Materialist, schuf eine gewaltige materielle Welt, und sein Geist ist in die Materie verströmt. Die gewaltige, alle Welt bedrohende deutsche Materie ist die Emanation des deutschen Geistes, und der deutsche Geist hat sich bei dieser Emanation erschöpft, ist bei dieser Anspannung nach außen geschwunden. Im deutschen Geist gibt es keine Grenzenlosigkeit, es ist ein in seiner Art großer und tiefer, aber begrenzter und abgemessener Geist, er kennt nicht die slawische Unermesslichkeit und Grenzenlosigkeit. Dostoevskijs Geist ist unerschöpflich.

Die überragenden deutschen Geister wie Böhme, Angelus Silesius, Baldar[82] oder Goethe, Hofmann[83], Novalis[84] überschreiten die Grenzen dieser „deutschen Idee", die ich im Sinne des Deutschtums zu charakterisieren versuche. In komplizierter Beziehung zur „deutschen Idee" steht Nietzsche, der nach Geist und Blut kein reiner Deutscher war. Der deutsche Geist, ein sehr starker Geist, will letzten Endes die besondere Religion des Germanentums schaffen, die in einen Gegensatz zum Christentum tritt. In dieser Religion gibt es Christi Geist nicht. Jetzt ist Drews ein sehr bezeichnender Vertreter dieser Religion des Germanentums, ebenso Chamberlain. Richard Wagner war ihr Prophet. Es ist eine rein arische, antisemitische Religion, eine flache und eintönige monistische Religion ohne starke Antinomik, ohne Apolkalyptik. In dieser germanischen Religion gibt es keine Reue und kein Opfer. Der Deutsche ist zur Reue am wenigstens fähig. Und er kann tugendhaft, moralisch, vollkommen, ehrlich sein, aber heilig kann er kaum sein. Reue ist durch Pessimismus ersetzt. Die germanische Religion sieht den Ursprung des Bösen in der unbewussten Gottheit, im ursprünglichen Chaos, aber niemals im Menschen, nicht im Deutschen selbst. Die germanische Religion ist reinster Monophysitismus, sie lässt nur eine einzige Natur, die göttliche, gelten, und nicht zwei Naturen, die göttliche und die menschliche, wie in der christlichen Religion. So

---

[82] Dieser Name kann nicht richtig sein und beruht wohl auf einem Druckfehler. Berdjaev meint vermutlich den mystischen Denker Franz von Baader (1765-1841).

[83] Gemeint ist wohl der Dichter E. T.A. Hoffmann (1776-1822).

[84] Novalis, eigentlich Georg Philipp Friedrich von Hardenberg (1772-1801), Schriftsteller der Romantik.

sehr diese germanische Religion scheinbar den Menschen auch immer erhöht, letztlich negiert sie im tiefsten Sinne den Menschen als eigenständiges religiöses Prinzip.

In diesem rein monistischen, monophysitischen religiösen Denken kann es keine Prophezeiungen über ein neues Leben, eine neue globale Epoche, über eine neue Erde und einen neuen Himmel geben, keine Suche der neuen Stadt, die so bezeichnend ist für das Slawentum. Die monistische deutsche Organisation, die deutsche Ordnung lässt keine apokalyptischen Erfahrungen zu, duldet keine Ahnungen über den Einbruch des Endes der alten Welt, fixiert diese Welt in der schlechten Unendlichkeit. Die Apokalyptik überlassen die Deutschen gänzlich dem russischen Chaos, das sie so verachten. Wir hingegen verachten diese ewige deutsche Ordnung.

IV

Die deutsche Welt ist vor allem Zentraleuropa. Die deutschen Ideologen sehen in den Deutschen die Schöpfer und Bewahrer der zentraleuropäischen Kultur. Frankreich, England, Italien, Russland halten sie für Randgebiete Europas. Das Schicksal des Deutschtums ist das Schicksal Europas, ein Sieg des Deutschtums ist der Sieg der europäischen Kultur. Die Religion des Germanischen sieht im deutschen Volk die einzige reine arische Rasse, dazu berufen, die europäische Geisteskultur nicht nur durch geistige Anstrengung, sondern zugleich durch Blut und Eisen zu behaupten. Das Deutschtum möchte auf ewig die Weltherrschaft Zentraleuropas festigen, es will seinen Einfluss nach Osten, in die Türkei und nach China ausdehnen, stört aber ein wirkliches Ausgreifen über die Grenzen Europas und über die enge europäische Kultur. Überall hin trägt das Deutschtum, besessen von der Idee seiner besonderen kulturellen Mission, seine eng-europäische und engdeutsche Kultur, die durch nichts bereichert, von niemandem und nichts in der Welt akzeptiert wird. Und dieser Anspruch des deutsch-europäischen Zentralismus ist das größte Hindernis auf dem Weg der Vereinigung von Ost und West, d.h. der Lösung der Hauptaufgabe der Weltgeschichte.

Diesen ausschließlichen Anspruch des deutschen Geistes kann die gesamte übrige Welt nicht ertragen. Die deutschen Ideologen haben sogar die anthropologische Rassentheorie vom ausschließlichen Vorrang der schmalköpfigen Blondschöpfe in eine Art von deutschem religiösem Messianismus verwandelt. Für „Arier" führten sie den Begriff „Indogermanen" ein. Der teutonische Geist des Stolzes durchdrang die gesamte deutsche Wissenschaft und Philosophie. Die Deutschen begnügen sich nicht mit der instinktiven Verachtung anderer Rassen und Völker, sie wollen auf wissenschaftlicher Basis verachten, ordentlich, organisiert und diszipliniert verachten. Die deutsche Überheblichkeit ist immer pedantisch und methodologisch untermauert. Wir Russen können den herrischen Anspruch der germanischen Religion am wenigsten ertragen. Wir müssen ihr unsere Religion, unsere Hoffnungen entgegensetzen. Das hindert uns nicht, die großen Manifestationen des deutschen Geistes wertzuschätzen, von ihnen zu zehren wie von allem Großen in der Welt. Doch der Anmaßung des deutschen Willens müssen wir unseren religiösen Willen entgegensetzen. Einem zentralen deutschen Europa kann die Weltherrschaft nicht gehören, seine Idee ist keine globale Idee. Im russischen Geist ist der große Universalismus beschlossen, der alle und alles in der Welt gelten lässt.

IV Die Psychologie des Krieges und der Sinn des Krieges

Gedanken über die Natur des Krieges

I

Nicht vom jetzigen Krieg möchte ich sprechen, sondern vom Krieg überhaupt. Was ist der Krieg an und für sich? Wie ist der Krieg philosophisch zu deuten? Bei oberflächlicher Betrachtung ist der Krieg das Erleben und der Zusammenstoß materieller Massen, physische Gewalt, Mord, Verstümmelung, der Einsatz furchtbarer maschineller Waffen. Der Krieg scheint nur ein Versinken in die Materie zu sein und keine Beziehung zum Geist zu haben. Geistige Menschen wenden sich bisweilen mit Leichtigkeit vom Krieg ab, als von einem äußerlich Materiellen, von einem fremdartigen, gewaltsam aufgezwungenen Bösen, von dem man in höhere geistige Sphären ausweichen kann und soll.

Andere verwerfen den Krieg von einem dualistischen Standpunkt aus, wonach es eine völlig selbständige materielle, äußere, gewaltsame, getrennte Sphäre gibt, die der geistigen, inneren und freien Sphäre entgegengesetzt ist. Aber alles Materielle ist nur Symbol und Zeichen der geistigen Wirklichkeit, alles Äußere ist nur Mainifestation des Inneren, alles Zwanghafte und Gewaltsame ist falsch gelenkte Freiheit. Man kann das Wesen des Krieges nur vom monistischen, aber nicht vom dualistischen Standpunkt aus deuten, d.h. wenn man in ihm die Symbolik dessen erkennt, was in der geistigen Wirklichkeit geschieht. Man kann sagen, dass der Krieg im Himmel geschieht, auf anderen Ebenen des Seins, in den Tiefen des Geistes, und auf der materiellen Ebene sieht man nur die äußeren Zeichen dessen, was sich in der Tiefe abspielt. Physische Gewalt, die im Mord vollendet wird, ist kein als selbständige Realität für sich Existierendes, sie ist Zeichen geistiger Gewalt, die in der geistigen Wirklichkeit des Bösen vollendet wird. Die Natur des Krieges, als materielle Gewalt, ist rein reflexiv, zeichenhaft, symptomatisch und nicht selbständig. Der Krieg ist nicht der Ursprung des Bösen, sondern nur ein Reflex auf das Böse, Zeichen der Existenz eines inneren Bösen und einer Krankheit. Die Natur des Krieges ist symbolisch. So ist die Natur jeder materiellen Gewalt, sie ist immer sekundär und nicht primär. Ein bestimmter Geisteszustand, in dem sich die Menschheit befindet, muss unweigerlich materielle Zeichen als Werkzeuge nutzen, ohne die sich das geistige Leben nicht realisieren kann. Um sein geistiges Leben auszudrücken, muss der Mensch Arme, Beine und die Sprache in Bewegung setzen, d.h. er muss zu materiellen Zeichen greifen, ohne die er Liebe oder Hass nicht ausdrücken, seine willentlichen Bestrebungen nicht verwirklichen kann. Und der Krieg ist ein komplexes Gebilde materieller Tätigkeiten der Beine und Hände, verschiedener Werkzeuge, die dem menschlichen Willen zur Verfügung stehen. Prinzipiell ist die Möglichkeit geistigen Lebens ohne materielle Zeichen und Werkzeuge denkbar, aber das setzt eine andere Stufe der geistigen Wirklichkeit voraus, die die Menschheit und die Welt jetzt nicht erreicht hat.

Es gibt Krankheiten, die gehen mit einem Ausschlag im Gesicht einher. Dieser Ausschlag ist nur ein Zeichen der inneren Erkrankung. Die äußere Beseitigung des Ausschlags treibt die Krankheit nur nach innen. Davon kann sie sich sogar noch verschlimmern. Man muss die innere Krankheit heilen. Das Böse des Krieges ist nur ein Zeichen der inneren Krankheit der Menschheit. Die materiellen Gewaltakte und die Schrecken des Krieges sind nur der Ausschlag auf dem Körper der Menschheit, vor dem man sich nicht äußerlich und mechanisch schützen kann. Wir alle sind an dieser Menschheitskrankheit schuld, die der Krieg ausbreitet. Wenn die Eiterbeule nicht aufbricht, kann man das Böse in der geöffneten Eiterbeule nicht sehen. Manchmal muss man sie gewaltsam öffnen, um das Leben zu retten.

In der Tiefe der geistigen Wirklichkeit hatten der Weltkrieg, die Feindschaft in der Welt, der Hass und die gegenseitige Vernichtung längst begonnen. Und dieser Krieg, der Ende Juli 1914 begann, ist nur das materielle Zeichen eines in der Tiefe des Geistes sich ereignenden Krieges und der schweren Geisteskrankheit der Menschheit. Diese Geisteskrankheit und diesen geistigen Krieg haben alle zu verantworten und keiner ist in der Lage, die Folgen des inneren Bösen, des inneren Tötens, in dem wir alle lebten, von sich zu weisen. Der Krieg hat das Böse nicht hervorgebracht, er hat das Böse lediglich gezeigt. Die gesamte gegenwärtige Menschheit lebte in Hass und Feindschaft. Der innere Krieg war nur unter der oberflächlichen Decke des friedlichen bürgerlichen Lebens verborgen, und die Lüge dieser bürgerlichen Welt, die vielen ewig zu sein schien, musste entlarvt werden. Die Zerstörung des Lebens der Menschen, die sich im friedlichen bürgerlichen Leben ereignete, war nicht weniger schrecklich als das, was im Krieg geschieht.

II

Im Evangelium heißt es, dass man diejenigen mehr zu fürchten habe, die die Seele töten als jene, die nur den Leib töten. Der physische Tod ist weniger schrecklich als der geistige Tod. Aber vor dem Krieg, im friedlichen Leben wurden die menschlichen Seelen getötet, erlosch der menschliche Geist, und das wurde dermaßen zur Gewohnheit, dass man den Schrecken dieses Tötens nicht bemerkte. Im Krieg wird die physische Hülle des Menschen zerstört, aber der Kern, seine Seele, kann nicht nur unzerstört bleiben, sondern kann sogar wiedererstehen. Es ist sehr bezeichnend, dass den Krieg und das Töten im Krieg am meisten die Positivisten fürchten, denen es am wichtigsten ist, dass der Mensch gut lebt auf der Erde, und für die sich das Leben auf das empirische Dasein beschränkt. Wer an das unendliche geistige Leben und an Werte glaubt, die höher sind als alle irdischen Güter, fürchtet die Schrecken des Krieges und den physischen Tod weniger. Das erklärt, dass man prinzipielle Pazifisten häufiger unter Humanisten und Positivisten antrifft als unter Christen. Die religiöse Lebenseinstellung sieht die Tragödie des Todes tiefer als der positiv-oberflächliche Blick. Der Krieg ist ein schreckliches Übel und eine tiefe Tragödie, aber das Böse und die Tragödie liegen nicht in dem äußerlich verstandenen Faktum der physischen Gewalt und der Zerstörung, sondern erheblich tiefer. Und in dieser Tiefe sind das Böse und die Tragödie immer schon vor dem Krieg und vor seiner Gewalt vorhanden.

Der Krieg offenbart nur das Böse, wirft es an die Oberfläche. Das äußerliche Faktum der physischen Gewalt und des physischen Tötens kann man nicht als selbständiges Böses, nicht als Ursprung des Bösen ansehen. Tiefer liegen die geistige Gewalt und das geistige Töten. Und die Mittel der geistigen Gewalt sind sehr fein und schwer fassbar. Andere seelische Bewegungen und Strömungen, andere Worte, andere Gefühle und Handlungen, die nicht die Merkmale physischer Gewalt tragen, sind mörderischer und todbringender als die grobe physische Gewalt und Zerstörung.

Die Verantwortung des Menschen muss weiter und tiefer reichen. Und wirklich ist der Mensch häufiger Gewalttäter und Mörder als er es selbst von sich vermutet. Nicht nur im Krieg darf man Gewalt und Mord sehen. Unser ganzes friedliches Leben beruht auf Gewalt und Mord. Und vor Beginn des jetzigen Weltkriegs übten wir Gewalt aus und töteten mitten im Leben nicht weniger als in der Zeit des Krieges. Der Krieg bringt nur an den Tag und projiziert auf materieller Ebene unsere alten Gewaltakte und Morde, unseren Hass und unsere Feindschaft. In den Tiefen des Lebens ist der dunkle, irrationale Ursprung. Aus ihm gehen die tiefsten tragischen Widersprüche hervor. Und die Menschheit, die dieses alte elementare Dunkel in sich nicht durch das göttliche Licht erleuchtet hat, geht unweigerlich durch Kreuzesqual und das Sterben des Krieges hindurch. Solange sie in dem alten Bösen und in der Urfinsternis bleibt, ist es der Menschheit nicht gegeben, die immanenten schrecklichen Folgen des Krieges zu vermeiden. In abstrakten Wunschvorstellungen des Pazifismus, den Krieg zu vermeiden und die Menschheit im früheren Zustand zu lassen, ist ziemlich übel. Es entspringt dem Wunsch, die Verantwortung von sich zu weisen. Der Krieg ist eine immanente Strafe und immanente Sühne. Im Krieg wird der Hass in Liebe umgeschmolzen und die Liebe in Hass. Im Krieg berühren sich die äußersten Extreme, und die teuflische Finsternis verwandelt sich in göttliches Licht. Der Krieg ist der materielle Ausdruck der Urwidersprüche des Seins, in ihm wird die Irrationalität des Lebens offenbar. Der Pazifismus ist die rationalistische Leugnung des irrationalen Dunkels im Leben. Und unmöglich ist es, an einen ewigen rationalen Frieden zu glauben. Nicht grundlos äußert die Apokalypse Prophezeiungen über den Krieg. Und das Christentum erwartet kein friedliches und leidensfreies Ende der Weltgeschichte. Unten spiegelt sich, was oben ist, und auf der Erde das, was im Himmel ist. Und oben, im Himmel, kämpfen Gottes Engel mit den Engeln des Teufels. In allen Sphären des Kosmos braust das feurige und rasende Element und es herrscht Krieg. Und Christus hat nicht Frieden auf die Erde gebracht, sondern das Schwert. Darin liegt die tiefe Antinomie des Christentums: das Christentum kann nicht Böses mit Bösem vergelten, dem Bösen nicht mit Gewalt begegnen, und zugleich bedeutet das Christentum Krieg, Spaltung der Welt, ein Durchleiden der Sühne am Kreuz in der Finsternis und im Bösen bis zum Ende.

Das Christentum ist ein komplexer Widerspruch. Und das christliche Verhältnis zum Krieg ist auf schicksalhafte Weise widersprüchlich. Christlicher Krieg ist unmöglich ebenso wie christlicher Staat, christliche Gewalt und christlicher Mord. Aber das ganze Grauen des Lebens wird durch das Christentum überwunden wie das Kreuz und die Sühne der Schuld. Der Krieg ist eine Schuld, zugleich aber auch die Sühne der Schuld. In ihm wird das ungerechte, sündhafte böse Leben ans Kreuz geschlagen.

III

Wir alle sind schuldig am Krieg, alle sind wir für ihn verantwortlich und können uns der gemeinsamen Haftung nicht entziehen. Das in uns allen lebende Böse wird im Krieg offenbar, und für keinen von uns ist der Krieg irgendetwas Äußeres, von dem man sich abwenden kann. Wir müssen die volle Verantwortung auf uns nehmen. Und wir irren uns beharrlich, wenn wir meinen, die Verantwortung abweisen zu können, oder wenn wir sie nicht ganz auf uns nehmen. Man darf die Teilnahme am Krieg und die Verantwortung für ihn nicht so grob äußerlich verstehen. So oder so sind wir am Krieg beteiligt. Bereits dadurch, dass ich den Staat akzeptiere, die Nationalität akzeptiere, die Verantwortung des ganzen Volkes spüre, den russischen Sieg will, nehme ich am Krieg teil und trage Verantwortung für ihn. Wenn ich den Sieg der russischen Armee will, töte ich im Geist und lade mir die Verantwortung für das Töten auf, nehme ich die Schuld an. Gemein wäre es, anderen das Töten anzulasten, das auch ich tun muss, und mir selbst den Anschein zu geben, dass ich an diesem Töten nicht teilnehme. Wer Fleisch ißt, nimmt teil am Töten der Tiere und muss die Verantwortung für dieses Töten einsehen. Heuchlerisch erwecken wir den Anschein, als würden wir selbst niemals Gewalt ausüben und töten, und als würden andere die Verantwortung dafür tragen. Jeder von uns profitiert von der Polizei, braucht sie, und heuchlerisch tut er so, als wäre die Polizei nicht für ihn da. Jeder, der ernsthaft wünscht, die Deutschen von unseren Grenzen zu vertreiben, tötet im Geist nicht weniger als die Soldaten, die mit dem Bajonett angreifen. Das Töten ist kein physisches, sondern ein moralisches Phänomen, das vor allem geistig getan wird. Der schießende und stechende Soldat ist weniger verantwortlich für das Töten als der, den der Wille zum Sieg über den Feind erfüllt aber keinen unmittelbaren Schlag ausführt. Es ist moralisch zu verurteilen, wenn ich von der Schuld für Gewalt und Töten völlig rein und frei sein will, gleichzeitig aber für mich, für meine Angehörigen, für mein Land etwas wünsche, das durch Gewalt und Töten erkauft wird. Man sühnt, wenn man die Schuld auf sich nimmt. Schuld steht moralisch über der Reinheit. Das ist ein sittliches Paradox, über das man gründlich nachdenken muss. Das ausschließliche Streben nach eigener Reinheit, nach der Bewahrung einer reinen Weste ist kein höchster moralischer Zustand. Moralisch höher ist es, die Verantwortung für unsere Nächsten auf sich zu nehmen, die gemeinsame Schuld zu tragen. Ich meine, dass aller Kultur dieselbe Schuld zugrunde liegt wie dem Krieg, denn auch sie entsteht und entwickelt sich ganz gewaltsam. Aber das Böse, das durch die Kultur geschieht ebenso wie das durch den Krieg geschehene Böse ist sekundär und nicht primär, es ist die Antwort auf das ursprüngliche Böse, auf das Dunkel, das den Urgrund des Lebens verhüllt.

IV

An den Krieg kann man nicht doktrinär-rationalistisch herangehen. Doktrinärer Absolutismus ist im Hinblick auf das Leben immer lebensfremd, gewaltsam, ist immer eine pharisäerhafte Erhebung des Sabbats über den Menschen. Aber der Mensch steht über dem Sabbat, und der Sabbat darf nicht das absolute Prinzip des Lebens sein. Möglich und erwünscht ist nur eine lebensnahe Moral, für die alles in der Welt eine individuell-kreative Aufgabe ist. Im Bereich des Relativen ist das Absolute nicht anwendbar. In der geschichtlich körperlichen Welt gibt es nichts Absolutes. Ein absolutes Leben ist möglich, aber man kann nicht Absolutes auf das relative Leben anwenden. Absolutes Leben ist ein Leben in der Liebe. Im absoluten Leben kann Krieg, Gewalt und Töten nicht sein. Töten, Gewalt, Krieg sind Zeichen des relativen Lebens, das konkret historisch und nicht göttlich ist. Im historischen Leib, in der materiellen Begrenztheit ist ein absolutes göttliches Leben nicht möglich. Wir leben in der Gewalt, da wir im physischen Leib leben. Die Gesetze der materiellen Welt sind Gesetze der Gewalt. Eine absolute Ablehnung der Gewalt und des Krieges ist nur als zutiefst individuelles Phänomen möglich, nicht aber als Norm und Gesetz. Das setzt eine Inspiration voraus, die die „Welt" und ihr angestammtes Gesetz überwindet, eine Erleuchtung des menschlichen Leibes durch das jenseitige Licht. Aber auf das Leben in der Materie dieser Welt kann man das Absolute als Gesetz und Norm nicht anwenden. Das Evangelium ist kein Lebensgesetz. Das Absolute wird nicht angewendet, sondern errungen. Das absolute Leben ist Leben aus Gnade aber kein Leben, das Gesetz und Norm erfüllt. Die gesetzliche Anwendung des Absoluten auf das Relative ist jene Sabbatverehrung, die Christus brandmarkt.

Die absolute Wahrheit, die den gewaltsamen Widerstand gegen das Böse verneint, ist kein Lebensgesetz in dieser chaotischen und dunklen Welt, die, gefangen in der materiellen Relativität, von Zertrennung und Feindschaft bestimmt ist. Diese Welt soll ja in das absolute Leben in der Liebe übergehen. Man kann das nur wünschen und kann danach streben. Das geschieht geheimnisvoll und unsichtbar, wie das Reich Gottes unsichtbar kommt. Aber es hat überhaupt keinen inneren Sinn, die äußere Welt haben zu wollen und jede äußere Gewalt abzulehnen, und innerlich die Welt dem alten Chaos, der Dunkelheit, der Bosheit und Feindschaft zu überlassen. Das bedeutet nichts. Dem relativen Leben ein absolutes Gesetz aufzuerlegen, entbehrt jedes inneren Sinns. Man kann nur innere Gesundheit wünschen, aber nicht bei innerer Krankheit äußerlich gesund aussehen wollen. Man kann gar nicht deutlich genug unterstreichen, dass die absolute Liebe Christi ein neues gnadenvolles Leben des Geistes ist und kein Gesetz für das relative materielle Leben. Deshalb ist das Problem der christlichen Einstellung zum Krieg so unendlich kompliziert.

Den Krieg kann man nur als tragisches Leiden ansehen. Die Einstellung zum Krieg kann nur antinomisch sein. Das ist das Durchleiden der inneren Dunkelheit des irdischen Lebens, des inneren Bösen, die Annahme der Schuld und der Sühne. Die harmlose, optimistische, ausschließlich positive Einstellung zum Krieg ist unannehmbar und unmoralisch. Wir nehmen den Krieg an und verwerfen ihn zugleich. Wir nehmen den Krieg an, um ihn zu verwerfen. Militarismus und Pazifismus sind gleichermaßen Lüge. Beide bedeuten eine äußere Einstellung zum Leben. Den Krieg anzunehmen bedeutet, die schreckliche Tragik des Lebens anzunehmen. Und wenn der Krieg Verrohung und Entmenschlichung mit sich bringt, so gibt es in ihm auch große Liebe, die in der Dunkelheit aufleuchtet.

Über Grausamkeit und Schmerz

I

Es wird viel geredet von der Grausamkeit unserer Tage, unserer Epoche, von der Unmöglichkeit, die vielen Schmerzen zu ertragen, die unserer Generation auferlegt sind. Viele halten sogar unsere Zeit für grausamer, als es vergangene Zeiten waren. Das ist Illusion und Selbsttäuschung. Wir nehmen die Grausamkeit des Lebens überhaupt zu wenig wahr, sind zu sehr gewöhnt an die alltäglichen Schmerzen. Und es bedarf außerordentlicher Zeichen der Grausamkeit, um unsere Seele zu verletzen und unsere Vorstellungskraft anzuregen. Vor dem Krieg und seinen Schrecken haben wir täglich viel Grausames getan und viele grausame Schmerzen erlitten. Jeder Lebensprozess ist grausam und schmerzlich. Doch unsere Sensibilität dafür ist abgestumpft, wir haben ein dickes Fell bekommen. Und wir erschrecken über die Grausamkeiten des Krieges, doch in unserem Mitleidspathos ist ein Stück unbewusster Heuchelei. Der Lebensgang ist immer von Schmerz begleitet. Wenn wir leben, begehen wir viele Grausamkeiten und vielen Grausamkeiten sind wir ausgesetzt. Wir töten nicht nur, wenn wir mit dem Bajonett zustechen und aus dem Gewehr feuern. Im Grunde akzeptiert derjenige, der den Weltprozess und seine Entwicklung akzeptiert, schon dadurch Grausamkeit und Schmerz und rechtfertigt sie. Grausamkeit und Schmerzen gibt es in jedem Entwicklungsprozess, in jedem Ausgang aus dem Zustand der Ruhe und Unbeweglichkeit, in jedem Aufbruch. Das heroische Prinzip ist ein grausames Prinzip. Die Bewegung an sich ist schmerzhaft. Schmerzhaft ist bereits der elementare mechanische Anstoß, der die Bewegung auslöst. Und so geht es bis zu den höchsten Manifestationen des geistigen Lebens. Und wer die Verwirklichung des historischen Schicksals der Menschheit, seine Höherentwicklung will, der muss Grausamkeit und Schmerz akzeptieren und sich einen schützenden Panzer anlegen. Wer aber keinerlei Grausamkeit und Schmerzen will, der will die Entstehung der Welt und ihrer Entwicklung nicht, er will, dass das Sein im Zustand der ursprünglichen Unbeweglichkeit und Ruhe bleibt und dass nichts entstanden ist. Das ist die unabweisbare metaphysische Schlussfolgerung.

II

In der Geschichte beginnt jeder Fortschritt mit der Störung des vorhandenen Systems der Anpassung und des Gleichgewichts, mit dem immer schmerzhaften Ausgang aus dem Zustand relativer Harmonie. Schmerzlich und schwer ist es, sich von der gewohnten Lebenssituation zu trennen, von dem, was von Natur aus ewig zu sein schien. Aber man muss den Moment des Bruchs und der Disharmonie durchlaufen. Und das ist immer schmerzlich. Aber diesen Schmerz, diese Grausamkeit des Anfangs jeder Bewegung muss jeder akzeptieren, der keinen ewigen Stillstand und Ruhezustand will, wer Entwicklung und neues Leben möchte. Grausam und schmerzhaft ist der Übergang von der patriarchalischen Lebensform zu einer anderen, komplexeren Form, in der das Personprinzip aufkommt, das bis dahin noch schlummerte. Schmerzhaft und grausam ist jede Störung eines ursprünglich Ganzen und Organischen. Die erwachende, sich erhebende und sich ihrer selbst bewusst werdende Person ist immer grausam in Bezug auf ihr Milieu und das in ihm herrschende Anpassungssystem, sie kann nicht anders, als Schmerz zu verursachen. Wie viel Grausamkeit und Schmerz bei jedem Bruch der Person mit der Familie, die einen Anpassungsdruck ausübt! Wie viel Grausamkeit und Schmerz ist im Kampf für einen Wert, der über das Wohlsein gestellt wird! Schmerzhaft und qualvoll ist der Wechsel von der Natural- zur Geldwirtschaft, schmerzhaft und qualvoll die Auflösung der Dorfgemeinde, die Auflösung der alten Familienstruktur, schmerzlich und qualvoll ist jeder Bruch mit alten Sicherheiten des Lebens, mit alten Ideen, schmerzhaft und qualvoll ist jede geistige und ideelle Krise. Schmerzfrei ist es, in Ruhe und Unbeweglichkeit zu verharren. Unter dem Aspekt des Mitleids mit den Menschen und den menschlichen Generationen, der Scheu vor Schmerz und Grausamkeit, ist es besser, im alten Anpassungssystem zu bleiben, nichts zu suchen und für keinerlei Werte zu kämpfen. Grausamkeit begleitet jede beginnende Bewegung, jeden Bruch, der einem schöpferischen Werk vorausgeht.

Eine ausschließliche Religion des Mitleids, die jeden Schmerz und jedes Leiden fürchtet, wie beispielsweise der Buddhismus, ist eine Religion der Unbeweglichkeit und der Ruhe. Im Christentum ist das nicht so, das Christentum hält den Weg des Lebens durch das Leiden für unvermeidlich, das Christentum kennt höhere Werte als Ruhe und Unbeweglichkeit. Das Christentum glaubt an die sühnende Kraft des Leidens und ruft dazu auf, freiwillig den Weg nach Golgatha zu gehen. Auch das Schicksal der christlichen Völker ist dynamisch und nicht statisch, wie das Schicksal der Völker des Ostens. Die christliche Menschheit treibt die Geschichte voran. Das Glück, den Wohlstand, den schmerzfreien Zustand der Menschen, die direkten Interessen einer gegebenen Generation für das höchste Gut anzusehen, muss zu Stillstand und Angst vor der schöpferischen Bewegung in der Geschichte führen. Jedes schöpferische Werk und alle Geschichte ist Liebe zum Fernen und nicht zum Nahen, Liebe zum Wert und nicht zum Wohlstand. Schöpfertum und Geschichte gibt es nicht ohne Momente des Leidens und des Schmerzes, ohne die Bereitschaft, das naheliegende Wohl des Lebens zu opfern. Jede Liebe zum Fernen, zum Hohen, zum übermenschlichen Wert enthält ihre Grausamkeit. Das trockene Feuer dieser Liebe verschlingt die Nässe des Lebens und bringt allem Nahen, allem Flachen das Leiden. Schmerzloser, mitleidiger wäre es, ferne und hohe Werte nicht zu verteidigen und sie im Namen des Wohls der Menschen zu vernachlässigen, keine Geschichte zu schaffen. Schon der Blick auf den Wert enthält Grausamkeit und Schmerz, der Blick auf das Wohl aber die Unbeweglichkeit der Ruhe, der Anpassung, der Zufriedenheit mit dem, was ist und für die, die sind. Aber bei einer solchen Lebenseinstellung wäre große Geschichte unmöglich.

III

Alles oben Gesagte kann auch auf den Krieg angewendet werden. Krieg ist grausam und schmerzhaft. Niemand wird behaupten wollen, dass der Krieg an sich ein erstrebenswertes Gut ist. Ohne Mühe kann man jeden zu der Einsicht bringen, dass die Beendigung jeglicher Kriege und die Befriedung der Menschheit in brüderlicher Einigkeit nur zu wünschen ist. Aber solche abstrakten Wahrheiten helfen wenig, aus den schwierigen Lebensproblemen herauszukommen. Die ganze Frage besteht darin, ob im Krieg irgendwelche Werte verteidigt werden, die höher sind als das menschliche Wohlergehen, als die Ruhe und Zufriedenheit der gegenwärtigen Menschheit. Geschieht in diesem schrecklichen und grausamen Krieg etwas historisch bedeutsames

Fernes und Hohes? In den ideologischen Lobpreisungen des Krieges ist immer Unangenehmes und Ungebührliches. Krieg kann nur als Leiden und Tragik angesehen werden. Aber dieser uns auferlegte Krieg, vielleicht der furchtbarste aller bisheriger Kriege, ist auf jeden Fall eine leidvolle Prüfung für die heutige Menschheit, die, durch bürgerliches Wohlergehen und Ruhe verdorben und innerlich zerstritten, an die Möglichkeit eines friedlichen äußeren Lebens geglaubt hatte. Der Wert individueller und nationaler Ehre steht über Wohlergehen und ruhiger Zufriedenheit. Historischer Erfolg, die Lösung globaler Aufgaben geht über die Errungenschaften eines engen egoistischen Lebens der Person und der Familie hinaus. Ohne diese Erkenntnis kann sich der Charakter eines Volkes nicht festigen. Wenn im Volk die Interessen eines ruhigen und zufriedenen Lebens der gegenwärtigen Generation die Oberhand gewinnen, kann ein solches Volk keine Geschichte haben, hat es nicht die Kraft, eine Mission in der Welt zu erfüllen. Die Grausamkeit des Krieges, die Grausamkeit unserer Epoche ist nicht einfach die Grausamkeit, die Bosheit und Herzlosigkeit der Menschen, der Personen, obwohl dies alles Begleiterscheinungen sein können. Es ist die Grausamkeit des historischen Schicksals, die Grausamkeit des historischen Fortschritts, der historischen Prüfung.

Menschliche Grausamkeit ist widerwärtig. Uns erzürnt die Grausamkeit der Deutschen. Wir spüren hinter dieser Verkehrung des Menschen in ein mechanisches Mittel für Staatszwecke das Sterben der Seele in einer totalen Massendisziplin. Gegen die Verrohung des Herzens, gegen die Grausamkeit der Sitten muss man mit allen Kräften kämpfen. Der Krieg bringt natürlich die Gefahr der Barbarei und Verrohung mit sich. Er zerreißt die schützende Hülle der Kultur und deckt die angestammte menschliche Natur auf. Aber es gibt auch eine andere Seite bei dem moralischen und psychologischen Problem der Grausamkeit. Die heutigen Menschen, verzärtelt, verweichlicht und verwöhnt durch ein bürgerlich-ruhiges Leben, ertragen die Grausamkeit des menschlichen Herzens nicht, – ihre Herzen sind auch im friedlichen Leben ziemlich verroht, – sie ertragen die Grausamkeit der Prüfungen, die Grausamkeit der Bewegung nicht, die ihnen die Ruhe nimmt, nicht die Grausamkeit der Geschichte und des Schicksals. Sie wollen die Geschichte mit ihren hohen Zielen nicht, wollen ihr Ende in einem Zustand der Ruhe, der Zufriedenheit und des Wohlseins. Und diese Angst vor Grausamkeit und Schmerz ist kein Zeichen geistiger Höhe.

Der liebevollste, beste, herzlichste Mensch kann den qualvollen Gang der Geschichte, die Grausamkeit des historischen Kampfes furchtlos annehmen. Gutmütigkeit ist nicht das Gegenteil von Härte, nicht einmal von Strenge, wenn das Leben sie verlangt. Selbst die Liebe zwingt bisweilen, hart und grausam zu sein, Leiden nicht zu fürchten, welches der Kampf für das, was man liebt, mit sich bringt. Es geht um eine männlichere, nicht weichliche Einstellung zum Leben. Und schließlich führt die furchtlose Annahme von Momenten unvermeidlicher Grausamkeit dazu, dass viele Leiden vermieden werden können. So ist eine Operation nötig, um einer tödlichen Krankheit zu entgehen, um noch schrecklichere Leiden abzuwenden. Diese grausame und schmerzhafte Operation muss auch im historischen Leben gerechtfertigt sein. Unvergleichlich größere Leiden bereitet der Menschheit, wer ängstlich die Augen schließt vor der Notwendigkeit solcher Operationen und aus Gutmütigkeit und Weichherzigkeit die Menschheit der Vernichtung durch ein Eitergeschwür überlässt.

Wir Russen haben Angst vor der Macht, haben immer den Verdacht, dass alle Macht vom Teufel ist. Russen leisten ihrer geistigen Veranlagung nach keinen Widerstand. Macht wird immer als Gewalt und Grausamkeit verstanden. Vielleicht sind die Russen deshalb so geworden, weil sie in der Geschichte zu oft gelitten haben unter der Macht, die über ihnen stand und ihnen Gewalt antat. Wir sind nicht gewohnt, Macht von moralischem Standpunkt aus als eine Disziplinierung des Geistes, als eine Stärkung des Charakters anzusehen. Aus einem Selbsterhaltungsinstinkt ist das russische Volk gewohnt, sich äußerer Macht unterzuordnen, um von ihr nicht erdrückt zu werden, aber im Grunde sieht es in der Macht nicht das Höchste, sondern das Niedrigste. So hat die Geschichte das russische Volk geformt. In den moralischen Zweifeln, die durch die Macht geweckt werden, liegt eine eigene Wahrheit. Die Fragestellungen L. Tolstojs kann man nicht missverständlich nennen. In ihnen spürt man das große Fragen des gesamten russischen Volkes, seinen eigentümlichen moralischen Charakter. Doch das russische Nichtwiderstreben birgt eine gefährliche, schwächende Tendenz, eine Tendenz vom Christentum weg hin zum Buddhismus. Geistig stark zu sein, die Schrecken und Prüfungen des Lebens nicht zu fürchten, unvermeidliche und kathartische Leiden anzunehmen, gegen das Böse zu kämpfen, – das bleibt ein Imperativ wahren christlichen Denkens. Die Russen haben vor allem eine Festigung ihres Charakters nötig. Die russische Gutmütigkeit ist oft Charakterlosigkeit, Willensschwäche, Passivität, Leidensscheu. Diese passive Gutmütigkeit, die immer bereit ist, jeglichen Wert hintanzustellen und aufzugeben, kann nicht als hoher Wert gelten. Es gibt eine aktive, die Werte verteidigende Gutmütigkeit. Nur zu solcher Gutmütigkeit muss man aufrufen. Und man muss der schwächenden und verweichlichenden Angst vor Schmerz und Grausamkeit des Lebens Widerstand leisten.

Über Wahrheit und Gerechtigkeit im Kampf der Völker

I

Die häufigste Sicht, mit der ein Volk den Krieg rechtfertigt, ist die, wonach Wahrheit und Gerechtigkeit auf der Seite dieses Volkes sind. Das feindliche Volk hingegen erscheint völlig in Lüge und Ungerechtigkeit befangen. Diese rein moralische Bewertung des Krieges bedeutet die Übertragung moralischer Kategorien des individuellen Lebens auf das historische Leben der Völker. Ausschließlich seinem eigenen Volk das moralische Recht des Krieges zuzuschreiben, dem feindlichen Volk aber das ausschließliche Unrecht entspricht nicht selten einem heimlichen Pazifismus, der zur Rechtfertigung des betreffenden Krieges genötigt ist. Diese edle Einstellung, die in Russland plötzlich beherrschend wurde, als der Krieg ausbrach, ist nicht nur falsch, sondern auch gefährlich. Den Russen fiel es überhaupt sehr schwer, den Krieg zu rechtfertigen. In weiten Kreisen der russischen Intelligencija herrschte ein Denken, das den Krieg völlig ablehnte. Die oberflächlich einfache Ablehnung des Krieges basierte auf unterschiedlichen abstrakten Theorien wie dem humanitären Pazifismus, dem internationalen Sozialismus, dem Tolstojschen Nichtwiderstreben und anderem. Der Umgang mit dem Problem des Krieges war immer abstrakt-moralistisch, abstrakt soziologisch oder abstrakt-religiös. Eine selbständige Denkarbeit an dem komplexen Problem des Krieges fand bei uns nicht statt. Der Krieg überraschte uns moralisch unvorbereitet. Man begann, mit leichter Hand eine Rechtfertigung des Krieges zu konstruieren und griff zum elementarsten Mittel, nämlich der Übertragung der gewohnten Kategorien des individuellen moralischen Lebens auf den globalen Kampf der Völker. Das machten sowohl die Vertreter der linken Strömungen, die von der positivistischen Weltanschauung ausgingen, als die slawophilen, religiösen Kreise. Eine eigenständige historische Wirklichkeit, die ihre eigenen selbständigen Werte und Urteile besitzt, ließen alle diese gesellschaftlichen Strömungen nicht gelten. Schöpferische historische Aufgaben fielen aus dem Gesichtsfeld dieses ausschließlich moralischen Bewusstseins heraus. Das Ergebnis unserer hastigen Rechtfertigungen des Krieges, besser gesagt, unserer Selbstrechtfertigung, war dieses eine: wir sind besser als die Deutschen, das moralische Recht ist auf unserer Seite, wir werden verteidigt und wir verteidigen, die Deutschen sind in moralischer Hinsicht sehr schlecht, sie sind gewalttätig, in ihnen ist der Geist des Antichristen. Dieser Schluss ist nicht sehr ergiebig und nicht sehr tiefgründig. Aber nur kraft dieses moralischen Urteils akzeptierten wir die Möglichkeit des Krieges. Die einen sahen das deutsche Volk für den Träger von Militarismus und Reaktion an, und daher müsse man es bekämpfen, das galt ihnen als progressive Tat. Sogar Anarchisten wie Kropotkin nahmen diese Position ein. Anderen erschien das deutsche Volk als Träger antichristlicher Prinzipien, einer falschen Geisteskultur, und daher sei der Krieg gegen es ein heiliger Krieg. Und immer hieß das, dass wir nur deshalb Krieg führen können, weil wir besser sind. Kaum jemand vertrat die Meinung, dass es sich um einen Kampf der Rassen handelt.

Ich denke, dass eine solche ausschließlich moralische Bewertung des Krieges falsch und letztlich unmoralisch ist. Elementares Moralisieren hindert daran, die moralische Bedeutung des Krieges zu verstehen. Auf diese Weise geht das universale moralische Bewusstsein der Schuldhaftigkeit aller Völker und der gesamten Menschheit an den Schrecken des Krieges verloren. Moralisch gerechter ist es, die Verantwortung für das Böse des Krieges auf sich zu nehmen und es nicht gänzlich anderen anzulasten. Moralisch verwerflich ist, sich für besser als der andere zu halten, im anderen den Bösewicht zu sehen und auf dieser Basis den Krieg gegen ihn zu rechtfertigen. Im Duell muss man den Gegner in gewisser Weise achten, mit dem man auf der Erde nahe zusammenlebt. So muss es auch im Zweikampf der Völker sein. Und es ist auch unwahrscheinlich, dass wir in jeder Hinsicht besser als die Deutschen und unsere Feinde nur gemeine Übeltäter sind, deren Streben ganz auf Lüge und Bosheit gerichtet ist. So pflegt es nicht zu sein. Und in unserer Literatur wird darauf hingewiesen, dass die Deutschen nicht nur Grausamkeit und den Willen zu Herrschaft und Gewalt an den Tag legen, sondern auch Pflichtgefühl, Patriotismus, gewaltige Selbstdisziplin, Opferbereitschaft für den Staat, dass sie sogar das Böse tun, indem sie dem moralischen kategorischen Imperativ treu bleiben. Mehr noch muss man anerkennen, dass im geistigen Leben des deutschen Volkes, in der deutschen Mystik, der Philosophie, der Musik, der Dichtung große und universale Werte vorhanden sind und nicht nur der Kult der Macht, nicht nur ein illusionärer Phänomenalismus.

Andererseits gibt es bei uns viele moralische Defekte, die allzu sehr ins Auge fallen und schmerzlich überraschen. Wir kennen viel russische Unwahrheit und Bitterkeit. Muss deshalb unser Wille zum Sieg, unser Bewusstsein für die historischen Aufgaben schwächer werden, die Rechtfertigung des Krieges deswegen hinfällig werden?

II

Es zeigt sich die ganze Unsicherheit unserer moralistischen Begründungen des Krieges. Der russische Mensch, der an seinen besonderen moralischen Qualitäten zweifelt und einige Qualitäten auf Seiten des Feindes_annimmt, meint nun, dass man nicht kämpfen müsse, sein Wille erlahmt, er hat keinen Kampfgeist mehr. Wenn die Deutschen ihre Wahrheit und ihre moralischen Qualitäten haben, dann gewinnt der Russe den Eindruck, als sei es nicht erlaubt, schlecht und ungerecht, gegen die Deutschen zu kämpfen. Auf der Basis moralischer Reflexion wachsen Stimmungen eines passiven Defätismus, eines humanitären Pazifismus und, schlicht zu sagen, der Schwäche und Indifferenz. Um wirklich begeistert zu sein, unabhängig vom Urteil über die Deutschen, muss unser Bewusstsein auf eine völlig andere Seite gerichtet sein, wir müssen den ausschließlichen Moralismus unserer Urteile überwinden. Der globale Kampf der Völker in der Geschichte wird nicht von moralischen Prärogativen bestimmt. Das ist ein Kampf für eine würdige Existenz und historische Aufgaben, für ein historisches Werk. Gerechtigkeit ist ein großer Wert, aber nicht der einzige Wert. Und man darf den historischen Kampf der Völker nicht ausschließlich unter dem Gesichtspunkt der Gerechtigkeit sehen, es gibt auch andere Wertungen. Die Nationalkörper bilden sich in der Geschichte allmählich, unter Qualen und durch schwierigen Kampf. Eine würdige nationale Existenz ist eine historische Aufgabe und keine einfache historische Gegebenheit. Diese Aufgabe wird durch Kampf erfüllt. Der historische Kampf ist ein Kampf für die Existenz und nicht in erster Linie für die Gerechtigkeit, und er wird von der ganzen geistigen Kraft der Völker geführt. Dieser Kampf für die nationale Existenz ist kein utilitärer Kampf, er ist immer ein Kampf für einen Wert, für die schöpferische Kraft, aber nicht für das elementare Faktum des Lebens, nicht für einfache Interessen. Man kann sagen, dass der Kampf der Völker für die historische Existenz einen tiefen moralischen und religiösen Sinn hat, dass er für die höchsten Zwecke des Weltprozesses notwendig ist. Aber nicht sagen kann man, dass in diesem Kampf ein Volk vollkommen gut, ein anderes Volk aber vollkommen böse sei. Ein Volk kann nur relativ gerechter sein als ein anderes. Der Kampf für die historische Existenz jedes Volkes hat eine innere Rechtfertigung. Ich kann die Gerechtigkeit meines Volkes im Weltkrieg als zu Recht bestehend anerkennen, aber das ist nicht die Gerechtigkeit eines besonderen moralischen Vorzugs, es ist die Gerechtigkeit der zu schaffenden historischen Werte und die Schönheit des erwählenden Eros.

Und der globale Kampf der Entente gegen Deutschland ist ein Kampf für die historische Existenz, aber kein Kampf der besonderen moralischen Qualitäten und Prärogativen. Ich will die Vorherrschaft Russlands und Englands in der Welt und die Schwächung der globalen Bedeutung Deutschlands. Aber völlig falsch wäre es zu sagen, dass die Stellung dieser historischen Aufgabe und der Kampf für diesen historischen Wert eine Forderung der formalen Gerechtigkeit sei und bestimmt würde durch die besonderen moralischen Vorzüge Englands und Russlands gegenüber Deutschland. Der Kampf, den Deutschland so gewaltsam um die Weltherrschaft führt, mag für Deutschland nicht weniger gerechtfertigt sein und sein eigenes moralisches Pathos besitzen. Man muss akzeptieren, dass der Krieg zugleich von zwei Seiten her gerechtfertigt werden kann. Diese äußerlich moralisch paradoxe Behauptung führt nicht zur moralischen Indifferenz, sondern erhöht das sittliche Verständnis. Moralisch falsch und unwürdig ist es beispielsweise, die große Mission Russlands auf die Herabsetzung anderer Völker zu gründen. Gerechter ist es, mit dem Gegner für die historischen Werte zu kämpfen, bei dem man einige Werte gelten lässt. Krieg ist der Zusammenstoß von Schicksalen, ein Zweikampf, der sich an das höchste Gericht wendet. So ist die Natur jedes Zusammenstoßes von Individualitäten in der Welt. Im Zweikampf, dem Appell zweier an einen Dritten, an die Providenz, kann einer gerechter sein als der andere. Aber der Sinn des Zweikampfs liegt, wie bei jedem Zusammenstoß von Individualitäten, keineswegs darin, dass der eine besondere moralische Vorzüge vor dem anderen besitzt. Dass Deutschland den Krieg begonnen, dass es der Hauptschuldige an der weltweiten Ausbreitung der unterdrückenden Macht des Militarismus ist, dass es die Normen des internationalen Rechts verletzt hat, ist eine diplomatische und militärische Frage und für unser Thema zweitrangig. Diese Sicht erfasst nicht die Tiefe dieser Frage, bleibt an der Oberfläche. Es geht um die globale geistige Vorherrschaft der slawischen Rasse. Mir ist der ganze moralische Charakter des Deutschen unangenehm, zuwider sein formalistisches Pathos der Pflicht, seine Vergottung des Staates, und ich neige zu der Annahme, dass die slawische Seele die moralischen Qualitäten der Deutschen, ihre moralische Idee der Lebensgestaltung, nur schwer ertragen kann. Und ich würde gern gegen die Deutschen für unser moralisches Wesen, für unseren geistigen Typus kämpfen. Aber das heißt am allerwenigsten, dass der Krieg unter dem Aspekt moralischer Vorzüge der Gegner zu beurteilen ist. Der Krieg appelliert nicht an die moralische Gerechtigkeit, sondern an die ontologische Kraft. Die Überlegenheit des moralischen Charakters der Slawen gegenüber den Deutschen ist überhaupt keine Frage der Gerechtigkeit. Auf den Zusammenstoß von Individualitäten ist die Kategorie der Gerechtigkeit nicht anzuwenden. Das ist eher eine Sache der historischen Ästhetik.

III

Man darf bei der Bildung der großen Reiche, wie zum Beispiel des römischen und britischen, keine Gerechtigkeit suchen. Man kann über die Methoden urteilen, die man bei der Bildung großer Reiche anwendete, aber die großen historischen Staatenbildungen unter dem Aspekt abstrakter Gerechtigkeit zu beurteilen, ist völlig lebensfremd und unfruchtbar. Wir erkennen, dass die Bildung des großen Römischen Reiches gewaltige Bedeutung für die Vereinigung der Menschheit, für die Einheit der Weltgeschichte hat. Doch es ist sehr zu bezweifeln, ob man bei der Bildung des Römischen Reiches Gerechtigkeit erkennen kann. Für den rein moralistischen Standpunkt, der moralische Kategorien des individuellen Lebens auf die historische Wirklichkeit überträgt, gibt es keine historischen Aufgaben und Werte der Geschichte als selbständige Sphäre. Derartiger Moralismus führt zur Bewahrung des Status quo. Gerechtigkeit ist statisch und nicht dynamisch. Jede kreative historische Aufgabe setzt die Veränderung des Status quo voraus und geht nicht ab ohne eine notwendige Verlagerung der historischen Gebilde. Der von der einen Idee abstrakter Gerechtigkeit völlig eingenommene Moralismus erlaubt nur den Verteidigungskrieg, nur die abwehrende Selbstverteidigung. Aber der große Krieg muss auch schöpferische historische Aufgaben haben, muss etwas in der Welt zum Besseren, zu einem höherwertigen Sein verändern. So zum Beispiel ist der Kampf um die Meerengen kein Kampf für abstrakte Gerechtigkeit, es ist der Kampf für die historische Existenz, für einen höheren historischen Wert. Es ist auch schwer zu sagen, was die abstrakte Gerechtigkeit in Bezug auf das türkische Problem bedeutet. Wäre es richtig, das Türkische Reich zu erhalten oder es zu zerstören? Ich glaube, dass die globale Vorherrschaft Russlands und Englands den Wert der historischen Existenz der Menschheit steigern, die Vereinigung von Osten und Westen begünstigen und jeder individuellen historischen Existenz Raum schaffen würde. Aber das Problem von Ost und West ist kein Problem abstrakter Gerechtigkeit, es ist ein Problem konkreten Seins. Für die abstrakten Moralisten existiert das Problem von Ost und West bei der Beurteilung des historischen Kampfes einfach nicht, es interessiert sie nicht.

Wir Russen brauchen im Bewusstsein der großen historischen Aufgaben unbedingt einen geistigen Aufschwung, den Kampf für die Steigerung des Wertes unserer Existenz in der Welt, für unseren Geist, aber nicht auf der Basis der Überzeugung, dass die Deutschen Übeltäter und unmoralisch seien, wir aber immer Recht hätten und moralisch über den anderen stünden. Die Überwindung des elementaren Moralismus würde zu einem höheren moralischen Bewusstsein führen. Sich gerecht und wie ein Gentlemen zum Teufel zu verhalten, kann im Kampf mit dem Bösen nur stärker machen. Eine gerechtere Einstellung zum Feind muss nicht schwächen, sondern den Siegeswillen stärken. Der Wille zum Sieg soll von unseren schöpferischen historischen Aufgaben und nicht von den negativen Urteilen über die moralischen Qualitäten der Deutschen bestimmt sein. Wir glauben, dass der letzte und endgültige Sieg ontologisch der geistigen Kraft gehören muss und nicht der materiellen Gewalt. Aber die geistige Kraft kann in der Welt durch eine große Prüfung und Erniedrigung, durch Golgatha gehen. Die triumphierende Kraft in der Welt kann sich als illusorisch erweisen. Und wie auch immer das äußere Schicksal sich fügt, unsere Sache ist es, den Willen zum höchsten Sein zu stärken.

Bewegung und Unbeweglichkeit im Leben der Völker

I

Das historische Leben der Völker ist erfüllt von Kampf und Bewegung. Wer die Geschichte und das historische Schicksal akzeptiert, akzeptiert auch die Bewegung mit all ihrem Schmerz und ihrer Qual. Der Kampf der Völker um Steigerung und Wachstum des Lebens kann nicht ohne Bewegung geschehen. Allerdings sind ideologische Theorien sehr verbreitet, die in der Unbeweglichkeit, in der Bewahrung des Status quo Gerechtigkeit sehen und jeden Kampf, der die historischen Gewichte verlagert, für Unrecht und Gewalt halten. Viele halten jene Position für progressiv, demokratisch und gerecht, die da verkündet: wir brauchen keinerlei Annexionen, alles soll in den früheren Grenzen bleiben. Es ist völlig unverständlich, warum der Status quo, die Bewahrung der früheren Grenzen der Völker, geringere Gewalt sein soll als die Veränderung der Grenzen, als die Verlagerung der nationalen Gewichte, als diese oder jene Annexionen. Die heutigen Menschen sind gern dazu bereit, die Resultate alter Gewaltakte, alten Kampfes, alter Gewichtsverlagerungen und Annexionen zu nutzen. Aber sie sind nicht bereit, die Verantwortung für neue die Situation verändernde Bewegungen, für den neuen Schmerz historischer Gründung auf sich zu nehmen. Die Nationalkörper haben sich in der Geschichte gebildet und ihre Grenzen durch Kampf bestimmt, und an diesem Kampf war elementare Gewalt beteiligt. Aber kann man denn sagen, dass die großen historischen Aufgaben schon beendet sind und nur die Erhaltung des Entstandenen bleibt? Es gibt eine heimliche Negation jeglicher historischer Aufgaben in zeitgenössischen Ideologien, die sehr progressiv erscheinen. Das globale Werk der Beherrschung der Erde und der Verteilung der Völker auf ihr hält man schon für abgeschlossen. In den Beziehungen der Völker soll jede Bewegung aufhören und Unbeweglichkeit eintreten. Es bleibt nur, sich glücklich auf der gerecht verteilten Erde einzurichten. Aber die glückliche Einrichtung ist eine statische und keine dynamische Idee. Die abstrakt-humanitäre Ablehnung aller die Situation verändernden und kreativen nationalen Bewegungen und die Bereitschaft zu akzeptieren, dass der Krieg unentschieden sein und man lediglich zum Status quo ante bellum zurückkehren soll, ist Feind historischer Schöpfung.

Der Standpunkt abstrakter Gerechtigkeit ist statisch. Diese abstrakte Gerechtigkeit stützt nur das globale, ideale Gleichgewicht. Die historische Dynamik setzt die Störung des Gleichgewichts und dessen voraus, was man schon allzu geläufig gerecht nennt, setzt voraus, dass man durchschreitet, was ungerecht erscheint, setzt die Anerkennung anderer Werte als den Wert abstrakter, bewahrender Gerechtigkeit voraus. Die pazifistische Theorie des ewigen Friedens verkehrt sich leicht in eine Theorie der ewigen Ruhe, der ewigen Unbeweglichkeit, denn man muss konsequenterweise nicht nur den Schmerz ablehnen, der mit der Bewegung des Krieges, sondern auch den Schmerz, der mit jeder Bewegung, mit jedem bedeutenden historischen Werk verbunden ist. Wenn man feststellt, dass der Krieg an sich kein Gut ist, dass er mit Bösem und Schrecklichem verbunden ist, dass ein Zustand der Menschheit zu wünschen ist, bei dem Kriege unmöglich und unnötig sind, dann ist das elementar und völlig unbestreitbar. Die Menschheit und die ganze Welt können zum höchsten Sein übergehen, und es wird keine materiellen gewaltsamen Kriege mit Schrecken, Blut und Mord geben. Aber auch dann in diesem höchsten Zustand wird es Kampf, Bewegung, historisches Schöpfertum, neue Verteilung der Körper und Geister geben. Die Methoden des Kampfes werden sich ändern, alles geschieht dann feiner und innerlich, die allzu groben und äußeren Methoden werden überwunden, aber auch dann wird es den Schmerz der Bewegung und des Kampfes geben, glückliche Ruhe und Unbeweglichkeit, ein glückliches Gleichgewicht werden nicht eintreten. Auch im Himmel, in der Hierarchie der Engel, herrscht Krieg. Kriege können geistig sein, geistige Kriege sein. Gute Geister kämpfen mit bösen Geistern, aber ihre Rüstung ist feiner und vollkommener. Die schöpferischen Aufgaben des historischen Weltprozesses können nicht aufhören, und ein statischer Zustand, eine ewige glückliche Ruhe kann nicht eintreten. Die Menschheit ist dazu berufen, aufzusteigen und nicht sich in der Ebene einzurichten. Und die höchste Freude der Menschheit ist die Freude der Bewegung, nicht aber die Freude der Unbeweglichkeit. Die Menschheit steht vor den gewaltigen Aufgaben der Beherrschung der Erde und ihrer Organisation. Der Prozess der Bildung und Auskristallisierung der Nationalkörper ist noch nicht abgeschlossen. Die Missionen der Völker in der Geschichte sind noch nicht erfüllt, und es gibt Völker und Rassen, die ihr Wort noch nicht gesprochen, ihr Werk nicht erfüllt haben, und ihnen stehen Perioden höchsten Aufstiegs noch bevor.

II

Das formale Prinzip der Negation jeglicher Annexionen, der Bewahrung der alten, angestammten Grenzen ist unannehmbar, nicht konsequent anwendbar und kann keine unbedingte Bedeutung beanspruchen. Annexionen können abstoßend aber auch wünschbar sein. Man versuche einmal, diese statische Position auf die Türkei oder auf Österreich anzuwenden, und ihre Unhaltbarkeit wird sich sogleich erweisen. Weshalb wäre es denn gerecht, den Status quo der Türkei, die sich auflöst und ohne Zukunft ist, zu erhalten oder des künstlichen und unorganischen Österreichs, das keinerlei selbständige Mission mehr hat? Der Naturtrieb zum historischen Schaffen, die wertvollen historischen Aufgaben verlangen große Veränderungen und Neuverteilungen. Neue Gestaltungen der Zukunft sind wertvoller als die Erhaltung gebrechlich werdender historischer Organismen. Alle nationalen und staatlichen Gebilde haben ihr Schicksal, sie entstehen, sie blühen und vergehen. Alle Völker sind dazu berufen, ihr Wort zu sagen, ihren Beitrag zum Leben der Welt zu leisten, die höchste Blüte ihres Seins zu erreichen. Aber die Völker und Staaten in der Geschichte bleiben nicht ewig in unveränderten Formen und Grenzen erhalten. Es kommt der Moment, da sie sich erschöpfen und nicht mehr lebenstauglich sind. Griechenland bildete eine überragende Blüte der Weltkultur, zeigte unerhörte, einzigartige schöpferische Leistungen, aber es entartete und verschwand auch. Die Hellenen erschöpften ihre Kraft und mussten den Römern Platz machen, die eine völlig andere Mission in der Welt hatten. Ich glaube, dass das antike Hellas immer zur göttlichen Weltordnung gehören wird, aber es hat aufgehört, empirisch zu existieren. Spanien war ein großes Land, es hatte seine schöpferische Hochzeit und Blüte. Aber es erschöpfte sich bald, wurde zurückgedrängt und zu einem zweitrangigen Land. Und keiner wird wohl auf den Gedanken kommen, dass Spanien noch einmal eine globale Rolle spielen wird. Alle Völker haben ihre Zeit und ihre Frist, sie kennen ihre Stunde. Die Missionen der großen Völker wechseln ab. Das eine Volk hat seine Mission bereits erfüllt oder es erschöpft sich, bevor es sie gänzlich erfüllt hat. Ein anderes Volk tritt an seine Stelle. Bis zu einer bestimmten Zeit, bewahren die Völker ihre potentielle Kraft. Und die Maßstäbe der Gerechtigkeit lassen sich auf diesen Wechsel der Missionen der Völker nicht anwenden. Das ist das unabänderliche Schicksal.

Der Kampf der Völker ist ein Kampf der geistigen Kräfte, der höchsten Prädestinationen aber kein Kampf um die physische Existenz und um elementare Interessen. Physische Existenz und Befriedigung elementarer Interessen gibt es auch bei Völkern und Staaten, die in den Hintergrund der Geschichte gedrängt worden sind. Der Erniedrigung eines Volkes verletzt vor allem seinen Geist, aber nicht seinen Leib, verletzt seine Bestimmung, aber nicht seine Interessen. Die geistige und kulturelle Blüte eines Volkes setzt auch eine gewisse materielle Macht voraus, die seine inneren Potenzen symbolisiert. Aber ein Volk sinkt herab und geht zugrunde, wenn seine materielle Macht ihm zum Götzen wird und seinen Geist völlig beherrscht. Es gibt viel Grund anzunehmen, dass das deutsche Volk, das seine große Mission in der Welt besaß, in diesem Krieg seine Kräfte erschöpfen wird. Es hat seine Kräfte allzu sehr auf die Schaffung materieller Macht gerichtet, und das hat seinen Geist verdorben. Das russische Volk hat seine Kräfte verborgen, sie in der Geschichte noch nicht völlig gezeigt. Und man darf glauben, dass die Stunde des Wechsels der historischen Missionen geschlagen hat. Durch den Wechsel der historischen Bestimmungen ereignen sich viele Veränderungen in den historischen Körpern. Aber auf diesen Wechsel der Bestimmungen der Völker, der auf der Erde immer so viel verändert, sind die Urteile statistischer Gerechtigkeit nicht anzuwenden. Es gibt Länder und Völker, deren gewaltige Rolle in der Geschichte nicht von einer positiven, schöpferischen Berufung bestimmt wird, sondern von jener Strafe, die sie anderen Völkern für deren Sünden bringen. Und das kann man vor allem von der Türkei sagen. Die Bildung der großen Türkei in Europa, ihre Macht über die christlichen Völker war die Strafe, die für die Sünden von Byzanz und für die Sünden der christlichen Völker Europas gesandt worden ist. Die Türkei konnte sich als großes Reich immer durch den gegenseitigen Hass und die Streitereien der christlichen Völker halten. Die Bewahrung des Status quo in der Türkei war eine niedrige, feige und missgünstige Politik der großen europäischen Mächte. Dadurch konnte Russland seine Kraft in der Welt nicht zeigen und seinen Auftrag nicht erfüllen. Und wenn dieser beispiellose Krieg die östliche Frage nicht löst, dann drohen der Menschheit neue schreckliche Kriege.

Nicht selten ist die Beibehaltung des Status quo wie ein ruhender feuerspeiender Berg, der früher oder später seine Lava herausschleudert.

III

Der Kampf zwischen Russland und Deutschland ist kein Wettstreit der Gerechtigkeit, aber auch kein elementarer Kampf der Interessen. In diesem Kampf stellen sich dynamische, kreative Aufgaben. Russland und Deutschland kämpfen um ihren Platz in der Welt und in der Weltgeschichte, um die geistige Führung, um die Schaffung ihrer Werte, um ihre Bewegung. Materielle Interessen spielen hier eine nur untergeordnete Rolle. In einem solchen Kampf muss die ganze geistige Kraft der Völker in Bewegung gesetzt werden. Aber wenn ein beliebiges großes Volk eine historische Aufgabe angeht, dann bedarf es eines bestimmten kreativen Eigenwillens, einer freiwilligen Anstrengung der ganzen Energie dieses Volkes. Eine kreative Aufgabe ist nicht die Erfüllung eines Gesetzes, kein göttliches Fatum. Man darf annehmen, dass Gott seinen Völkern bei der Stellung dynamischer historischer Aufgaben und bei ihrer Erfüllung Freiheit lässt und sie nicht zwingt, wenn sie für die Schaffung höherer Werte kämpfen. Und die geistige Führung Russlands und nicht Deutschlands in der Welt ist ein Akt kreativen Willens und nicht abstrakter Gerechtigkeit. Es ist ein Akt freier Bewegung in der Welt und nicht des statischen Gleichgewichts.

Die Rechtfertigung Russlands im globalen Kampf, wie die jedes Landes und jedes Volkes, kann nur darin bestehen, dass es höhere Werte in die Welt bringt, eine höherwertige geistige Energie als Deutschland, dessen globalen Führungsanspruch es abwehrt, und darin dass es die Menschheit durch seinen einmaligen individuellen Geist auf eine höhere Seinsstufe hebt. Das ist kein alt angestammter, schon in der ontologischen Ordnung angelegter Vorrang Russlands, sondern eine freie schöpferische Aufgabe der Zukunft, die vor uns liegt. Der Sinn des Lebens kann nur dynamisch sein und nicht statisch. In der schöpferischen Bewegung und nicht in ewiger Unbeweglichkeit, einer scheinbaren Gerechtigkeit, muss man die höheren Eigenschaften des Seins der Völker suchen. Die Ideologie statischer Gerechtigkeit oder eines ewig vorhandenen statischen Seins ist blass und unlebendig. Nur ein kreatives Bewusstsein kann die Völker in ihren eigenen Augen und in den Augen der Welt rechtfertigen. Kreative Werte können wir nur dann in die Welt bringen, wenn wir uns auch in den Werten und in der Qualität unseres eigenen Seins steigern. Jeder kreative Anspruch muss durch schöpferische Aktivität, durch Bewegung hin zu höherer Qualität gerechtfertigt werden. Und eine wahre nationale Politik kann nur schöpferisch sein und nicht bewahrend, sie muss das beste Leben schaffen, aber nicht auf ihren statischen Zustand stolz sein.

Über privaten und historischen Blick auf das Leben

I

Die Einstellung zum Krieg teilt die Menschen deutlich in zwei Typen, die man schwer vereinbaren kann. Die einen blicken auf den Krieg, wie auch auf alles andere in der Welt, aus privater Sicht, aus der Sicht des persönlichen und familiären Lebens, des Wohlbefindens und des Glücks der Menschen oder ihrer Leiden und ihres Unglücks. Die anderen blicken auf den Krieg aus überpersönlicher, historischer, globaler Sicht, aus der Sicht des Wertes der Nation, des Staates, der historischen Aufgaben, des historischen Schicksals der Völker und der ganzen Menschheit. Die persönliche Sicht auf das Leben, die ausschließlich Glück oder Unglück der Menschen, gleichsam von Peter und Iwan, im Blick hat, ist nicht unbedingt eine private, ideenlose Sicht, sie kann auch sehr ideenhaltig und prinzipiell sein. Für das reflektierte Bewusstsein entspricht das Glück oder Unglück von Peter und Iwan dem Glück oder Unglück des Volkes. Es ist sehr bezeichnend, dass L. Tolstoj, auch als er „Krieg und Frieden“ schrieb, auch als er seine religiös-moralischen Traktate schrieb, ganz und gar auf die Sicht des engen persönlichen Lebens beschränkt war, die nichts zu wissen wünschte als das private Leben mit seinen Freuden und Leiden, seinem Gelingen und Misslingen. Für das Tolstojsche Lebensgefühl ist nur das Leben von Iwan und Peter, das familiäre und moralische Leben, ihre moralischen Zweifel und ihr Ringen um moralische Vollkommenheit real und wesentlich. Sehr aufschlussreich ist Levins[85] Einstellung zum russisch-türkischen Krieg und zur slawischen Frage. Das historische, nationale Leben, die Aufgaben der Völker, der Kampf der Völker und Reiche, die Großen der Geschichte – das alles war für Tolstoj unwesentlich, unreal, die trügerische und äußere Oberfläche des Lebens. In „Krieg und Frieden“ besiegt nicht nur der „Frieden“ den „Krieg“, sondern die Realität des „privaten“ Lebens besiegt überhaupt das Illusionäre des „historischen“ Lebens, die grün und gelb verschmierten Windeln sind wesentlicher und tiefer als alle Napoleons und alle

[85] Romanfigur in Tolstojs „Krieg und Frieden“

Konflikte zwischen West und Ost. Für Tolstoj ist das private, vegetativ organische Leben immer realer und wesentlicher als das geistige Leben, als das von ihm verachtete Kulturschaffen, als „Wissenschaft und Kunst". Und zugleich sieht Tolstoj von seinem „privaten" Standpunkt aus nicht die menschliche Person, jedes Gesicht verschwindet für ihn im Unpersönlichen. Tolstoj verwirft die Geschichte und alles Historische mit solcher Leichtigkeit radikal, weil er nicht an ihre Realität glaubt und in ihr nur einen zufälligen und chaotischen Haufen Schmutz sieht. Aber die Geschichte hat sich an ihm gerächt. Er sah auch die Person nicht mehr, sie verschwand im organisch Elementaren. Platon Karataev hat keine Persönlichkeit, auch Natascha[86] nicht. Die Person wird durch solche „privaten" Dinge wie Windeln und Strümpfchen verdeckt. In der Geschichte, in der überpersönlichen Weltgeschichte, wird gerade die Person sichtbar, zeigt sich die klare Individualität. Das „Historische" offenbart die Person, verleiht ihr Wirksamkeit, aber das „Private", das Häusliche und Familiäre verdeckt die Person und lässt ihr keine Bewegungsfreiheit .

In anderer Weise und weniger konsequent als L. Tolstoj verwarf ein erheblicher Teil der russischen Intelligencija in ihrer traditionellen Weltanschauung ebenfalls die historische Perspektive und betonte die „private" Lebenseinstellung. Im Unterschied zum moralistischen Individualismus Tolstojs vertrat die radikale Intelligenz eine kollektive Weltanschauung und kollektive Werte. Doch diese kollektive Einstellung war zutiefst „privat", insofern sie das Wohl von Iwan und Peter als einzigen Wert ansah und historische Werte und Aufgaben, globale, übermenschliche Perspektiven ignorierte. Für diese privat-gesellschaftliche Weltanschauung der Intelligencija existierte zum Beispiel kein selbständiger Wert der Nationalität oder eines konkreten Kulturtypus. Diese Weltanschauung war in Bezug auf alle historischen nationalen, staatlichen, kirchlichen Organismen nominalistisch, realistisch aber nur in Bezug auf den sozialen Menschen und die sozialen Klassen. Für diese Weltanschauung existierte Russland als selbständige Realität mit seinem Schicksal und seinen Aufgaben in der Welt nicht. Real ist nicht Russland, sondern nur seine Bewohner, zum Beispiel die Bauern und Arbeiter, ihr Wohl und ihr Schicksal. Bei den Frauen ist der Sinn für die Geschichte sehr schwach, man kann sie nur sehr schwer zur Erkenntnis einer historischen Aufgabe und eines historischen Wertes

[86] Romanfiguren von Tolstoj.

führen, ihre Lebenseinstellung ist hoffungslos und hilflos „privat". Das private weibliche Mitleid kann das Leiden vergrößern, denn es sieht nicht die allgemeine menschheitliche Perspektive, ist gänzlich vom Zeitlich-Individuellen ergriffen.

Solche weiblich-private und weiblich-mitleidige Lebenseinstellung ist immer die Folge einer entschiedenen Vorherrschaft des Gefühls über den Willen. Wenn ausschließlich das weibliche Prinzip in der Welt herrschen würde, gäbe es keine Geschichte, die Welt würde im „privaten" Zustand, im „familiären" Zirkel verharren. Am allerwenigsten könnte man sagen, dass eine derartige weiblich-private Lebenseinstellung die Folge eines starken personalen Bewusstseins ist. Im Gegenteil, ein starkes Bewusstsein für die Person liegt in dem männlichen Prinzip, das die Geschichte begonnen hat und sie zu ihrem Ende führen will. Alles in der Welt geschieht durch die echte Wechselbeziehung des männlichen und weiblichen Prinzips und ihre gegenseitige Durchdringung. Aber in der Lebenseinstellung der russischen Intelligencija, wie überhaupt bei den russischen Menschen, überwiegt gleichsam das Weibliche, die Herrschaft des Gefühls, des weiblichen Mitleids, der weiblichen „privaten" Urteile, der weiblichen Abneigung gegenüber der Geschichte, gegenüber der Grausamkeit und Härte alles Geschichtlichen, der Kälte und dem Feuer des aufwärts strebenden Geistes.

II

Diese „private" Weltanschauung ist die Frucht des Humanismus. Aber das ist nicht der Humanismus der Renaissance, sondern eines Humanismus, der im 19. Jahrhundert zu seinen letzten Konsequenzen geführt hat, der an den Positivismus gebunden ist und alle Werte außer dem menschlichen Wohl verworfen hat. In letzter Konsequenz ist dieser Humanismus seinem Wesen nach antireligiös. Dieser ausschließliche Blick auf das Schicksal des einzelnen Menschen erweist sich als illusionär. In Wirklichkeit geht der Nominalismus dieser Weltanschauung weiter, er löst auch den Menschen auf, er muss die Realität der Seele des Menschen leugnen, die immer mit der unermesslichen Tiefe des Seins der Welt verbunden ist, und er wirft den Menschen an die Oberfläche. Der Mensch wird zum Werkzeug eines fiktiven Menschenwohls. Die humanitäre Fortschrittstheorie bringt jeden Menschen einem Götzen zum Opfer und kann die Leiden und Opfer der menschlichen Person nicht rechtfertigen. So lautet die unumkehrbare Dialektik: die positiv-humanitäre Verwerfung göttlicher Werte führt letzten Endes zur Verwerfung des Menschen, des Wertes seiner Seele, welche das sichtbare empirische Leben übersteigt.

Für diese Weltanschauung steht das Wohl des Menschen, die Abwesenheit der Leiden über dem Wert des Menschen, über Ehre und Würde des Menschen. Die privat-gesellschaftliche, humanistische Weltanschauung schwächt den Menschen, beraubt ihn jener Tiefe, in der er immer mit allem „Historischem", Überpersönlichem, Universalem verbunden ist, macht ihn zu einem abstrakt-leeren Menschen. Damit verschwindet auch die verborgene große Wahrheit des Humanismus. In Wahrheit ist jeder Mensch ein konkreter Mensch, ein historischer, einer Nation und diesem oder jenem Kulturtypus angehörender Mensch, und keine abstrakte Maschine, die nur ihre Freuden und Leiden addiert. Alles Historische und Irdische im Menschen nimmt die Form tief individueller Instinkte, individueller Liebe zur eigenen Nationalität, zum nationalen Kulturtypus, zu konkreten historischen Aufgaben an.

Der vertiefte, mehr religiöse Blick auf den Menschen offenbart in ihm, in seiner Tiefe alles Historische und Irdische, alle überpersönlichen Werte. *Die Nationalität ist meine Nationalität, und sie ist in mir, die Staatlichkeit ist meine Staatlichkeit, und sie ist in mir, die Kirche ist meine Kirche, und sie ist in mir, die Kultur ist meine Kultur, und sie ist in mir, die ganze Geschichte ist meine Geschichte, und sie ist in mir. Das historische Schicksal der Völker und der ganzen Menschheit ist mein Schicksal, ich bin in ihm, und es ist in mir. Ich lebe in der Vergangenheit und Zukunft der Geschichte meines Volkes, der Geschichte der Menschheit und der Geschichte der Welt. Und alle Opfer der Weltgeschichte werden nicht nur durch mich, sondern auch für mich, für mein ewiges Leben gebracht. Die Träne eines Kindes wird nicht nur für die Welt vergossen, für die Vollendung des Schicksals der Erde, sondern auch für das Kind selbst, für die Vollendung seines Schicksals vergossen. Denn die ganze Welt ist die Welt dieses Kindes, sie ist in ihm und für es.*[87] Das Kind ist sich seiner Universalität nicht bewusst, ebenso wenig wie viele erwachsene Kinder, wie Peter und Iwan. Aber diese Schwäche und Enge des menschlichen Bewusstseins, diese Geworfenheit des Menschen an die Oberfläche kann keine Widerlegung der

[87] Diese Passage ist auch im Original kursiv.

großen Wahrheit sein, dass der Mensch seiner Natur nach universal ist und dass sich alle Geschichte in ihm und für ihn ereignet.

Nur ein solcher vertiefter Blick kann mich frei und zu einem Bürger meines Vaterlandes und zum Bürger der Welt machen. Die „private" Lebenseinstellung, für die alles Historische, Überpersönliche der Welt fremd und andersartig ist, macht sklavisch, frei nur zum Sklavenaufstand. Der Sklave fühlt durch das, was ihm äußerlich und ganz fremd ist, ewig die Gewalt über sich. Der Freie fühlt alles immer als seinen Weg, seine Prüfung, sein Schicksal. So muss ich auch den Krieg als die Verwirklichung meines Schicksals erkennen, ich habe Schuld an ihm, und er ereignet sich in mir, in jedem Iwan und Peter und für jeden Iwan und Peter. Denn in Wahrheit ist jeder Iwan und Peter ein Wesen der Welt, das in seiner Tiefe mit allem Historischem und Überpersönlichem kommuniziert. Für die überwiegende Mehrheit der Iwans und Peters verläuft dieser Weltprozess in ihrem Unbewussten oder Unterbewussten. Aber das Bewusstsein dieser Masse muss auf dieses Weltbewusstsein gehoben werden, aber nicht auf jenes sklavisch-vereinzelte Bewusstsein, für das alles in der Welt äußerlich und aufgezwungen ist. Nur auf dieser Grundlage ist Iwan Karamazovs[88] Frage nach der Träne des gequälten Kindes zu lösen. Aus der „privaten" Sicht kann die Träne des Kindes nicht gerechtfertigt werden. Das gequälte Kind ist ein sinnloses Opfer, das den Protest gegen die Welt und letzten Endes gegen Gott provoziert. Aber die Opfer und Leiden können gerechtfertigt werden, wenn man jene Tiefe jedes Wesens sieht, in der das Schicksal des Volkes, der Geschichte und der Welt das eigene Schicksal ist.

III

Es ist sehr bezeichnend, dass die vertiefte, religiöse Lebenseinstellung Opfer und Leiden zulässt, und dass vielfach die Sühne und der Weg zu höherem Leben schwer zu sehen sind. Die oberflächlichere, „private" Lebenseinstellung fürchtet Opfer und Leiden und hält jede Träne für sinnlos. Jene Lebenseinstellung, die ich nur im Gegensatz zur privaten historisch nenne, und die im Grunde religiös ist, stellt die Werte über das Wohl, sie nimmt Opfer und Leiden im Namen höheren Le-

---

[88] Ivan Karamazov, zentrale Gestalt in Dostoevskijs Roman „Die Brüder Karamazov".

bens, im Namen globaler Ziele, im Namen des menschlichen Aufstiegs an.

Alles Heroische entsteht auf diesem Boden. Die Herrschaft privater Wertungen und privater Lebenseinstellungen begünstigt nicht das Aufblühen der Person. Auf diesem Boden entstehen sinnlose und sklavische Rebellionen, aber keine klaren kreativen Individualitäten. Klare kreative Individualitäten sind immer der Welt, der „Geschichte" und nicht dem „Privaten" zugewandt. Für die historischen, den globalen Werten zugewandte Lebenseinstellung bleibt Nietzsches Gebot gültig: Seid hart, seid stark. Und noch ein anderes Gebot liegt diesem Lebensgefühl zugrunde: Liebt das Ferne mehr als das Nahe. Härte ist überhaupt nicht grausam, sie ist eine geistige und keine biologische Eigenschaft, das Opfer niedrigerer Geisteszustände im Namen höherer Zustände, das Opfer elementarer Güter im Namen des Aufstiegs und der Evolution des Menschen. Aus eigener Erfahrung weiß jeder Mensch, dass eine ängstliche und weichliche Aufschiebung gewisser Leiden und Opfer nur dazu führt, dass diese Leiden und Opfer später noch größer werden. Es gibt eine unabwendbare Grausamkeit bei der Entwicklung des Lebens, und bei der Erfüllung des Gebots der Grausamkeit und Härte kann diese Grausamkeit geringer und kürzer werden. So kann es im Krieg, wenn man die Menschen zu sehr bemitleidet, dazu kommen, dass noch mehr Menschen umkommen. Grausamkeit gibt es in jedem Staat, diesem naturgemäß „kalten Ungeheuer". Aber ohne den Staat wäre die Menschheit auf der Stufe, auf der sie sich befindet, einem noch grausameren, bestialischen Zustand ausgeliefert. Das grausame Schicksal des Staates ist letzten Endes das Schicksal des Menschen, sein Kampf mit den chaotischen Elementen in ihm und um ihn herum, mit dem ursprünglichen natürlichen Bösen, der Aufstieg des Menschen zum höheren und überstaatlichen Sein. Der Staat kann selbst böse und vernichtend werden, immer bedroht ihn die Versuchung eigensüchtiger Macht. Aber das ist eine faktische und keine prinzipielle Frage, die Frage, ob der Staat sich entwickeln oder untergehen soll. Der Staat muss seinen Platz in der Hierarchie der Werte kennen. Das Reich des Kaisers darf sich nicht am Reich Gottes vergreifen und keine göttliche Vergeltung für den Kaiser fordern.

In Puškins Gedicht „Der eherne Reiter" wird der Konflikt zwischen „privater" und „historischer" Weltanschauung genial dargestellt. Der Held des „Ehernen Reiters" schickt aus „privater" Sicht einen Fluch zu dem wunderschaffenden Gründer Peter, aus der Sicht des privaten Schicksals, das sich dem historischen, nationalen und dem Schicksal der Welt entgegensetzt. Das kleine, sich zerdrückt fühlende private Leben rebelliert gegen das große, historische Leben. Aber diese Rebellion ist eine sklavische Rebellion, geboren aus einem oberflächlichen Bewusstsein. Das Kleinste kann sich als Teilhaber des Großen fühlen, kann das Große als Eigenes erkennen und dadurch groß werden. Nur die Betonung des volksverbundenen, immanent-menschlichen Charakters des Staates muss zu jenem höchsten Bewusstsein führen, dass der Staat im Menschen und jeder Mensch für ihn verantwortlich ist. In verschiedenen sozialen Ideologien mit ihrem „privaten" Pathos ist viel die Rede von der „Bürgerlichkeit" aller historischer Organismen und historischer Kulturen. Aber wirklich tief „bürgerlich" sind jene privaten sozialen Weltanschauungen, die den Menschen an die Oberfläche werfen und ihn in seinen Interessen, in seinen Perspektiven von Wohlstand und „privatem" Erdenparadies einschließen. Gänzlich „bürgerlich" ist auch der humanitäre Sozialismus, insofern er nur hedonistische Werte anerkennt und jeden zum Leben gehörenden leidvollen Weg des menschlichen Aufstiegs zu höherem Leben ablehnt, insofern er die Religion der Quantitäten und nicht der Qualitäten verkündet. Der Mensch tritt auf opfervollen und leidvollen Wegen hinaus in die Weite und Höhe der Welt. Die Tiefe des Menschen zieht ihn in die Höhe. Und „bürgerlich" ist alles, was ihn an der Oberfläche lässt und an ihm nur die Oberfläche gelten lässt. „Bürgerlichkeit" ist auch im Anarchismus, der die grausamsten Zerstörungen mit treuherzigen Idyllen verbindet. „Bürgerlich" ist auch die privat-familiäre Lebenseinstellung, jene zu große und knechtische Liebe zur Gemütlichkeit des Privatlebens. Solche „Bürgerlichkeit" ist im Reich des Philistertums, das jetzt ein schreckliches Drama erlebt. Die Abneigung gegenüber historischer Größe ist eine „bürgerliche" Abneigung. Im besten Teil der russischen Intelligencija gab es das heroische Prinzip, aber es war nicht richtig eingestellt und kam aus einem falschen Bewusstsein. Der Weltkrieg ist die schwerste Prüfung für die privat-humanistische Weltanschauung, die in ihren Grundfesten erschüttert wurde. Der alte, glatt-oberflächliche Humanismus wollte die Tiefen des Lebens mit allen seinen Widersprüchen, die Tiefen des Menschen selbst, nicht kennen. Und nur die Vertiefung der Weltanschauung kann die menschliche Person, die so tragisch vor die globalen Probleme gestellt ist, zu ihrer globalen, historischen und nicht nur „privaten" Bestimmung führen.

V Die Psychologie von Politik und Gesellschaft

Über Abstraktheit und Absolutheit in der Politik

I

Der Vorsitzende der Sozialdemokraten erklärte, diese würden die Teilnahme an der Kriegs-Marine-Kommission prinzipiell ablehnen und keine Verantwortung für die Verteidigung des Landes übernehmen, weil das ganze Volk an der Verteidigung teilnehmen müsse. Ebenso könnte man sagen, dass die ganze Menschheit, ja sogar die ganze Tier- und Pflanzenwelt teilnehmen müsse. Und ebenso könnte man sagen, dass die Sozialdemokraten nur dann gewissermaßen in positivem Sinn teilnehmen würden, wenn das Ende der Welt anbräche und das Reich Gottes vor der Tür stünde, weil absolute Gerechtigkeit auf Erden schwerlich früher zu erwarten sei. Das ist ein klassisches Beispiel für die vollkommene Abstraktheit und formale Absolutheit in der Politik. Im Grunde beruht dieser Handlungsverzicht auf der Position, wonach die Welt zu schlecht dafür sei, dass ich an ihren Angelegenheiten teilnehme. In den Angelegenheiten dieser Welt herrscht doch immer Relativität und nicht Absolutheit, und in ihr ist alles konkret und nicht abstrakt. Aber der größte Teil der Verlautbarungen der Sozialdemokraten ist von Abstraktheit und fiktiver Absolutheit gekennzeichnet. Die Sozialdemokraten glauben nicht an das Absolute, in der Philosophie, in der Religion sind sie immer für das Relative. Aber ihre Politik ist die völlige Anwendung des Absoluten auf das Relative, die Verabsolutierung der relativen und materiellen Dinge dieser Welt, der Gebrauch abstrakter Kategorien für die konkrete Wirklichkeit. Ich spreche von den russischen Sozialdemokraten, die nicht selten typisch russische Knaben bleiben. Die deutschen Sozialdemokraten machen schon längst eine reale, konkrete und relative Politik, obwohl sie früher ebenfalls Absolutisten waren. Alles Gesagte gilt noch mehr hinsichtlich der Sozialrevolutionäre. Aber durch Abstraktheit und Absolutheit zeichnen sich Verlautbarungen aller politischen Doktrinäre aus, die eine in der Theorie gute Organisation der Gesellschaft für das Leben halten. Solche Abstraktheit und Absolutheit in der Politik führen in der Praxis dazu, dass die Interessen der eigenen Partei oder einer sozialen Gruppe über die Interessen des Landes und Volkes gestellt werden, die Interessen eines Teils über den Interessen des Ganzen stehen. Ein Teil, eine Gruppe fühlt sich vom Leben des ganzen Volkes, vom gesellschaftlichen und staatlichen Leben aller, abgesondert und glaubt sich auf der Seite absoluter Wahrheit und Gerechtigkeit. Die Last der Verantwortung für das Ganze, für das Schicksal des Landes und des ganzen Volkes wird abgeworfen. Der in der absoluten und abstrakten Wahrheit bleibende Teil will sich an der gemeinsamen Verantwortung für das Leben der Nation und der Menschheit nicht beteiligen. Das ist die Psychologie einer Sekte, die sich inmitten eines grenzenlosen Meeres des Bösen, der Finsternis und des Verderbens gerettet und gerecht fühlt. So fühlt sich jeder Sozialdemokrat in der Staatsduma. Die Sektenpsychologie wird aus der religiösen in die politische Sphäre übertragen. Die Sektenpsychologie ist auch eine Tendenz auf religiösem Gebiet und führt zu Selbstbestätigung und Selbstversunkenheit, aber im politischen Leben hat sie keine Existenzberechtigung, denn sie bedeutet immer, dass man sich aus den relativen irdischen Dingen einen Götzen schafft, den absoluten Gott mit der relativen Welt vertauscht.

II

Doktrinäre, abstrakte Politik ist immer einfallslos, hat keinen Sinn für das konkrete Leben, keinen historischen Instinkt und keinen historischen Scharfblick, keine Sensibilität, keine Geschmeidigkeit und Anpassungsfähigkeit. Sie gleicht einem Menschen, der den Kopf nicht drehen und nur geradeaus auf einen einzigen Punkt sehen kann. Die ganze Komplexität des Lebens gerät aus dem Blick. Eine aktive Reaktion auf das Leben ist unmöglich. Die abstrakten Doktrinäre in der Politik meinen, dass sie weit blicken. Aber ihre „Weitsicht" sieht nicht in die ferne Zukunft. Sie sind keine Propheten und sehen nur ihre abstrakten Doktrinen, aber nicht das Kommende. Die „Weitsicht" ist sogar ein gestörtes Sehen, das man durch ein Vergrößerungsglas verbessern muss, um zu sehen, was einem vor der Nase ist, um lesen und schreiben zu können. Abstraktheit in der Politik ist leichtfertige und unverantwortliche Verbreitung von Gemeinplätzen, die keinen Bezug zu den akuten Lebensaufgaben und zum historischen Moment besitzt. Deshalb braucht man dazu keinerlei kreative Arbeit des Nachdenkens über die komplexen Aufgaben, keine Sensibilität, keine gründliche Betrachtung des Geschehenen. Es genügt, einen kurzen Katechismus aus der Tasche zu ziehen und einige seiner Paragrafen zu lesen. Abstrakte und maximalistische Politik bedeutet immer eine Vergewaltigung des Lebens, seines organischen Wachstums und seiner Blüte. Eine solche Abstraktheit leugnet, dass die Politik etwas Kreatives und eine Kunst ist, dass die echte, große historische Politik besondere Talente erfordert und nicht die mechanische Anwendung von meist unpassenden Gemeinplätzen. Die vereinfachende Negation der Komplexität und Konkretheit des historischen Lebens, in dem sich jede Politik abspielt, zeigt entweder Talentlosigkeit und Oberflächlichkeit auf diesem Gebiet oder fehlendes Interesse an dieser Sphäre des Seins und fehlende Kompetenz für sie. Die Abkehr von der konkreten Komplexität der gesellschaftspolitischen Aufgaben ist bei uns oft das Ergebnis eines Monoideismus, wenn der Mensch gänzlich von irgendeiner moralischen oder religiösen oder sozialen Idee eingenommen ist, aber unbedingt in dem Sinn, die Menschheit durch irgendein einziges Mittel, einen einzigen Weg zu retten. Das führt letzten Endes zur Leugnung der Fülle des Seins und zur Behauptung von irgendetwas Einzigem. Aber Politik muss es immer mit dem gegebenen, konkreten Zustand der ganzen Welt zu tun haben, mit dem niedrigen Niveau der menschlichen Masse, mit unerweckten Seelen, mit Widerstand und Notwendigkeit. Die abstrakten sozialen und politischen Theorien sündigen immer durch ihren Rationalismus und glauben an die guten Früchte äußerer Gewalt angesichts des niedrigen Entwicklungsniveaus der menschlichen Masse und der durch dieses Niveau entstandenen Notwendigkeit. So wird die Seele des Menschen und der Gesellschaft nicht verwandelt. Die Politik ist immer an das Relative gebunden. Sie existiert nur für die Gesellschaft, in der niedere Instinkte stark sind. Eine gerechte Gesellschaft hätte Politik nicht nötig.

III

Die unmittelbare Anwendung absoluter geistiger Werte auf die Geschichte mit ihrer Relativität und ihren relativen historischen Aufgaben beruht auf einem völlig falschen Bewusstsein. Das Absolute kann in der Seele des Politikers und in der Seele des Volkes, im Subjekt des krativen Schaffens sein, aber nicht in dem sozialen Objekt. Ich kann durch absolute Werte und absolute Ziele begeistert für das soziale Werk sein, hinter meiner Tätigkeit kann der absolute Geist stehen. Aber das soziale Werk selbst wendet sich an das Relative, ist eine komplexe, Sensibilität und Anpassungsfähigkeit erfordernde Wechselbeziehung mit der relativen Welt, die immer unendlich komplex ist. Die Übertragung der Absolutheit auf das objektive soziale und politische Leben ist eine Fesselung des geistigen Lebens an das Historisch-Relative und Sozial-Materielle. Zugleich ist es die Versklavung des ganzen relativen historischen Lebens durch von außen aufgezwungene absolute und abstrakte Prinzipien. So war es bei allen theokratischen Richtungen mit ihrem Anspruch, die Gesellschaft der Kirche formal unterzuordnen. Das ist immer Ausdruck fehlender Bereitschaft, die Freiheit des vielgestaltigen, relativen Lebens anzuerkennen. Eine monistische Vergewaltigung liegt auch in den rechtstheokratischen und linkssozialistischen Richtungen. Das geistige Leben ist an und für sich in allen seinen absoluten Werten völlig konkret. Aber seine unmittelbare Übertragung auf die Relativität des natürlich-historischen Prozesses verwandelt das geistige Leben in abstrakte Prinzipien und Doktrinen, die konkreter Lebendigkeit beraubt sind. Der in sich freie Geist wird aufgedrängt und aufgezwungen; er zeigt sich dem relativen, äußeren Leben nicht als lebendige Erfahrung, sondern als von außen aufgedrängtes, lebensfremdes Prinzip oder Norm. In philosophischer Sicht kann das relative historische Leben als selbständige Sphäre des absoluten Lebens angesehen werden, als eine seiner dramatischen Erscheinungsformen. Und deshalb darf das Absolute dem Relativen transzendente Begriffe und Prinzipien nicht mit Gewalt, von außen und formal, auferlegen, sondern kann nur eine immanente Manifestation des absoluten Lebens im Relativen sein. Die abstrakte und absolute Politik der Sozialdemokraten ist ein solcher schlechter und aufgezwungener Transzendentalismus, wie die theokratische, papocäsaristische oder cäsaropapistische Politik.

Die Zurückweisung der Abstraktheit und Absolutheit in der Politik darf am wenigsten als Prinzipienlosigkeit und Ideenlosigkeit verstanden werden. Alle gesellschaftliche und politische Tätigkeit muss von innen her und von höchsten Zielen und absoluten Werten inspiriert sein, hinter ihr muss eine geistige Erneuerung, eine tiefe Wandlung der Person und des Volkes stehen. Aber diese geistige Stärkung der Person und des Volkes ist keineswegs die äußere Anwendung abstrakter Ideen auf das Leben. Ein Mensch und ein Volk, die geistig erneuert sind, werden eine andere Politik machen als jene, die äußerliche absolute Prinzipien und Grundsätze verkünden. Moralisches Pathos wird nicht geschwächt, sondern gestärkt, aber es gehört auf eine andere Ebene, es wirkt als inneres und nicht äußeres Feuer des Geistes, nicht als politische Hysterie oder politischer Fanatismus. Robespierre war ein sehr prinzipieller Doktrinär und liebte abstrakte Deklarationen, aber ein brüchiger, nicht mit neuem Leben erfüllter Mensch, Fleisch vom Fleisch und Blut vom Blut des alten Regimes, ein Gewalttäter der Freiheit. Nur das äußere Gewand hatte sich verändert. Unsere Maximalisten und Revolutionäre waren gleichfalls alte, nicht gewandelte Menschen, schlechtes Menschenmaterial für die Sache der Befreiung, ihre Seelen waren für die Erfüllung historischer Aufgaben nicht vorbereitet. Die Freiheit ist kein äußeres Prinzip in der Politik, sondern ein innerlich inspirierendes Prinzip.

IV

Die Frage des Prinzipiellen in der Politik ist weit komplexer als Doktrinäre denken. Man muss sie auf die Frage der geistigen Erneuerung, der grundsätzlichen Veränderung der Menschen und der Gesellschaft, auf die Stärkung des Volkscharakters beziehen. Ein äußerlicher, aufgezwungener Moralismus in der Politik ist unangemessen und unerträglich. Aber hinter der Politik muss die moralische Energie, die moralische Stärkung des Menschen stehen. Vielen Moralisten und Radikalen in der Politik fehlt in ihrer Besessenheit von abstrakten Prinzipien oft jede moralische Kraft. Das zeigt sich in Momenten, wenn die Gesellschaft chaotisch und anarchistisch wird. So war es bei dem traurigen Ende der russischen Revolution. Es gab bei uns einzelne opferbereite Helden, die ihr Leben für die Idee gaben, aber die revolutionäre Masse war charakterlos. Nicht das abstrakte Prinzip ist nötig, sondern der lebendige Geist, eine Person, die mit neuem Leben erfüllt ist. Ideenreiche Politik ist gebunden an die geistige Fundierung der Person, an die geistige Erziehung des ganzen Volkes, an ein großes Verantwortungsbewusstsein, aber nicht an Vereinfachung und Schematisierung des komplexen historischen Lebens. Moralische Prinzipien in der Politik festigen sich von innen, aus dem Zentrum des Menschen, und nicht von außen, nicht aus äußeren Prinzipien der Gesellschaft. Ich wiederhole, Absolutheit in der Politik ist unmöglich, weder theokratische, noch sozialdemokratische, noch Tolstojsche anarchistische Absolutheit sind möglich. Aber im Prinzip des menschlichen Geistes, in der inneren Treue des Menschen zum Heiligen, ist Absolutheit möglich. Die Politik an sich ist immer konkret und relativ, immer komplex, sie hat immer mit den historischen Aufgaben einer gegebenen Zeit und eines gegebenen Ortes zu tun, die nicht abstrakt, nicht absolut und nicht monistisch sind. Unsere prinzipiell-abstrakte Politik war nur eine Form des Rückzugs aus der Politik. In der Politik pflegt alles „im Besonderen" zu liegen, nichts ist „allgemein". In der Politik darf man nichts automatisch, kraft eines Prinzips, wiederholen. Was in einer historischen Zeit gut ist, ist in einer anderen schlecht, was an einem historischen Ort gut ist, ist an einem anderen schlecht. Jeder Tag hat seine unwiederholbaren und besonderen Aufgaben und verlangt Können.

Jeder sensible, nicht doktrinäre Mensch begreift, dass der heutige historische Tag in der russischen Politik die Aufgaben der Verwaltung und Organisation der verantwortlichen Macht in den Vordergrund rückt, und nicht die Aufgaben der reinen Gesetzgebung und der Reformen. Aber es kann bald der Tag kommen, an dem die Aufgaben ganz anders sein werden. Jetzt müssen alle Kräfte der Nation für die Verteidigung und den Sieg Russlands mobilisiert werden. Das ist eine ganz konkrete Aufgabe, die durch keine abstrakten Prinzipien der Politik diktiert werden. Aber die Anhänger der abstrakten prinzipiellen Politik geben auch jetzt politische Deklarationen ab, die völlig lebensfremd sind und an den unaufschiebbaren Aufgaben des historischen Tages vorbeigehen. Der geistige Aufschwung, die moralische Kraft und die Begeisterung zeigen sich jetzt in der patriotischen Tat des Dienstes am Vaterland, in der todesmutigen Verteidigung der Heimat. Diese Dinge waren von den abstrakten Prinzipien der abstrakten Politik nicht vorgesehen; diese Aufgaben sind zum gegebenem historischen Moment entstanden, und diese moralische Energie trat erst heute zu Tage. Vor einigen Jahren hat kein einziger Politiker vorausgesehen, worauf er seine ganze Energie werde setzen müssen. Und dass er nun seine Aktivität für die Verteidigung der Heimat einsetzen muss, wird wohl kaum jemand Opportunismus nennen. Der Krieg lehrt Konkretheit in der Politik und härtet den Geist. Er bringt gewaltige Veränderungen in unsere moralischen Urteile, führt zu einem völlig anderen Verhältnis zwischen Moral und Politik. Der

Standpunkt, den wir verteidigen, befreit von der Verabsolutierung der Politik, von ihrer Verwandlung in einen Götzen, in Gott. Wir sollen dem Relativen nicht geben, was man nur dem Absoluten zu geben hat, d.h. wir sollen dem Kaiser geben, was des Kaiser ist, und Gott, was Gottes ist. Der in seiner absoluten Quelle gestärkte und mit neuem Leben erfüllte Geist muss sich der vielgestaltigen und komplexen Konkretheit der Welt in lebendiger, schöpferischer Reaktion zuwenden und seine kreativen Talente beweisen. Russland fehlen vor allem Menschen mit Talent für die Macht, und solche Menschen müssen erscheinen.

Worte und Realität im Leben der Gesellschaft

I

Worte haben eine gewaltige, magische Macht über unser Leben. Wir sind von Worten verhext und leben in erheblichem Maß unter ihrer Herrschaft. Worte wirken wie selbständige Kräfte, unabhängig von ihrem Inhalt. Gewohnheitsmäßig sprechen wir Worte aus und hören Worte, ohne uns Rechenschaft zu geben von ihrem realen Inhalt und ihrem realen Gewicht. Wir nehmen Worte auf Treu und Glauben an und geben ihnen unbegrenzten Kredit. Jetzt möchte ich ausschließlich von der Rolle der Worte im Leben der Gesellschaft sprechen. Und im Leben der Gesellschaft nimmt die bedingte, aber zur Gewohnheit gewordene Phraseologie manchmal fast absolute Macht ein. Etiketten sind eine selbständige gesellschaftliche Kraft. Worte können begeistern und töten. Thackerey[89] sagte: „Männer werden durch Taten, Frauen durch Wortegetötet." Aber auch die Männer gleichen den Frauen sehr, auch sie werden durch Worte getötet. Die Massen richten sich nach Worten. Jede Agitation beruht in erheblichem Maß auf der Macht von Worten, auf der Hypnose der Worte. Die übliche Phraseologie verstärkt sich mit den Masseninstinkten. Für die eine Masse muss man eine „linke" Phraseologie verwenden, für die andere eine „rechte" Phraseologie. Demagogen wissen gut, welche Worte man gebrauchen muss. Das Leben der Gesellschaft lastet unter der Routine der Worte. Wie viel bedeuten und wie stark wirken doch die Worte „links", „rechts", „radikal", „reaktionär" usw. Wir sind von diesen Wörtern hypnotisiert und können ohne diese Schlagwörter fast nicht mehr gesellschaftlich denken. Und doch ist das reale Gewicht dieser Worte nicht groß, und ihr realer Wert verflüchtigt sich mehr und mehr. Im gesellschaftlichen Wortgebrauch herrscht Nominalismus und nicht Realismus. Ich höre, wie gesagt wird: das ist ein sehr „radikaler" Mensch, gebt ihm eure Stimme. Und dieser „radikale" Mensch ist ein Advokat, er verdient zwanzigtausend Rubel im Jahr, er glaubt an

[89] William Makepeace Thackerey (1811-1863), britischer Schriftsteller, bedeutender Romancier.

nichts und hält nichts für einen Wert, hinter der radikalen Phraseologie versteckt er die größte Gleichgültigkeit und Verantwortungslosigkeit gegenüber der Gesellschaft. Vor der konventionellen und routinierten Phraseologie tritt die persönliche Eignung für die Sache der Gesellschaft in den Hintergrund. Persönliche Qualitäten werden bei uns überhaupt wenig geschätzt, und nicht von ihnen wird die Rolle im Leben der Gesellschaft bestimmt. Deshalb gibt es bei uns so viel falsche gesellschaftliche Anerkennung, so viele Namen, die auf der Macht von Worten, aber nicht auf Realität beruhen. Die Trägheit der Worte und Konventionen hindert daran, die wirklichen Charaktere zu durchschauen. In der Gesellschaft gibt es fast keine natürliche Auslese der besten Charaktere. Aber im Staatswesen gibt es deutlich eine Auswahl schlechter und unqualifizierter Charaktere. Mit Hilfe der konventionellen Phraseologie nennt man bei uns von Ideen tief überzeugte Menschen mit moralisch gefestigtem Charakter Schufte, und Menschen ohne jede Bildung und ohne jeden moralischen Halt werden gefeiert. Am wenigsten mag man Menschen mit selbständigem und originellem Denken, die in keine der üblichen Kategorien passen. Bei uns bringt man Menschen häufig durch das angehängte Etikett „Reaktionärer", „Konservativer", „Opportunist" usw. um, obwohl sich vielleicht dahinter ein komplexeres und originelleres Phänomen verbirgt, das sich gewöhnlichen Kategorien entzieht. In einem anderen Lager tötet man mit Hilfe entgegengesetzter Worte. Und alle fürchten Worte und Etiketten.

Die überwiegende Masse der Menschen lebt nicht in dem, was real und wirklich ist, sondern an der Oberfläche der Dinge, sieht nur das äußere Gewand und begegnet allem nach dem äußeren Eindruck. Vor allem breite Kreise der russischen Intelligencija leben irgendwie von fiktionalen Worten und von Illusionen. Die Macht der Trägheit ist wahrhaft erschreckend. Wenn in einfachen Kreisen der Bevölkerung die Macht der Trägheit und der gewohnheitsmäßigen, angelernten Kategorien groß ist, so ist das dort verständlich und verzeihlich. Aber die Intelligencija beansprucht, Trägerin des Denkens und der Erkenntnis zu sein, und ihr verzeiht man Trägheit und Faulheit des Denkens, diese Knechtschaft des Üblichen, Überkommenen, Äußeren weniger. Es ist schwer, realitätsgemäß zu leben. Dazu bedarf es selbständiger Geistesarbeit, selbständiger Erfahrung und selbständigen Denkens. Leichter ist es, von Fiktionen, von Worten zu leben und an der Oberfläche der Dinge zu bleiben. Die überwiegende Masse der Menschen übernimmt Worte und Kategorien, die von anderen stammen, auf Treu und Glauben, lebt wie ein Vampir von fremder Erfahrung. Keinerlei eigene reale Erfahrung ist mit den Worten verbunden, die indessen alle Urteile des Lebens bestimmen. Worte haben für diejenigen realen Inhalt, die ihre eigene Erfahrung und eigenes Denken, eigenes geistiges Leben besitzen. Aber diese Worte bleiben nominal und inhaltsleer für jene, die träge, gewohnheitsmäßig und unselbständig leben. So ist es auch gewöhnlich im religiösen Leben, wo allzu viele sich von fremder Erfahrung nähren und von einer rein verbalen Dogmatik leben, auch im Leben der Gesellschaft, wo angelernte Parteilosungen, Formeln und Worte ohne jeden selbständigen Willensakt und Denkakt wiederholt werden. Auf solcher Basis entwickelt sich politischer Formalismus, der den realen Inhalt des Lebens der Menschen nicht kennen will. Im Leben der Gesellschaft kommt alles auf die Kraft, auf die geistige Energie, auf den Charakter der Menschen und der Gesellschaft an, auf ihren Willen, ihr kreatives Denken, aber nicht auf abstrakte Prinzipien, Formeln und Wörter, die keinen Wert haben. Das Wichtigste und Wesentlichste sind die Menschen, lebendige Seelen, die Zellen des Gewebes der Gesellschaft, aber nicht äußere Formen, hinter denen sich vielleicht irgendein nützlicher Inhalt verbirgt oder aber überhaupt kein Inhalt vorhanden ist. Eine demokratische Republik, in der alles auf schönen Formeln und Worten beruht, kann die erbärmlichste Knechtschaft und Gewaltherrschaft sein. Das zeigte sich schon lange als bittere Erfahrung der europäischen Menschheit, die uns Misstrauen lehren müsste gegenüber den rein äußerlichen Formen und der schönen Phraseologie von Gleichheit, Brüderlichkeit und Freiheit. Solchen Formalismus, solchen Nominalismus kann auch jedes beliebige sozialistische System an den Tag legen. Deshalb ist es notwendig, seine Willensanstrengung auf die wirkliche Freiheit zu richten, auf die innere Erneuerung der Zellen der Gesellschaft, auf die Verwirklichung höherer Lebenswerte von innen her. Dieser innere Prozess führt unweigerlich zur äußeren Veränderung der Struktur und des Systems der Gesellschaft, immer aber in Übereinstimmung mit dem realen Inhalt und dem Willen des Volkes.

II

Viele meinen, Russlands Hauptübel liege darin, dass die russische Gesellschaft nicht liberal und radikal genug sei, und erwarten viel von einer Wendung unserer Gesellschaft nach links im traditionellen Sinn dieses Wortes. Und in dieser Meinung äußert sich die für uns fatale Macht der Worte und der formalen Begriffe. Unsere Gesellschaft ist liberal und links, aber dieser Liberalismus und diese linke Einstellung sind kraftlos und drücken sich vorwiegend in oppositioneller Haltung oder Empörung aus. Russlands Hauptübel liegt nicht im Mangel an linker Einstellung, die ohne wesentliche Veränderungen für die russische Gesellschaft zunehmen kann, sondern im schlechten Kern der Gesellschaft, im Mangel an echten Menschen, die die Geschichte für eine reale, positiv radikale Verwandlung Russlands brauchen könnte, in der russischen Willensschwäche, im Mangel an Selbsterziehung und Selbstdisziplin in der Gesellschaft. Der russischen Gesellschaft fehlt der Charakter, die Fähigkeit zur inneren Selbstbestimmung. Den russischen Menschen verschlingt allzu leicht das „Milieu“, und er ist allzu sehr den emotionalen Reaktionen auf alles Äußere unterworfen. „Radikale“ und „Linke“ können ein völlig ungeeignetes Material für ein neues, wiedererstandenes Russland sein. Man darf sich den Illusionen von Wortbildungen nicht hingeben. Die Menschen und das Volk sind wichtig und wesentlich und nicht die verbalen Losungen und abstrakte politische Begriffe.

So waren zum Beispiel unsere „Rechten“ schlechtes Material für einen echten Konservatismus. Sie waren immer eher Zerstörer als Bewahrer irgendwelcher Werte. Die patriotische, nationale und staatliche Phraseologie der Rechten sind Worte, Worte und nochmals Worte. Unseren rechten Kreisen fehlt echtes Bewusstsein für Staat und Nation. Ein solches Bewusstsein kann man bei einzelnen Personen finden, aber nicht in den Schichten und Gruppen der Gesellschaft. Das völlige Fehlen eines echten Konservatismus ist eine fatale Besonderheit Russlands. Das „rechte“ Russland begann sich schon aufzulösen, als das „linke“ Russland noch nicht völlig herangereift war. Alles kommt bei uns zu spät. Und wir befinden uns allzu lange in einem Übergangszustand, in einer Art von Interregnum.

Russland braucht vor allem eine radikale moralische Reform, eine religiöse Erneuerung der lebendigen Quellen. Aber leider kann auch die religiöse Erneuerung nominal und formal sein. Auch im religiösen Leben haben die Wörter große Macht. Die Schlagwörter „Orthodoxer“, „Sektierer“, „Christ mit neuem Bewusstsein“ usw. haben eine Bedeutung angenommen, die ihrem realen Gewicht nicht entspricht. Der „orthodoxe“ Nominalismus vergiftet schon lange das religiöse Leben in Russland. Die religiöse Phraseologie rechter Kreise hat sich längst in widerliche Heuchelei und Scheinheiligkeit verwandelt. Aber auch die Bekräftigung irgendeines „linken" religiösen Bewusstseins, das von außen und formal an die Gesellschaft herangetragen wird, kann uns nicht helfen. Tief im Kern des Volkslebens muss die Erneuerung stattfinden, die von innen ausgeht, und ich glaube, dass sie geschieht, dass das russische Volk geistig lebendig ist und ihm eine große Zukunft bevorsteht. Die Zeit der Wirren wird vorbeigehen. Es ist Zeit, die äußeren Hüllen abzuwerfen und das wahre Wesen der Dinge, die wahren Realitäten zu zeigen. Unsere überragende moralische Aufgabe ist der Übergang von den Fiktionen zu den Realitäten, die Überwindung der Hypnose der Worte. Furchtlosigkeit gegenüber den Worten ist eine große Tugend. Die positive Seite dieser Furchtlosigkeit ist immer die Liebe zur Wahrheit. Leidenschaftliche Wahrheitsliebe ist die große Leidenschaft des Volkes. Und um unsere Worte, Formeln und Begriffe der Linken, Rechten und der Mitte hat sich allzu viel konventionelle Lüge und Fäulnis angesammelt. In Wahrheit müssen wir eine große Revolution durchführen, nämlich die Beseitigung der falschen und verlogenen, leeren und überlebten Worte, Formeln und Begriffe. Wir müssen aufhören, die Etiketten zu fürchten, die man so gern aufklebt, um die Menschen durch sie verbal zu erheben oder zu erniedrigen. Wir müssen hinter den Worten die Realität klar erkennen. Und wirkliche Klarsicht bedeutet auch die Verachtung von vielem Nichtigem und Substanzlosem. So muss die Erziehung zu einem selbständigen gesellschaftlichen Charakter aussehen, muss ein selbständiges gesellschaftliches Denken heranreifen.

III

Die Tragödie des Krieges verleiht den Taten größeres Gewicht über die Worte, sie offenbart die Realitäten und beseitigt die Fiktionen. So lebte die rechte Bürokratie mit ihrer national-staatlichen Phraseologie deutlich von Fiktionen und leeren Worten. Das hat sich gezeigt. Die Lüge ist beseitigt. Jetzt wird schon klarer, wer ein wirklicher Patriot ist, wer seine Heimat liebt und ihr zu dienen bereit ist. Die Worte der Nationalisten wurden auf der Waage der Geschichte gewogen. Im vergangenen Winter begann sich eine pseudopatriotische Stimmung zu verbreiten, die in Russland keine Selbstkritik zuließ, eine unverantwortliche Stimmung, die zu Eigenlob führte. Bei den einen äußerte sie sich in der

Restauration einer überhöhten religiös-slawophilen Phraseologie, bei anderen in der Restauration einer weniger überhöhten national-staatlichen Phraseologie. Aber diese Stimmungen sind von den Ereignissen beseitigt worden. In diesem Sommer begann ein positiver, gesunder patriotischer Aufschwung, wuchs das Gefühl für die gesellschaftliche Verantwortung, das immer Selbstkritik voraussetzt. Gegen die Worte und Fiktionen stehen nun die Realitäten. Der ungesunde Patriotismus, der die Wahrheit scheut und sich in verbaler Idealisierung der Wirklichkeit ausdrückte, wird durch einen gesunden Patriotismus ersetzt, der der bittersten Wahrheit furchtlos ins Auge sieht, und sich äußert im Dienst für das, was sein muss. Und man begann, leichter zu atmen, obwohl die Ereignisse düster und schwer sind. Man kann die Wahrheit sagen und dazu aufrufen, sie zu tun. In jener stickigen Atmosphäre, die sich eine Zeit lang gebildet hatte, konnte man nur falsche Worte hören, blühten nur fiktive Ideologien.

Zur Beseitigung der fiktiven Macht der Worte bedarf es der Freiheit des Wortes. In der Atmosphäre der Unfreiheit gedeihen leere, erstarrte Worte. Das Wort an sich ist göttlich, und die göttliche Bedeutung der Worte kann nur in der Atmosphäre der Freiheit offenbar werden, der Realismus der Worte siegt über den Nominalismus der Worte. Die Unfreiheit nährt die leere Phraseologie der „Linken" und die leere Phraseologie der „Rechten". Die Realitäten hinter den Worten können sich nicht zeigen. Die völlige Freiheit des Wortes ist der einzige reale Kampf gegen den Missbrauch und die Entstellung der Worte. Nur in der Freiheit siegt die Wahrheit der Worte über die Lüge der Worte, der Realismus besiegt den Nominalismus. Die Freiheit der Worte führt zur natürlichen Auswahl der Worte, zur Erhaltung lebendiger und positiver Worte. Verlogene und leere Worte werden weiterhin zu hören sein, aber nicht jene Aura haben, welche sich durch eine Atmosphäre der Unterjochung und Unterdrückung bildet.

Gebt dem Wort größere Kraft, und die Macht der Worte über das Leben der Gesellschaft wird aufhören: Worte der Realität werden die Worte der Fiktion besiegen. Freiheit führt zu Verantwortlichkeit. Unfreiheit macht alles verantwortungslos. Die Wiederherstellung des Sinns der Wörter, des richtigen, realen und vollgültigen Gebrauchs der Wörter führt zu der Einsicht, dass unsere Gesellschaft sich kein neues Kleid, auch nicht das radikalste Kostüm anlegen, nicht das Äußere wechseln muss, sondern wirklich neu werden, sein Wesen ändern muss. Die Macht der Worte war eine äußere Macht. Aber wir müssen uns dem Inneren zuwenden. Das ganze Leben soll anfangen, sich von innen her und nicht von außen zu definieren, aus dem tiefsten Wollen und nicht aus dem oberflächlichen Milieu.

Demokratie und Person

I

Bei uns denkt man jetzt wenig über die Grundlagen der Gesellschaft nach. Unser Denken ist auf die elementaren Bedürfnisse gerichtet, und diese Bedürfnisse verstellen die weiteren Perspektiven. Aber uns steht die Umgestaltung unserer Gesellschaft bevor, und dafür müssen wir geistig bereit sein. Unsere gesellschaftliche Bewegung ist ideenarm, und allzu viele nehmen das als selbstverständlich hin. In breiten Kreisen der russischen Intelligencija und der fortschrittlichen russischen Gesellschaft hält man demokratische Ideen und Ideologien für eine selbstverständliche Wahrheit. Die Idee der Demokratie wurde nie in ihrer ganzen Komplexität gesehen, niemals hat man sie kritisch betrachtet. Das Böse und die Lüge unseres gesellschaftlichen und staatlichen Lebens haben unser Denken simplifiziert. Und jeder Gegensatz zu unserer bedrückenden Wirklichkeit wurde schon als Wohltat und Licht angesehen. Jedes allzu schwierige gesellschaftliche Denken schien unverständlich, unangebracht zu sein und geriet unter Verdacht. Bei uns liebt man nur einfache und direkte Lösungen. Im Westen stellt sich das Problem der Demokratie und ihres Verhältnisses zum Problem der Person schon längst in sehr komplizierter Weise. Der lebendige historische Prozess führte im Westen zu dieser Schwierigkeit, er machte vieles problematisch. Dort waren viele politische Formen ausprobiert worden, und im politischen Denken spürte man eine gewisse Erschöpfung. Wir Russen lebten unter großem Zwang und waren auf dem Gebiet politischen Aufbaus noch wenig erfahren. Im Denken durchlebten wir die extremsten politischen und sozialen Theorien, und zeitweilig schien es uns, als hätten wir auch schon den Anarchismus hinter uns. Aber diese extremen politischen und sozialen Theorien wurden in Russland immer in simplifizierender Weise gedacht. Dieselbe Simplifizierung gab es auch in unserer Übernahme der demokratischen Idee. Vielen an Unterdrückung und Ungerechtigkeit gewöhnten russischen Menschen erschien die Demokratie gleichsam klar umrissen und einfach, sie würde große Wohltaten bringen, die Person befreien. Im Namen einer irgendwie unstreitigen Wahrheit, die unsere angestammte Unwahrheit ablöst, sind wir bereit zu vergessen, dass die Religion der Demokratie, wie Rousseau sie verkündet und Robespierre sie verwirklicht hatte, nicht nur die Person nicht befreit und ihre unveräußerlichen Rechte nicht behauptet, sondern die Person völlig unterdrückt und ihr autonomes Sein nicht kennen will. Staatlicher Absolutismus ist in Demokratien ebenso möglich wie in absoluten Monarchien. Die Volksherrschaft kann die Person ebenso ihrer unveräußerlichen Rechte berauben wie die Alleinherrschaft. So ist die bürgerliche Demokratie mit ihrem formalen Absolutismus des Prinzips der Volksherrschaft. Aber auch die Sozialdemokratie von Marx befreit die Person ebenso wenig und rechnet nicht mit ihrem absoluten Sein. Auf einem Kongress der Sozialdemokraten wurde die Meinung geäußert, dass das Proletariat der Person gleichsam ihre unveräußerlichen Rechte nehmen könne, zum Beispiel das Recht des freien Denkens, wenn dies die wesentlichen Interessen des Proletariats erforderten. In diesem Fall wird das Proletariat wie ein Absolutes gedacht, dem alles geopfert werden muss. Überall begegnet uns das Erbe des staatlichen und gesellschaftlichen Absolutismus, er ist nicht nur dann lebendig, wenn ein Einziger herrscht, sondern auch, wenn die Mehrheit herrscht. Die Instinkte und Gewohnheiten des Absolutismus sind in die Demokratie übergegangen, sie herrschten in allen überaus demokratischen Revolutionen. Im Westen beunruhigt schon lange die Frage nach der Garantie der Minderheitsrechte und der Rechte der Person gegenüber dem Absolutheitsanspruch der Demokratie, die sich nicht durch die absoluten Werte des personalen Geistes begrenzt. Den formalen Absolutismus der demokratischen Idee können wir nicht akzeptieren, er muss durch andere Ideen begrenzt werden. Die quantitative Masse kann nicht uneingeschränkt über das Schicksal qualitativer Individualitäten, über das Schicksal der Person und das Schicksal der Nation herrschen. Der Volkswille muss zur besonderen Achtung gegenüber den individuellen Qualitäten, der unendlichen Natur des menschlichen Geistes erzogen werden. Der Volkswille kann nicht formal inhaltslos gelten als Behauptung des absoluten Rechts des Volkwillens, des Willens der Mehrheit, des Willens der Masse, in jeder beliebigen Hinsicht, zu herrschen, wie es ihr passt, zu geben und zu nehmen, was ihr beliebt. Die Demokratie besitzt ihre eigene Wahrheit, die das freie Wesen des Menschen, die immanente Herrschaft des Menschen und der Menschheit behauptet. Aber die Demokratie soll vom Geist bestimmt, mit geistigen Werten und Zielen verbunden sein.

II

Die Idee der Demokratie wurde in jener historischen Epoche konzipiert und formuliert, als das religiöse und philosophische Bewusstsein der fortschrittlichen Schichten der europäischen Menschheit oberflächlich geworden und von der Tiefe, von den geistigen Ursprüngen des Menschen gelöst war. Der Mensch geriet in die Abhängigkeit von der äußeren Gesellschaft. Die Gesellschaft war getrennt von der menschlichen Seele, vom geistigen Leben der Person und der Weltseele, vom kosmischen Leben. Der Mensch wurde als äußerlich gesellschaftliches Wesen betrachtet, als völlig vom gesellschaftlichen Milieu bestimmt. Weil aber die menschliche Gesellschaftlichkeit vom Weltganzen, vom kosmischen Leben isoliert und die selbständige Bedeutung des Gesellschaftlichen sehr übersteigert war, so entstand der rationalistische Utopismus mit seinem Glauben an die vollkommene, gänzlich rationale Einrichtung der Gesellschaft, unabhängig von den geistigen Grundlagen des menschlichen Lebens und der Welt. Nicht die Demokratie hatte eine religiös-geistige Grundlage, sondern die Deklaration der Menschen- und Bürgerrechte, die aus der Behauptung der religiösen Gewissensfreiheit in den reformatorischen Gemeinden entstanden war. Aber die Deklaration der Menschen- und Bürgerrechte wurde in der Praxis, in den demokratischen Revolutionen, in den gesellschaftlichen Massenbewegungen wenig mit Leben erfüllt und durch utilitärgesellschaftliche Interessen verdrängt. In Russland vollzog sich die Rezeption der demokratischen Ideen auf der Grundlage einer positivistischen und materialistischen Stimmung und Bewusstseinslage und getrennt von der idealistischen Idee der Menschen- und Bürgerrechte. Das Pathos sozialer Gleichheit verdrängte bei uns immer das Pathos der persönlichen Freiheit. Die These von den Rechten der Person verband sich nicht geistig und moralisch mit der Verpflichtung und Verantwortlichkeit der Person. Es triumphierte die verantwortungslose Theorie des sozialen Milieus, die nur Ansprüche hervorbrachte. Die Person wurde nicht als verantwortlicher Gestalter der Gesellschaft gesehen. Das neue Leben erwartete man ausschließlich von Veränderungen des sozialen Milieus, von der äußeren Vergesellschaftung, aber nicht von kreativen Veränderungen in der Person, nicht von der geistigen Erneuerung des Volkes, seines Willens und seines Bewusstseins. Der Charakter des Volkes und der Person fand in unseren demokratischen und sozialen Theorien überhaupt keinen Platz.

Die Idee der Demokratie in jener eindimensionalen und vereinfachten Form, in der sie bei uns übernommen worden war, zeitigte eine ganze Reihe moralischer Konsequenzen. Die abstrakt-demokratische Ideologie der Gesellschaft nahm der Person, dem menschlichen Geist die Verantwortung, damit aber auch ihre Autonomie und unveräußerlichen Rechte ab. Nur der Verantwortliche ist frei, und nur der Freie ist verantwortlich. In unseren demokratischen sozialen Ideologien aber ist alle Verantwortlichkeit auf die qualitative Mechanik der Massen verlagert. Die eindimensionale demokratische Metaphysik braucht gleichsam keine Umerziehung der Person und der Nation, keine Arbeit am Charakter, keine Disziplin des persönlichen und gesellschaftlichen Willens, keine innere geistige Arbeit. Auf dieser Basis entstand eine Anspruchsmoral gegenüber dem gesellschaftlichen Milieu, eine Moral der Erwartung, dass aller Reichtum des Lebens von außen kommt. Das ganze Leben richtete sich nach außen und nicht nach innen. Die demokratische Metaphysik dieser Art verleiht der Aufstachelung der Massen, der Agitation, dem äußeren Auftreten große Bedeutung, ohne eine innere, substantielle Veränderung des Menschenmaterials der Gesellschaft. So geschehen illusionäre und ganz äußerliche gesellschaftliche Veränderungen. Das ist der Nützlichkeitsstandpunkt, der das Wesentliche gar nicht sieht. Wichtig ist es dabei nicht, die Arbeiter oder Bauern menschlich zu entwickeln, ihre Menschenwürde und Qualität zu heben, ihre Kraft zu stärken, die doch immer geistige Kraft ist, sondern sie in Verhältnisse zu bringen, in denen sie unweigerlich so oder so auftreten, wie es nützlich und notwendig ist. Das ist ja gerade der Weg der moralischen Entartung der Demokratie. Und er hat seine traurigen Früchte schon gebracht. Ich habe die ganze Zeit nicht die programmatischen demokratischen Forderungen und Aufgaben im Blick, die eine gewisse Wahrheit und Gerechtigkeit einschließen, sondern jenen Geist abstrakter Demokratie, jene besondere gesellschaftliche Metaphysik und Moral, in der das Äußere über dem Inneren, die Agitation über der Erziehung, die Anspruchshaltung über der Verantwortlichkeit, die Quantität über der Qualität, die gleichmachende Mechanik der Massen über der kreativen Geistesfreiheit steht.

III

Die abstrakte, durch nichts begrenzte Demokratie wird leicht zum Feind des menschlichen Geistes, der geistigen Natur der Person. Und diesem Geist der abstrakt-formalen Demokratie, die immer auf das Äußere gerichtet ist, muss ein anderer Geist entschieden entgegengesetzt werden, der wahre Geist des Menschen und der Menschheit, der Geist der Person und der Geist des Volkes. Dieser durchaus nicht im Gegensatz zur Wahrheit der demokratischen Programme stehende Geist erfordert die Umerziehung der Person und der Gesellschaft, die innere Arbeit des Willens und des Denkens, er sieht das Schicksal der Gesellschaft in Abhängigkeit vom inneren Leben der menschlichen Person, der Nation, der Menschheit, des Kosmos. Dieser Geist sucht die wahre Vereinigung der Menschen, und nicht nur ihre mechanische Anhäufung. Soziale Kreativität setzt kreativen Geist voraus, ist ohne ein schöpferisches Subjekt nicht möglich. Die extreme demokratische Metaphysik ist genötigt, den kreativen Geist zu leugnen, alles erwartet sie von der Mechanik der Quantitäten, von äußeren qualitativen Umverteilungen, sie erkennt individuelle Qualität nicht an. Auf diese Weise leugnet sie die gewaltige Bedeutung der geistigen Auswahl der Personen, der persönlichen Qualitäten und Berufungen, der persönlichen Eignung, überträgt der Person nicht die ganze große Verantwortung für das Schicksal der Gesellschaft. Im Gegenteil, sie lädt die Verantwortung für das Schicksal der Person, für ihre Eignung oder Ungeeignetheit, gänzlich der äußeren Gesellschaft, dem sozialen Milieu auf. Aber die wahre Selbstbestimmung des Volkes als Ausdruck organisierter menschlicher Energie, als Manifestierung des Volkscharakters, setzt die Selbstdisziplin und die Selbsterziehung der Person und des Volkes, die Stärkung des Willens voraus. Die wahre Selbstbestimmung des Volkes muss die Verantwortlichkeit für das Schicksal der Gesellschaft dem Menschen und seiner Kraft, dem Volk auferlegen. Aber das Volk ist keine mechanische formlose Masse, das Volk ist gleichsam ein Organismus, der Charakter, Disziplin des Denkens und Willens besitzt und weiß, was er will. Die Demokratie als Wert ist bereits der ausgebildete Charakter des Volkes, die ausgeformte Person, die sich im Leben der Nation zeigen kann. Die Demokratie ist die organisierte und nach außen in Erscheinung getretene Potenz der menschlichen Natur des Volkes, seine erworbene Fähigkeit zur Selbstbestimmung, zum Gebrauch der Macht. Herrschen kann nur, wer sich selbst beherrschen kann. Der Verlust der personalen und nationalen Selbstbeherrschung, die Entfesselung des Chaos führt nicht nur nicht zur Demokratie, sondern macht sie unmöglich, und das ist immer der Weg in den Despotismus. Die Aufgabe der Bildung zur Demokratie ist die Aufgabe der Bildung des Nationalcharakters. Die Bildung des Nationalcharakters aber setzt die Bildung des Charakters der Person voraus. Das gesellschaftliche Bewusstsein, der gesellschaftliche Wille muss auf die Stärkung der Person gerichtet sein. Doch gerade diese Einstellung gibt es bei uns nicht. Demokratie versteht man allzu oft falsch, man sieht nicht ihre Abhängigkeit von der inneren Fähigkeit zur Selbstbestimmung, vom Charakter des Volkes und der Person. Und das ist eine reale Gefahr für unsere Zukunft. Das russische Volk muss zu wirklicher Selbstbestimmung übergehen. Aber dieser Übergang hängt ab von der Qualität des Menschenmaterials, von unser aller Fähigkeit zur Selbstbestimmung. Es erfordert besondere Achtung gegenüber dem Menschen, gegenüber der Person, ihren Rechten, ihrer geistig selbständigen Natur. Durch keinerlei künstliche Anreize kann man die Fähigkeit zur Selbstbestimmung herausbilden. Eine rasende Menge, beherrscht von eigennützigen und bösen Instinkten, ist nicht dazu in der Lage, sich selbst oder andere zu lenken. Die Menge, die Masse ist keine Demokratie. Demokratie ist die Verwandlung chaotischer Quantität in eine bestimmte selbstdisziplinierte Qualität. Der Mensch wie das Volk müssen sich vor allem selbst beherrschen können. Die Mängel der russischen Demokratie sind ein Erbe unserer Knechtschaft und müssen in der Praxis der Selbstbestimmung korrigiert werden.

Solche für das Leben der Gesellschaft grundlegende Betonung des personalen, qualitativen, kreativ-geistigen Prinzips ist alles andere als Individualismus. Geistige Gemeinschaft wird durch die innere Arbeit der Person und Nation, durch Charakterbildung geschaffen. Immer ist hier die Rede nicht nur von der Seele des Menschen, der Person, sondern auch von der Seele der Gesellschaft und der Seele der Nation, mit der die demokratische Mechanik so wenig rechnet. Abstrakte Demokratie ist immer Formalismus, der den Inhalt des Volkswillens, das Herz und das Denken des Volkes nicht kennen will, dem nur die formale Volksherrschaft wichtig ist. Aber der Inhalt des Volkswillens ist bereits ein innerer, schon geistiger Gehalt, eine bestimmte Geistesrichtung. Und dem demokratischen Formalismus muss man den klaren Inhalt des Willens und Denkens und die klare Spiritualität des Volkes entgegensetzen. Nur dann verbindet sich die Wahrheit der Demokratie, die Wahrheit der menschlichen Selbstbestimmung mit der Wahrheit des Geistes, mit den geistigen Werten der Person und des Volkes. Darauf müssen wir uns mit aller Kraft vorbereiten, um die alten Fehler nicht zu wiederholen, nicht in irgendeinen ausweglosen magischen Zirkel zu geraten, der immer nur Reaktionen hervorruft. Demokratie kann im Prinzip, in der Idee, nicht durch Privilegien von Schichten und Klassen, nicht durch gesellschaftsferne Aristokratien begrenzt werden, sondern durch die Rechte der unendlichen geistigen Natur der menschlichen Person und der Nation, durch eine echte qualitative Auslese. Der Geist einer Nation ist tiefer als die Demokratie und muss diese lenken. Die Macht kann nicht allen gehören, sie kann nicht mechanisch gleich sein. Die Macht soll den Besten gehören, ausgewählten Personen, auf denen die große Verantwortung ruht und die sich selbst große Pflichten auferlegen. Aber diese Macht der Besten muss dem Schoß des Volkes entstammen, muss dem Volk und seiner eigenen Potenz immanent sein und ihm nicht von außenauferlegt und nicht über es gesetzt sein. Die Kraft der Demokratie kann nicht absolut und von unbegrenzter Macht sein, sie wird durch Qualitäten begrenzt, die sie selbst fördert. Der Idee der Demokratie muss man die Idee der selbstbestimmten Nation gegenüberstellen.

Geist und Maschine

I

Noch nie stellte sich die Frage nach dem Verhältnis von Geist und Maschine so deutlich wie in unseren Tagen. Der Weltkrieg verschärft dieses Thema sehr. Unser Streit über das Deutschtum dreht sich um dieses Thema. Man kann nicht bestreiten, dass es in Deutschland viel Geist gab, und Deutschland lieferte die vollkommensten Beispiele der Mechanisierung und Maschinisierung. Die deutsche Maschine, gleichsam dem Schoß des deutschen Geistes entsprungen, ist führend, war in der Welt tonangebend, und gibt jetzt den Ton im Krieg an. Die Deutschen sind Sklaven ihrer eigenen vollkommenen Maschine geworden. Ein schicksalhafter Prozess der Maschinisierung des Lebens läuft ab, das Organische wird durch das Mechanische ersetzt. Viele erschreckt und ängstigt dieser Prozess, der von hässlichen Erscheinungen und vom Untergang der alten Schönheit begleitet ist. Der Triumph der Maschine, wodurch der Mechanismus den Organismus ersetzt, wirkt wie die Materialisierung des Lebens. Aber kann man denn sagen, dass der Geist in dieser Materialisierung untergeht, dass die Maschine ihn aus dem Leben vertreibt? Ich bin der Meinung, dass dies allzu oberflächlich gesehen ist. Die Bedeutung des Auftretens der Maschine und ihr Siegeszug ist durchaus nicht so, wie sie auf den ersten Blick erscheint. Diese Bedeutung ist geistig und nicht materiell. Die Maschine selbst ist Ausdruck des Geistes, ein Moment auf seinem Weg. Die Kehrseite der Maschinisierung und Materialisierung des Lebens ist seine Entmaterialisierung und Vergeistigung. Die Maschine kann verstanden werden als Weg des Geistes im Prozess seiner Befreiung vom Materiellen. Die Maschine bringt Unruhe und Spaltung in Geist und Materie, stört die ursprüngliche organische Ganzheit, die Einheit von Geist und Fleisch. Und man muss sagen, dass die Maschine weniger für den Geist als für das Fleisch vernichtend ist. Das Maschinenhafte, Mechanische der Kultur zerreibt das Fleisch der Welt, tötet die organische Materie, in ihr verblüht und vergeht die organische Materie, das angestammte materielle Leben. Die alte organische Synthese des materiellen, fleischlichen Lebens kommt in der Maschine an ihr Ende. Das

Anwachsen der Technik in der zweiten Hälfte des 19. Jahrhunderts ist eine der größten Revolutionen in der Menschheitsgeschichte. Etwas hat Schaden genommen im organischen Leben der Menschheit und etwas Neues hat begonnen, das wir noch nicht völlig verstanden und erkannt haben. Vielleicht wird man nach diesem Krieg besser verstehen, was mit der Menschheit nach dem machtvollen Aufkommen der Maschine in ihrem Leben geschehen ist.

Das Problem von „Geist und Maschine" hat gewaltige Bedeutung für das russische Denken, für Russland ist es das Problem seiner Zukunft. Der Streit zwischen Slawophilen und Westlern, zwischen Narodničestvo und Marxismus kann auf die geistige Sphäre verlagert und vertieft werden. Und jener Standpunkt, den ich verteidigen möchte, könnte „geistiger Marxismus" genannt werden. Aber das ist natürlich nicht mehr als eine Analogie. Die Russen setzen die Besonderheit des russischen Geistes gern der materiellen Kultur des Westens entgegen, die im Mechanischen und Materiellen gründet. Unsere russische organische Ganzheit setzen wir der mechanischen Zersplitterung des Westens entgegen. Und in dieser furchtbaren Zeit unserer Geschichte versuchen wir, der deutschen Maschine den russischen Geist entgegenzustellen, wollen wir diesen Krieg verstehen als den Kampf zwischen Geist und Maschine. Diese Auffassung des Krieges enthält ihre Wahrheit, ist aber auch eine ziemlich grobe Vermischung verschiedener Ebenen und Positionen. Es gilt jedoch einzusehen, dass sowohl die Slawophilen als auch die Narodniki und verschiedene russische religiöse Strömungen nicht immer nur den Geist der Maschine und der Macht des Materiellen entgegensetzten, sondern auch die rückständige und primitive Technik und Wirtschaft der entwickelteren Technik und Wirtschaft. So suchen sie Rettung vor der vervollkommneten Materie in der unvollkommenen Materie und vor der hohen Stufe der materiellen Entwicklung in der niedrigen Stufe der materiellen Entwicklung. Doch der versklavenden Macht der entwickelten Technik kann man den hohen und freien Geist entgegenstellen, aber nicht eine rückständige und elementare Technik. Materielle Rückständigkeit und Elementarzustand sind keine Kraft des Geistes.

Man darf zum Beispiel die Naturalwirtschaft nicht zur höchsten Geistigkeit erklären, nicht das elementare und primitive Wirtschaften als geistigeren und freieren Zustand idealisieren. Eine rückständige, elementare, primitive Wirtschaft ist keineswegs weniger materiell als die entwickelte kapitalistische Wirtschaft. Wenn wir in der materiellen

Entwicklung der Menschheit zurückgehen, gelangen wir nicht zum freien und ganzheitlichen Geist, sondern nur zu elementareren und primitiveren Formen des materiellen Lebens. Und diese materielle Dimension in der Vergangenheit ruht auf dem härtesten Kampf um die Existenz, auf der drückenden materiellen Abhängigkeit, die in der Natur herrscht. Das verlorene Paradies werden wir nicht durch diesen Rückzug oder das Anhalten der Vorwärtsbewegung erlangen. Die Slawophilen, die die russische primitive und rückständige materielle Existenz so schätzten und die Höhe unseres Geistes mit ihr in Verbindung brachten, hielten im Grunde den Geist in sklavischer Abhängigkeit von der Materie. Die Beseitigung der Dorfgemeinde und der patriarchalischen Lebensform sahen sie als schreckliches Übel für den russischen Geist und sein Schicksal an. Aber kann denn der russische Geist von der materiellen Rückständigkeit so abhängig sein? Droht denn dem russischen Geist durch die Auflösung der alten russischen Materie der Untergang? Ein solcher Geist wäre aber wenig wert. Es wäre traurig für den Geist, würde man die materielle Entwicklung fürchten und sich an die materielle Rückständigkeit klammern. Der Geist soll furchtlos den Weg der materiellen Entwicklung durchschreiten und in ihm seine eigene Objektivierung und Manifestierung erkennen. Materielle Entwicklung, Technik, Maschine sind der Weg des Geistes. Und ich glaube, dass es nicht nur falsch ist, der vollkommenen Maschine die unvollkommene Maschine entgegenzusetzen, sondern dass es ebenso falsch ist, Maschine und Geist entgegenzusetzen. Man kann nur dem niedrigen, sklavischen Geist den freien und hohen Geist entgegensetzen.

II

Die materielle, kosmische Entwicklung verläuft von der ursprünglichen ganzheitlichen Organizität, die Geist und Fleisch, Geist und Materie aneinander bindet, zum Mechanischen, die Geist und Fleisch spaltet, die Ganzheit stört und den Geist von der Bindung an die Materie befreit. Diesen Gang kann man in allen Lebensbereichen entdecken. Überall wird die ursprüngliche organische Ganzheit gespalten und aufgelöst, vollzieht sich Differenzierung und Spaltung. Die durch den Bruch und die Auflösung verlorene organische Ganzheit und Einheit erscheint fälschlicherweise als Verlust des Paradieses, ja fast des göttlichen Zustands. Aber jene ursprüngliche organische Ganzheit war kein göttlicher und paradiesischer, sondern ein natürlicher und hemmender Zustand. Im natürlichen organischen Leben sind Geist und Fleisch noch nicht differenziert, das aber bedeutet nicht den höchsten, sondern den elementaren Zustand des Geistes, immer gebunden an den schweren Kampf ums Dasein und an bösen Zwang. Der Geist schlummert noch in der ursprünglichen Organizität, erhebt sich noch nicht über das Reich der Pflanzen und Tiere, er ist noch in der Natur zerstreut. Spaltung und Entzweiung sind die unumgängliche Etappe auf den Entwicklungswegen des Geistes, der qualvoll durchlebt und nicht selten von Todeserfahrung begleitet ist. Bei der Wahrnehmung dieses Entwicklungsweges unterliegen wir einer ästhetischen Täuschung. Denn wir halten sehr leicht unsere kreative ästhetische Wahrnehmung der Natur für das Leben der Natur selbst, und nur schwer sehen wir das Böse und die Unfreiheit, die zum natürlichen Leben gehören. Alles organisch Natürliche erscheint uns schöner als alles künstlich Mechanische. Prächtig ist die blühende Eiche und hässlich die Maschine, die Augen, Ohren und Nase verletzt und überhaupt nicht erfreut. Wir lieben die Eiche und wünschten, dass sie die Ewigkeit ererbte und dass wir im ewigen Leben unter den weit ausladenden Zweigen der blühenden Eiche ruhen könnten. Die Maschine aber können wir nicht lieben, möchten sie in der Ewigkeit nicht sehen und lassen bestenfalls ihren Nutzen gelten. Und wie verlockend ist doch der Wunsch, den schicksalhaften Prozess des Lebens aufzuhalten, der von der blühenden Eiche zur hässlichen und stinkenden Maschine führt.

Und doch muss dieser Übergang vom Organischen des Holzes, von der wohlriechenden Pflanze zum Mechanischen der Maschine, zur erstarrenden Künstlichkeit religiös durchschritten und durchlebt werden. Um aufzuerstehen, muss man sterben, den Opfergang tun. Und der Übergang von der Organizität und Ganzheit zur Mechanizität und Spaltung ist der leidvolle, opfervolle Weg des Geistes. Dieses Opfer muss bewusst angenommen werden. Nur dadurch wird die Freiheit des Geistes erlangt. Die Maschine ist die Kreuzigung des Fleisches der Welt, der Opfergang der duftenden Blumen und singenden Vögel an das Kreuz. Das ist das Golgatha der Natur. In dem unumkehrbaren Prozess der künstlichen Mechanisierung sühnt die Natur gleichsam die Sünde der inneren Fesselung und Feindschaft. Der natürliche Organismus muss sterben, um zu neuem Leben aufzuerstehen. Und dieses Maschinenungeheuer tötet die natürliche organische Ganzheit und befreit indirekt auf qualvollen Wegen den Geist aus der Fesselung an die Natur. Im religiösen Denken herrscht die schablonenhafte Ansicht, dass die Maschine den Geist tötet. Aber tiefer ist die Wahrheit, dass die Maschine die Materie tötet und aus dem Gegensatz heraus die Befreiung des Geistes ermöglicht. Hinter der Materialisierung verbirgt sie die Entmaterialisierung. Mit dem Eintritt der Maschine in das menschliche Leben wird nicht der Geist, sondern das Fleisch, die alte Synthese des fleischlichen Lebens getötet. Die Schwere und die Gebundenheit der materiellen Welt werden gleichsam gelöst und gehen in die Maschine über. Und dadurch wird die Welt entlastet.

III

Die reaktionären Romantiker, die in Nostalgie und Angst an der entschwindenden, sich auflösenden alten Organizität festhalten und die unumkehrbaren Lebensprozesse fürchten, scheuen diesen Opfergang und sind nicht fähig zum Verzicht auf das sichere und bequeme Leben im Fleisch, fürchten das unbekannte Kommende. Sie wollen die alte Organizität, das alte Fleisch bewahren, bemühen sich, die materielle Welt nicht der Spaltung und Auflösung zu überlassen. Und wie wenig glauben diese Leute an den Geist, an seine Unsterblichkeit und Unzerstörbarkeit, seine Unüberwindbarkeit durch dunkle Kräfte! Das Schicksal des Geistes überlässt man überlebten und elementaren Formen, denen man den Geist zu entreißen fürchtet. Wie kleingläubig sind sie alle, die den Untergang des Geistes in der Auflösung der überlebten organischen Materie sehen. Als solche Kleingläubige haben sich die Kinder und Enkel der Slawophilen erwiesen. Angst vor dem neuen Leben ist ihr bestimmendes Motiv. Welch ein bedauerlicher Selbstbetrug ist es doch, im Vergleich mit den entwickelteren Formen das Höchste und Beste in überwundenen Formen des materiellen Lebens zu sehen, welch ein Materialismus zeigt sich darin! Die religiöse und christliche Einstellung zum Leben muss den Tod des alten Russland, seines alten Fleisches, im Namen der Auferstehung Russlands zu neuem Leben opferwillig annehmen. Der tiefe Sinn des Christentums liegt darin, das ganze Leben als Mysterium Golgathas und der Auferstehung von innen her anzunehmen und zu verstehen. Alles Fleisch der Welt muss Kreuzigung, Spaltung und Tod durchmachen. Das ist der Weg vom Tod zum Leben. Aber da wird gesagt, dass der heilige Franz bei einer entwickelten Industrie, bei Maschinen und bei kapitalistischer Wirtschaft nicht möglich wäre. Der heilige Franz, so sagen sie, ist nur bei einer primitiven Naturalwirtschaft möglich, und daher begrüßen wir die elementaren Formen des materiellen Lebens, und werden die Entwicklung nicht zulassen! Aber wenn das so ist, dann werde ich Marxist und bestehe auf der folgenden fatalen Folgerung: der heilige Franz ist eine Blüte der Naturalwirtschaft, der Geist wird durch die ökonomischen Verhältnisse bedingt. Die religiöse Lebensauffassung wird zerstört, und von Heiligkeit sprechen wir lieber gar nicht. Oder müssen wir nicht doch furchtlos den anderen Weg beschreiten und anerkennen, dass der Geist nicht von der Materie abhängt und dass die funktionale Verbindung von Geist und Materie auf der Oberfläche des Lebens aus der Tiefe, von innen her gesehen, etwas völlig anderes bedeutet. Diese Unabhängigkeit und Freiheit des Geistes muss sich durch den qualvollen Weg der Mechanisierung, der Maschinisierung des materiellen Lebens manifestieren. Nur der Weg der Auflösung, der Entzweiung und Differenzierung des Lebens führt zu der echten Erfahrung und Erkenntnis des Lebens. Das ist der Weg der Freiheit, der freien Aufhebung aller Potenzen.

IV

Am Anfang war alles organisch Fleischliche verehrt und heilig. Die religiöse Verehrung des fleischlichen Lebens und seiner elementaren materiellen Werkzeuge gehörte zu allen naturalistischen Religionen und in seiner naturalistischen Periode auch zum Christentum. Heilig war der Pflug, mit dem die Erde bearbeitet wurde. Die Erde selbst war heilig, Pflanzen und Tiere und alles Wirtschaftlich-Materielle. In der Ursprungsphase ihrer Entwicklung konnte die Menschheit keine Wirtschaftsgeräte für den Existenzkampf ohne religiöse Sanktionierung schaffen. Das Gefühl für die Heiligkeit des materiellen Lebens begleitete den Menschen überall. Diese Verehrung des fleischlichen Lebens und das Gefühl ihrer göttlichen Organizität hat den Menschen bis in unsere Zeit nicht völlig verlassen. Aber auf den hohen Stufen der historischen Entwicklung hört alles materielle Leben auf schicksalhafte Weise auf, heilig zu sein. Alles wird säkularisiert. Die Maschine und die moderne Industrie sind nicht heilig. Nur das Organische empfinden wir als heilig, das Mechanische wird niemals als heilig empfunden. Die Säkularisation des gesamten äußeren Lebens ist mit Spaltung und Auflösung, mit dem Verlust der ursprünglichen organischen Ganzheit verbunden. Die bewusste Zustimmung zur Säkularisation des Lebens ist die Zustimmung zum Opfer, zum Verzicht auf schöne und erhebende Täuschungen. Alles Heilige geht nach innen, in den Geist. Die Kehrseite dieses Verlusts der religiösen Verehrung und der Beseelung des Lebens ist die Vertiefung der Religiosität und die größere Vergeistigung. Die Religion hört auf, alltäglich zu sein und wird geistig, innerlich. Die Säkularisierung ebenso wie die Maschine tötet nicht den Geist, sondern die Materie. Die Maschinisierung ist die Trennung und Loslösung der materiellen Schwere vom Geist, die Entlastung des Geistes. Aber diese Entlastung wird erreicht, indem der Schrecken und die tödliche Trauer durch das Maschinelle erlitten werden.

Was immer in der Eiche, in Blumen und Dornen war, wird verwandelt und wird im Geiste bleiben, es wird seine unvergängliche Form bewahren, die von materieller Schwere und Gebundenheit befreit ist. Aber man darf die organische Natur und ihre naturhafte Ordnung, in der alles auf dem Kampf ums Dasein und auf gegenseitiger Vernichtung und Verschlingung beruht, nicht idealisieren. Wir dürfen nicht unsere eigene kreative Intuition der Schönheit der Natur mit ihrer naturhaften Ordnung verwechseln. Das Naturhaft-Organische ist noch nicht das Wertvolle, nicht das Höchste, das es zu bewahren gilt. Das wahre und wirkliche Leben ist das zu schaffende Leben, nicht das ursprünglich gegebene Leben, nicht das organisch-elementare, tierisch-pflanzliche Leben in Natur und Gesellschaft. Und im physischen Organismus, der in der naturhaften Ordnung um das Dasein kämpft, ist nicht mehr endgültige Wahrheit als in der Maschine. Wenn man tiefer blickt, stehen Eiche und Maschine in einer Linie. Die Entwicklung auf materiellem Gebiet geht vom elementaren natürlichen Organismus zur komplexen künstlichen Maschine. Das ist der Weg der Spaltung der Materie, ihrer künstlichen Komplizierung, die zur Befreiung von der Materie, von der Schwere ihrer organischen Funktionen führt. Die Menschheit soll furchtlos, mit festem Glauben an die Unzerstörbarkeit ihres Geistes die materielle Entwicklung, Maschine und Technik durchlaufen und die Rettung nicht mehr ausschließlich in der Vergangenheit suchen. Angst und Furcht vor der Maschine ist Materialismus und Schwäche des Geistes. Die Rückwendung zur elementaren organischen Vergangenheit, ihre Idealisierung, die Angst vor der leidvollen Entwicklung ist Kleinmut und Liebe zur Ruhe, Trägheit des Geistes. Nur der gewinnt Geistesfreiheit, der sie um den teuren Preis furchtloser und leidvoller Entwicklung, durch die Qual des Gangs durch Zersplitterung und Spaltung des Organismus erkauft, der ewig und so behaglich zu sein schien. Es gibt keine Rückkehr in das alte Paradies und unter die alte Eiche. Man holt die elementarere und weniger qualvolle Vergangenheit nicht zurück. Die gewaltige Bedeutung des Aufkommens der Maschine liegt darin, dass sie hilft, den Naturalismus in der Religion endgültig zu beenden. Die Maschine zieht den Geist gleichsam mit der Zange aus dem Schoß der naturhaften Materie. Das ist ein sehr qualvoller und schwerer Prozess, und viele Freuden des Lebens gehen mit ihm zugrunde. Und es bedarf eines großen Glaubens an die Kraft des Geistes, um in diesem Prozess standzuhalten. Am Anfang wird er als Triumph der Materie und Untergang des Geistes wahrgenommen. Und nur wenn man ihn in seiner Tiefe betrachtet, versteht man diesen Prozess anders.

Russland durchlebt jetzt einen sehr kritischen Moment, es steht am Scheideweg. Ihm steht noch bevor, sich opferbereit von seiner materiellen organischen Vergangenheit, seiner alten Wirtschaftsform, seiner alten Staatlichkeit zu lösen, die vielen noch organisch vorkommt, deren Fundament aber schon Fäulnis und Zersetzung zeigte. Das russische Denken muss sich vom Slawophilentum und vom Utopismus der Narodniki trennen und mutig zur komplexen Entwicklung und zur Maschine übergehen. In Russland mischen sich zwei Stile, ein asketischer und imperialistischer, ein mönchischer und krämerhafter, einer, der auf die Güter der Welt verzichtet, und ein anderer, der sich mit den großen und kleinen Dingen der Welt befasst. Eine solche Vermischung kann nicht länger anhalten. Wenn Russland ein großes Imperium sein und eine Rolle in der Geschichte spielen will, dann übernimmt es die Verpflichtung, den Weg der materiellen technischen Entwicklung zu beschreiten. Ohne diesen Entschluss gerät Russland in eine ausweglose Lage. Nur auf diesem Weg wird der Geist Russlands frei und seine Tiefe offenbar werden.

Ende

Nachwort des Übersetzers und Herausgebers

Das vorliegende Buch ist eine Sammlung von Aufsätzen, die Berdjaev während des Ersten Weltkriegs geschrieben und 1918 noch in Moskau veröffentlicht hat. In seinem Vorwort nimmt er Stellung zu den Gedanken, die er während des Krieges niederschrieben hatte. Er bekennt, anfänglich leidenschaftlich für den Krieg bis zum siegreichen Ende eingetreten zu sein, von dem er sich für Russland, Europa und die Menschheit positive Ergebnisse erhoffte. Jetzt aber, 1918, erfülle ihn Pessimismus und Trauer über den Bruch mit der großen Vergangenheit Russlands durch den Ausgang des Krieges und die revolutionären Ereignisse.

Das Werk zeichnet ein Bild der geistigen Situation in Russland, die sich mit Beginn des Krieges, dieser Urkatastrophe des 20. Jahrhunderts, abzeichnet. Für Russland erwartet Berdjaev von diesem Krieg den Beginn globaler Bedeutung und den entscheidenden Beitrag zur Überwindung des Ost-West-Gegensatzes, in dem er das größte Problem der Menschheit auf dem Weg zur Einigung sieht.

Hier spricht russischer Messianismus, den Berdjaev aber klar von Imperialismus und kriegerischem Expansionismus abgrenzt. Ihm geht es um das Ziel der Einigung der Menschheit, zu der auch der Weltkrieg beitragen könne: „Die große Zwietracht des Krieges muss zu einer großen Vereinigung von Ost und West führen. Der schöpferische Geist Russlands wird schließlich eine beherrschende Position im geistigen Konzert der Welt einnehmen", schreibt Berdjaev im ersten Kapitel. Und an anderer Stelle: „Der Weltkrieg, in dessen blutigen Strudel schon die ganze Welt und alle Rassen hineingerissen wurden, muss unter blutigen Qualen das klare Bewusstsein der universalen Einheit der Menschheit gebären. Und Russland, das eine Vermittlerrolle zwischen Ost und West einnimmt, dieser Ost-Westen, ist dazu berufen, eine bedeutende Rolle bei der Einigung der Menschheit zu spielen. Der Weltkrieg führt uns sichtlich zum Problem des russischen Messianismus." Berdjaevs positive Erwartungen hinsichtlich der Bedeutung

Russlands erfüllten sich nicht, aber die Notwendigkeit des Bewusstsein von der einen Erde und der einen Menschheit ist angesichts der ökologischen Frage und der atomaren Gefahren heute noch drängender.

Die Reflexionen über Nationalität und Menschheit, über Russland und Europa, über das russische Volk und seine „Seele", über die moderne Stadt und das Beispiel Paris, über das Verhältnis von Demokratie und Person und vieles andere zeigen den ungewöhnlichen, visionären Denker Berdjaev. Einige Gedanken über den Krieg, seine Rechtfertigung und seine Wirkung und über den Imperialismus der europäischen Völker klingen heute befremdlich, zeugen aber vom Realismus des Autors. Sie müssen nicht nur aus der damaligen Zeit, sondern auch aus Berdjaevs Geschichtsphilosophie verstanden werden. Die philosophischen Gedanken über Natur, Maschine und Geist bleiben schwer nachvollziehbar.

Russland hat seitdem große Katastrophen erlebt. Der Erste Weltkrieg und die Revolution haben Russland in eine Richtung gestoßen, deren Gefahren Berdjaev voraussah und die das Schicksal Russlands bis heute bestimmen.

Würde man mit Berdjaev im Rahmen seiner Geschichtsphilosophie fragen, ob das heutige Russland eine die Einigung der Menschheit fördernde „Berufung" oder „Mission" bejaht und annimmt, so wäre die Antwort: nein, dies setzte ein anderes Russland als das postsowjetische voraus. Denn die Führung des gegenwärtigen Russlands distanziert sich nicht vom fatalen sowjetischen Erbe, sie kultiviert die Erinnerung an das Sowjetsystem und den Stalinismus. Die Staatsmacht propagiert ein falsches Geschichtsbild der Kontinuität vom vorrevolutionären Russland über das Sowjetsystem bis hin zum gegenwärtigen Russland. Aber die Revolution von 1917 bedeutet den katastrophalen Abbruch der Kontinuität. Gegen die Revolution, nach der sich die Sowjetherrschaft etablierte, vor allem gegen ihre geistigen Väter, schreibt Berdjaev, ebenfalls noch in Russland, eine radikale Kritik. Sie erscheint in Berlin 1923 unter dem Titel „Die Philosophie der Ungleichheit", im ersten von 14 „Briefen".

Ich empfehle dem Leser, der den größeren Zusammenhang der Gedanken Berdjaevs kennen lernen möchte, die Lektüre seines letzten Werkes: *Die russische Idee. Grundprobleme des russischen Denkens im 19. Jahrhundert und zu Beginn des 20. Jahrhunderts.(1946), deutsch: 2. Aufl. Sankt Augustin 2015*, in dem die geistigen, religiösen und politisch-gesellschaftlichen Strömungen Russlands, die dem Ersten Weltkrieg und der Revolution vorausgehen, ausführlich dargestellt werden.

Einige Bemerkungen zur Übersetzung. Ich übersetze nach einem Exemplar der Originalausgabe von 1918. Berdjaevs Werk ist nach der Wende in Russland wiederholt neu herausgegeben worden. Die Ausgabe von V. V. Škoda, in einem Sammelband unter dem Titel *Nikolaj Berdjaev. Sud'ba Rossii, Moskau und Char'kov 1999*, ist wegen der sorgfältigen Wiedergabe des Originaltextes und seiner ausgezeichneten Einleitung besonders hervorzuheben.

Berdjaev bringt einige wenige Anmerkungen, die ich entsprechend kennzeichne. In meinen eigenen Anmerkungen beschränke ich mich auf kurze Angaben.

Alle russischen Namen und unübersetzten Begriffe schreibe ich in der bibliothekarischen Transliteration.

Schließlich habe ich Dank abzustatten: meiner Frau Wilfriede, die den deutschen Übersetzungstext gelesen und mich auf Mängel und Fehler aufmerksam gemacht hat. Meinem Freund Dr. Alexander Litschev. Mit seiner kompetenten Hilfe konnte ich einige schwierige Übersetzungsprobleme lösen. Mein Dank gilt auch Herrn Verleger Jürgen Richarz vom Academia-Verlag, der das Übersetzungsprojekt von Anfang an unterstützte, Frau Dr. Franziska Klorer, Frau Dr. Myriam Bittner und Herrn Holger Drosdek, die zum Gelingen des Projekts wesentlich beigetragen haben.

Dormagen, im Juli 2018
Dietrich Kegler

Namenregister

Zeitfracht Medien GmbH
Ferdinand-Jühlke-Straße 7
99095 Erfurt, Deutschland
produktsicherheit@kolibri360.de